社史から学ぶ
経営の
課題解決
Problem-solving

阿部武司・橘川武郎 編

出版文化社

序 文

　日本では毎年多数の社史が刊行されているが、それらの内容は本格的な学術研究書に近いものから、文字が少ないビジュアルな写真集まで精粗様々である。社史は一種の贈答品ないし飾り物として扱われる場合が多く、「読まれない本」の代名詞とも言われているようだ。しかし、ひとたびページをめくれば、一企業の創成期から現在までの歩みを興味深く伝えてくれる有益な社史も少なくない。企業に勤務する人は、同社の沿革を知ることによって自身の社会的立場を理解でき、取引先企業の社史からはビジネスの助けとなる情報を得られるであろう。学生諸君にとっても卒業論文やレポートの作成、さらには就職活動に社史は役立つと思われる。経済史、産業技術史、経営史などの学問分野で社史が貴重な資料であることは言うまでもない。社史にはそうした多くの効用がある。本書は、社史執筆を経験してきた経営史の研究者たちが、企業経営という実践的な場で生じる多様な問題の解決に、社史がいかに役立つのかを具体例を挙げて示す挑戦的な試みである。

　本書を刊行する出版文化社は、過去30年間余り社史の刊行に力を注いできた。同社は、執筆者たちが所属している経営史学会を賛助会員として支援し、さらに2013（平成25）年以来、経営史学会・出版文化社賞のスポンサーとなっている。同賞は、若手研究者の育成のために設けられ、毎年秋に開催される同学会の全国大会で受賞者が発表されている。出版文化社は2016年にめでたく創立30年を迎えた。遅ればせながらそれをお祝いする意味も込めて、本書を世に送り出す運びとなった。

　本書には、二通りの読み方がある。

　一つ目は、社史の記述をふまえて、企業が経営上の課題をいかに解決したかを把握し、そこから教訓を導く読み方である。本書では、企業が直面する主要な課題である創業（起業）、技術開発、グローバル化、脱成熟、合併・買収、危機突破、組織改革、および企業の社会的責任に光を当てている。中小企業固有の問題を掘

り下げた章もある。これらの経営上の諸課題に各企業はどのように立ち向かい、それをいかに解決していったのか。社史から学ぶことは多い。

　一般的に言って、特定の企業が直面する課題を解決しようとするときには、どんなに「立派な理念」や「正しい理論」を掲げても、それを、その企業がおかれた歴史的文脈（コンテクスト）のなかにあてはめて適用しなければ、効果をあげることができない。また、課題解決のためには多大なエネルギーを必要とするが、それが生み出される根拠となるのは、当該企業が内包している発展のダイナミズムである。ただし、このダイナミズムは、多くの場合、潜在化しており、それを析出するためには、その企業の長期間にわたる変遷を濃密に観察することから出発しなければならない。観察から出発して発展のダイナミズムを把握することができれば、それに準拠して課題解決に必要なエネルギーを獲得する道筋がみえてくる。そしてさらには、そのエネルギーをコンテクストにあてはめ、適切な理念や理論と結びつけて、課題解決を現実化する道筋も展望しうる。このような課題解決への道筋をたどるうえで、社史は有意義な道標となりうるのである。

　もう一つの読み方は、良い社史を編纂するには、どのような内容を盛り込むべきかを学ぶことである。良い会社史の要件としては、真実にもとづいている、使いやすいなどの点とともに、ストーリー性がある点を挙げることができる。本書で取り上げる社史の多くは、課題解決へのプロセスを一編の興味深いストーリーとして語っている。これから社史編纂にかかわる関係者の方々には、この点を参考にしていただきたい。

　末筆ながら本書の編集にあたって出版文化社には大変お世話になった。厚く御礼申し上げたい。

阿部 武司

橘川 武郎

社史から学ぶ経営の課題解決 ──── 目次

003　序文

1章　創業
宮本又郎

009

- 009　**1**　はじめに
- 010　**2**　東洋紡の場合
- 018　**3**　日本生命の場合
- 024　**4**　ワコールの場合
- 029　**5**　おわりに：企業経営におけるパトスとロゴス

2章　中小企業
阿部武司

031

- 031　**1**　はじめに
- 032　**2**　イトーキ─発明特許品の販売からオフィスのシステム化へ─：
　　　　『イトーキのあゆみ─ イトーキ80年史─』および『イトーキ100年史』
- 037　**3**　リョービ─ダイカスト製造の世界的企業へ─：
　　　　『リョービのあゆみ』および『リョービ50年史』
- 046　**4**　轟産業─製造技術を持った専門商社─：『スキ間に生きる─轟の42年─』
- 052　**5**　おわりに

3章　技術開発
沢井実

055

- 055　**1**　はじめに
- 057　**2**　工作機械企業における技術導入と自主開発
- 065　**3**　キヤノンの事務機開発
- 070　**4**　オリンパスの内視鏡開発
- 072　**5**　おわりに

077	**4章**	**グローバル化**	中村尚史

077	**1**	はじめに
079	**2**	国際化の成功とグローバル化への対応：YKKの事例
082	**3**	国際化の失敗とグローバル化の成功：セーレンの事例
090	**4**	おわりに

093	**5章**	**脱成熟**	阿部武司

093	**1**	はじめに
095	**2**	1970年代における東洋紡の脱成熟化戦略の萌芽
098	**3**	1980年代以降における東洋紡の脱成熟化戦略の展開
110	**4**	衣料繊維の将来性に関する認識の転換：トップの判断
117	**5**	おわりに

123	**6章**	**合併・買収**	宇田川勝

123	**1**	はじめに
124	**2**	日立製作所の経営略史
130	**3**	日立製作所における合併・買収（M&A）戦略のケース・スタディ
146	**4**	おわりに

149	**7章**	**危機突破**	橘川武郎

149	**1**	はじめに
150	**2**	三井不動産の危機突破：『三井不動産四十年史』
157	**3**	味の素（株）の危機突破：『味をたがやす─味の素八十年史─』
164	**4**	おわりに

8章　組織改革

167　　橘川武郎

167　**1**　はじめに
168　**2**　出光興産の組織改革：『出光100年史』
179　**3**　西日本鉄道の組織改革：『西日本鉄道百年史』
184　**4**　おわりに

9章　企業の社会的責任

187　　高岡美佳・橘川武郎

187　**1**　はじめに
188　**2**　『京セラグループ50年の歩み』
191　**3**　『花王120年』
194　**4**　『トヨタ自動車75年史』
197　**5**　『ライオン120年史』
200　**6**　CSRと会社史
202　**7**　おわりに：CSVとESG

206　刊行に寄せて
208　執筆者紹介

1章

創業

大阪大学名誉教授　**宮本 又郎**

1　はじめに

　社史の最も重要な役割は、当該企業がどのようにして生まれ、育ち、長い歴史の
なかでいまどのような位置にいるのかを知ることにある。人間は幼少期から経験し
たこと、記憶したこと、考えたこと、行動したことの集積によってその人格が形成
されているといわれる。記憶喪失が恐ろしいのは、この記憶がセットごと失われ、
その人のアイデンティティが失われるからであろう。企業の場合も同じである。

　資生堂創業家の福原義春は、「経営者としての私のバイブルは『資生堂百年史』
である」「創業以来の歴史を振り返り、祖父や伯父をはじめとする経営者たちが、
営々と培ってきた知性と感性の蓄積こそが、いま企業文化と呼ばれているものと
実感した」「自分たち固有の文化、伝統というものが、共同体にとって大事なこと
は誰でも知っている。が、それらがどういう本質と歴史をもつかを知らなくては、
次代に伝えるべき新しい理念も生まれ得ない」（『私の履歴書』福原義春）と述べ、現代
や次代のために、創業期からの会社の歴史をよく知ることがきわめて重要と指摘
している。

　この意味において、社史において、創業時の記述は最も重要な部分である。誰
がどのような経緯で起業したのか。どのような時代背景のなかでの起業であった
のか。開業資金はどのように調達されたのか。創業者にはどのような苦労があり、
それはどのように克服されたのか。創業者にはパートナーや支援者はいたのか。
創業者はどのような志をもって起業したのか、等々。これらがしっかりとした資料
調査を踏まえて、執筆されなければならない。

　歴史の長い企業であれば、古い時代、とくに創業時代のことについては神話や

伝説が存在することが多い。これらについても社史編纂のさい改めてその真偽が精査されなければならないし、作り話であったとすれば、それがどうして語り継がれて神話や伝説となったのか、これらの点にも光をあてなければならない。

人間の誕生と同じように、会社創業の物語はドラマに満ちている。この会社はこんなことから興ったのか。創業者はこんな人だったのか。建業の熱気と勇気を感じることができた。この会社が遭遇した「死の谷」や「ダーウィンの海」に自分自身が直面した場合、自分はどのように行動するだろうか、等々。社史の読者は、創業物語から様々な感慨、教訓を学び取ることができるであろう。

こうしたことを念頭において、以下では、筆者が編纂・執筆に関わった社史を中心に、各社の創業事情がどのように書かれているか紹介し、論評してみたい。

2 東洋紡の場合

東洋紡は、これまでに『東洋紡績七十年史』(1953年)、『百年史：東洋紡』(1986年)、『東洋紡百三十年史』(2015年)と三度、大部な社史を刊行している(他に『東洋紡績株式会社要覧：創立二十周年記念』(1934年)という小冊子がある)。以下では、創業時の事情を最も詳細に記述している『百年史：東洋紡』を主対象とする。

東洋紡は長い歴史のなかで多くの会社が合併して発展してきた企業であるが、大きな源流は1882(明治15)年創立の大阪紡績会社と86年創立の三重紡績会社の二つである。このうち創業事情の記述が詳しい大阪紡績についてみてみよう。

(1)設立発起人・渋沢栄一と資金調達

江戸時代においては木綿が庶民衣料素材であったため、綿業は重要産業であったが、幕末開港以降安価な外国綿製品が輸入されるようになり、日本の在来綿業は次第に圧迫された。政府は輸入防遏のため、イギリスから紡績機を購入して愛知と広島に官営紡績所を設立、さらに同種の紡績機を民間に払い下げた。この結果、その規模から「二千錘紡績」と呼ばれる紡績所が各地に設立された。しかしこれらの紡績所はほとんど成功しなかった。

このような時代状況のなかで、当時第一国立銀行頭取として日本の貿易動向をみていた渋沢栄一は安価で品質のよい綿製品が大量に輸入され、これが貿易赤

字の大きな要因となっていることを知り、洋式の機械制紡績業を立ち上げなければならないと考えた。

　同時に渋沢は従来の「二千錘紡績」の欠陥も見抜いていた。それは①規模過小、②専門の技術者・経営者不在という欠陥であった。渋沢は①を解決するためには、1万錘以上の規模の工場が必要と考えた。しかし、それは大資本を要する。このため、渋沢はこの紡績会社を、ヨーロッパで学んだ「合本法」すなわち、株式会社組織で興すこととし、資本調達に奔走した。東京日本橋界隈の繊維関係商人を勧誘し、この賛同を得ることに成功、次いで大倉喜八郎や益田孝ら有力実業家の同意も取り付けた。しかし、これだけでは足らない。そこで渋沢が目をつけたのは華族資本であった。蜂須賀茂韶ら28名の華族は東京－横浜間の官設鉄道の払い下げを受けようとして64万円余を集めていたが、この払い下げは諸般の事情により実現されなかったため、渋沢はこの宙に浮いた資金を紡績会社に投じるよう華族たちに勧めたのである。

　ほぼ同じ頃、大阪でも松本重太郎や藤田伝三郎および繊維関係商人らの間で紡績会社を興す気運が芽生えていた。渋沢らの当初計画では原動力として水力を使うこととなっていたが、日本の河川では安定した水力を得るのが困難なことがわかり、プランは蒸気力利用に変更された。これを契機に渋沢らの計画と松本・藤田らの計画は合体し、工場立地は大阪となった。近畿地方は綿花栽培の中心地であり、綿製品の流通において大阪が全国の中心地であったという事情に加えて、松本・藤田の尽力により大阪府から、海に近く石炭や綿花の搬入の便がよい西成郡三軒家村の工場用地が永年拝借地として貸し下げられることになったからである。また、松本・藤田らは新事業の投資に消極的であった大阪商人から創業資金を引き出す点でも大きく貢献した。工場用地決定とともに、社名は大阪紡績会社と決定された。

　資本金は当初、25万円と計画されていたが、設備変更や機械輸入代金の増加によって、28万円に増額となった。当時としては巨大企業で、株主は全部で95名、うち華族が17名で株数では38％を占めた。次いで大阪側の出資者は56名で株数では31％を出資した。東京側は株主17名で、引き受け株数は29％にのぼった。その他の地方からの株主は5名で株数は2％であった。

　華族以外の大株主についていえば、東京、大阪とも新興の実業家が多かった。

東京の渋沢、益田、大倉喜八郎、大阪の松本、藤田、小室信夫などである。大阪側の中心人物であった松本重太郎と藤田伝三郎は明治初年に大阪に出て、急速に頭角を現した当時の大阪で最も日の出の勢いのあるベンチャー企業家であった。大阪のそのほかの株主としては、唐物商、綿業・呉服商、両替商・銀行関係者、米穀商らが名を連ねていた。当時、大阪商人たちの資本をこれほど広い範囲にわたって糾合したことは特筆される。しかし、中心は明治維新以降急速に台頭してきた新興の実業家たちであった。住友家は資本参加していたが、主導的立場にいなかったし、鴻池家は別家の草間貞太郎が加わっているのみ、大両替商としては平瀬家（千草屋）が加わっている程度で、この当時の大阪の大共同事業の常連メンバーである広岡家（加島屋）、殿村家（米屋）、和田家（辰巳屋）などは加わっていなかった。商人層でも山口吉郎兵衛、芝川又平など開港以後に貿易業で財をなした新興実業家が中心であった。旧商人ではなく、新興の実業家を出資パートナーの中心としたのには渋沢の意図が感じられる。

(2) 技術者・山辺丈夫

　渋沢にとっての第二の課題、専門技術者・経営者の欠如はどのようにして解決されたか。渋沢はこれまでの紡績所の失敗の原因を適切な技術者・経営者の欠如にあったとみて、技術の指導、事業の運営にあたる人物の探索にあたった。そして各方面を物色するなかで浮かび上がってきたのが、山辺丈夫という人物であった。山辺丈夫は1851（嘉永4）年石見国津和野藩士の家に生まれ、1870（明治3）年東京に上って英語を学び、さらに津和野藩出身の英学者西 周の塾・育英舎や中村敬宇の同人社に入り、俊秀を謳われた人物であった。73年からは大阪の慶應義塾分舎に学び、育英舎や慶應義塾で教鞭をとった。

　1877年、旧津和野藩主の養子亀井茲明がイギリスに留学するにあたり、茲明の英語教師であった山辺もそれに随行することとなり、自らもロンドン大学で経済学や保険学を学ぶこととなった。ロンドンに留学中の山辺を渋沢に推薦したのは、当時、第一国立銀行に勤めていた津田 束という人物で、西周の英学塾で山辺と学友の間柄であった。ロンドンの山辺へは、渋沢の甥で、当時三井物産ロンドン支店長であった笹瀬元明を通じて渋沢からの手紙が届いた。

　思いがけない申し出に山辺はとまどったが、恩師・西周、学友・津田束、笹瀬元

明を介しての依頼であり、実父の添状もあった以上、外堀は埋められたと感じたであろう。これを応諾するや否や、山辺は直ちに機械工学に転じた。ついで紡績業の研究は理論だけではなく、工場に入って実習しなければ意味がないと考え、当時世界の紡績業の最先端地であったマンチェスターに居を移した。マンチェスターにおいて、彼はいくつかの紡績工場を訪ね、実習生として採用してくれるところを探したところ、ようやく約1カ月後、マンチェスターの北方の都市、ブラックバーン市に紡績工場をもつW・E・ブリッグスという人物に出会い、希望が叶えられることになった。山辺は教習料1500円を支払い、毎日ブリッグスの工場に通った。この教習料は渋沢が山辺に送った研究費から支払われたが、現在価値では820万円ほどにあたる。1年余の教習料として大金だったというべきであろう。

　山辺の研究は打綿、紡績、仕上という生産工程はもちろん、綿花の買い入れ、製品の販売方法、包装や積み出しなどの流通過程まで、紡績会社経営に必要なこと一切にわたった。こうして1880年5月、日本人として初めてイギリスの紡績業の理論、実際を学んだ山辺は勇躍帰国の途についた。

　1883年3月、大阪紡績の創立総会が開かれ、頭取に藤田伝三郎、取締役に松本重太郎と熊谷辰太郎（第一国立銀行の大阪支店長）が選ばれ、相談役に渋沢栄一、藤本文策、矢島作郎が就任した。工務支配人には山辺丈夫が、商務支配人には蒲田清蔵（もと縮緬問屋番頭）が登用された。同年7月に、煉瓦造り3階建て、総建坪1303坪の大工場が完成、一部操業開始となった。開業当時から男子133人、女子160人、合計工員293人を擁する大工場であった。

　渋沢は、開業に先立ち山辺を補佐して技術方面の指導にあたる者を養成することが必要として、大川英太郎、岡村勝正、佐々木豊吉、門田顕敏の4名を紡績生徒として採用し先発の紡績所に実習生として派遣した。大川は渋沢の甥、佐々木は第一国立銀行佐々木勇之助の弟、岡村は山辺のまた従兄弟、門田は渋沢の知人であった。4人は、まず山辺がイギリスで求め翻訳した紡績技術書を一生懸命勉強した上で、各紡績所での実習に及んだので、大阪紡績開業の頃にはいっぱしの紡績技師となっていた。また、機械据え付けにあたってはイギリスのプラット社からニールドという技師がやってきたが、ニールドは当時42、3歳の脂の乗りきった老練な技師で、工場での機械据え付けや運転立ち上げ、メンテナンスにおいてその能力を発揮した。

⑶ 創業時の成績と成功要因

　大阪紡績は創業当初から目覚ましい成績を挙げた。成功の要因は次のような点であった。①先行紡績所より5倍以上の設備をもつ大規模工場であったこと、蒸気力を利用したこと、②労働者の二交代制によって昼夜操業を行ったこと、③イギリス製機械に不向きな短繊維の国産綿を使うことをやめて、中国綿やインド綿を使ったこと、④細糸のインド糸やイギリス糸との直接の競争を避け、在来綿織物の原糸となる太糸生産に集中したことなど。

　大阪紡績はその後も次々と革新を遂行した。織布業への進出、当時の世界最新鋭織機であったノースロップ自動力織機の導入、操作に熟練を要するミュール紡績機から、世界最新鋭で女子工員にも操作が容易であったリング紡績機への転換、中国・朝鮮半島への輸出開始、女子工員の遠隔地募集と寄宿舎の設置、中国綿・インド綿・アメリカ綿などを混合して用いる混綿技術の開発などであった。

⑷ コーポレート・ガバナンス

　大阪紡績設立に中心的役割を果たした渋沢栄一は創業時には筆頭株主であったが、その後、持株比率を次第に低下させていった。一方、役職については、創業時から、古稀を迎えた1909(明治42)年まで相談役の地位にあったが、社長はもちろん取締役にはついに就任しなかった。栄一に代わって、マネジメントに枢要な役割を果たしたのが工務支配人の山辺丈夫と、初代商務支配人の蒲田清蔵や二代目商務支配人の川邨利兵衛(綿花問屋秋馬商店出身)であった。工務・商務両支配人は社長や取締役よりも高い月給を受け取っており、管理職社員が実質的にトップ経営者として機能していたことを示している。

　しかしながら、栄一は山辺や川邨らにすべてを任せていたわけではなく、大阪紡績の経営の枢要に関与し続けた。栄一は東京で多数の企業で重役の地位にあったから、大阪に来るのは稀であったが、来阪時には工場に立ち寄り、細々と経営に関する指示を与えていたし、山辺などを東京の自宅に呼び寄せたり、書翰で毎期の営業成績、設備投資や資金調達についての報告をさせ、指示、助言を行っていた。また、部下であった第一国立銀行大阪支店長熊谷辰太郎や四日市支店長佐々木清麿などを大阪紡績の取締役や支配人の地位に就かせ、不断に経営に目を光らせていた。

1章　創業

　さらに、経営陣やその経営判断について、トラブルが生じたさいには、栄一は重要な役割を果たした。大阪紡績発足当時、頭取に藤田伝三郎、取締役に松本重太郎と熊谷辰太郎が、相談役に渋沢栄一、藤本文策、矢島作郎が選ばれたが、彼らは大株主としてこの地位に就いたのであり、日常は会社に出勤せず、経営の実務は工務支配人の山辺と商務支配人の蒲田や川邨に任せていた。1887年1月に、藤田に代わって松本が頭取に就任したが、大株主の代表が役員に就任、幹部社員が経営者の役割を果たすというスタイルは変わらなかった。

　当時の株主たちは概して、投資のリターンに対して敏感であり、実質的に経営者である工務・商務支配人に圧力を加えることが多かった。また大阪紡績のように、異なる背景・系譜をもつ投資家たちによって株主が構成されている場合には、株主間の利害対立もしばしば表面化したのである。とりわけ、経営が悪化すると、大株主たちは騒がしくなる。株主たちは社長や取締役の責任よりも、山辺のような雇用経営者の責任を追及し、社長や取締役も株主の側に立つことになる。当時の株主総会での株主の出席率は比較的高く30％を超え、株主は山辺などの経営陣に注文を付けることが多かった。今日のコーポレート・ガバナンスの議論でいうと、エージェンシー問題（株主と経営者の利害の不一致）が生じたのである。

　これに対して、山辺は、多くの投資家の関心は長期的視野での会社の発展にではなく、配当や株価にある以上、会社の経営者は投資家の歓心を得ることに努めなければならないとし、その考えのもとに、創業後数年間は内部留保と減価償却を犠牲にして配当率と配当性向を高めた。株主優遇策の結果、大阪紡の株価は高騰し、増資もスムーズに実施された。山辺は株主の歓心を得るのに成功したのである。

　しかしながら、大阪紡績は1890年代後半以降、相次いで新参入する後発会社との激しい競争に直面し、収益性、成長、マーケット・シェアなどにおいて、他社の後塵を拝するようになり、山辺は大株主、とりわけ当時の松本重太郎社長の側近たちから攻撃されることとなった。大株主の間では、配当を多くしろという要求が出たが、そうしたさいに山辺を支援し、激励し、調停役を担ったのが渋沢栄一であった。山辺はこうした試練を乗り越えて98年に社長に就任した。それは、大株主兼任取締役が支配していた明治期の株式会社が、雇用経営者を取締役に任ずるようになったという点で一つの画期となったのである。

015

⑸ 大阪紡績の歴史的意義

大阪紡績の成功を契機として、日本の紡績業は急速な発展を遂げた。1891（明治24）年には早くも国内綿糸生産高が輸入高を上回り、97年には綿糸輸出高が輸入高を凌駕した。紡績業は西洋から移植された近代産業のうち、もっとも早く自立できた産業となり、日本の産業革命の主導部門となったのである。

なかでも関西地方では明治20年代以降、平野紡績、金巾製織、摂津紡績、尼崎紡績、岸和田紡績などが続々と設立され、1889年に東京で設立された鐘淵紡績も兵庫支店、住道支店を建設し、本拠を事実上関西に移した。これらはいずれも多かれ少なかれ、大阪紡績の経営を模倣したものであった。91年には全国の機械制紡績会社の資本金の47％、錘数の45％、綿糸生産高の48％、蒸気馬力数の52％、職工数の50％が大阪府下に集中することになった。

繊維工業の発達とともに、大阪では繊維関係商業も大きく開花することとなった。綿花商、繊維問屋が著しく発達し、旧来の繊維関係問屋から連続するものに加えて、新興商人たちも数多く登場するようになった。内外綿、日本綿花、半田洋行、江商、三井物産綿花部（のちの東洋棉花）などの綿花商、伊藤忠、伊藤万、田村駒、山口玄洞、八木商店、豊島商店、田附商店、丸永、又一、岩田、竹村などの綿糸・織物商などがそれで、いわゆる関西五綿船場八社のもととなった。

大阪紡績の意義の第一は、このように紡績業をテコにして、大阪を「水の都」から「煙の都」へ、すなわち商業・金融都市から工業都市として転身するモメンタムを作りだしたことにある。

第二に、江戸時代以来の生え抜きの大阪の両替商や問屋商人に代わって、渋沢栄一や藤田伝三郎、松本重太郎など他地方からやってきた新興の実業家のビジネス制覇が明確になったことである。

第三に、大阪紡績は東京と大阪という二大都市の投資家が結合した最初の大規模ジョイント・ベンチャーであった。このように全国的規模で社会的資金を集めた巨大企業の成功は、合本主義（株式会社制度）の優位性を実証することとなり、従来の家業経営を時代遅れのものとしたのである。そしてそれはやがて、山辺丈夫などの技術者や新知識人たち、すなわち専門経営者が経済社会を支配する時代を切り拓くこととともなったのである。

(6) 現代への教訓

　大阪紡績の創業物語から現代の我々はどのような教訓を読み取ることができるであろうか。スタートアップにおいて成功する企業には時空を超えていくつかの共通の要因があるように思われる。

　その一つは、創業者たちの時代を読む目の確かさである。創業者である渋沢栄一や藤田伝三郎、松本重太郎らは、江戸時代の重要産業であった在来綿業が、幕末開港後海外から蕩々と輸入される安価で良質な綿製品との競争に敗れ、衰亡の危機にされされている時代状況を的確に認識し、この状況を打破するためには、移植技術による機械制紡績業を興すことが不可欠と考えた。ただし、このような認識は明治政府や同時代の事業家の多くに共有されていたのであって、彼らが先覚者であったわけではない。事実、それがために政府や各地の事業家によって12地方において、いわゆる「二千錘紡績」が興されていた。渋沢らが優れていたのは、大阪紡績の創業にあたり、これら先行の紡績所の失敗の要因を的確に分析していたことである。

　既述の通り、規模の過小性と専門技術者・経営者の不在の二つが大きな失敗要因であったが、それらの解決方策を考え、具体化することにおいても渋沢らは優れた企業者能力を発揮した。

　もう一点重要なことは大阪紡績の経営にあたって、山辺らがイギリスの紡績機械を導入したものの、その技術体系をそのまま使うのではなく、当時の日本の条件に適応させるべく修正を行ったことである。当時の日本は労働力が豊富で賃金が安く、資本が高価という後発国状態にあったが、そこに相対的に賃金が高く、資本が安い国で開発された技術を導入しようとしたので、工夫が必要であった。大阪紡績が採用した昼夜二交代制は、イギリスと同じ機械設備を使いながら、オペレーションにおいて資本コストを低めようとする方策であった。また、細糸のインド糸やイギリス糸との直接の競争を避け、在来綿織物の原糸となる太糸生産に集中したことも、日本市場に合わせた修正であった。先進国で開発された最新技術をそのまま採用するのではなく、受け入れ国の条件に修正することを「適正技術選択」というが、山辺らはこの考え方を会得していたのである。

3 日本生命の場合

1889(明治22)年に創業された日本生命はこれまでに数多くの社史を刊行している。

代表的なものを挙げると、戦前の株式会社時代については、『日本生命保険株式会社五十史』(1942年刊)があり、戦後、相互会社となってからは『日本生命七十年史：1889-1959』(1963年刊)以来、最近の『日本生命百二十年史』(2010年刊)まで10年毎に社史が刊行されている。そのなかで最も大部なのが『日本生命百年史』(1992年刊)で、上下巻と資料編の3冊合計2063頁に及ぶ大作である。ここでは主として、百年史によりつつ創業事情をみてみよう。

(1) 弘世助三郎と創業の契機

日本生命創業の主導者は滋賀県彦根の銀行家（第百三十三国立銀行）の弘世助三郎であった。弘世家は近江国愛知郡愛知川の素封家で、歴代各種用紙の売買を業としていたが、七代目の助三郎は六代助市の甥であったが、その養子となった。助三郎は企業家精神旺盛で、幕末・維新期に家業を守っただけではなく、彦根融通会社、第六十四国立銀行（大津）を創立し、さらに湖東鉄道、関西鉄道、大阪鉄道などの建設にも発起人として尽力、加えて県会議員として学校教育や東海道線の敷設、新聞（近江新報）の発行など数多くの公益事業にも関わった。

日本生命の創業は、1888(明治21)年末頃、助三郎を尊敬していた滋賀県出身の福井県官吏が、生命保険の株主募集や代理店、保険契約のために福井県にやってきた帝国生命（現・朝日生命）社員から生命保険の仕組みを聞き、その合理性にいたく感動し、そのことを助三郎に話したことに端を発すると伝えられている。他方、地元の多賀大社で行われている庶民の金融講であった多賀講（萬歳講）に関係し、その相互扶助の精神に共鳴していた助三郎は外来の生命保険にそれに通じるものを感じ、生命保険事業に乗り出そうと決意したとされている。

以上は、日本生命の創業期の社員が大正末年に社史編纂者に語ったと伝えられている話である。百年史編纂事業に参加した筆者（宮本又郎）は、編纂事業発足後まもなく編纂チームとともに、近江の多賀大社を訪問し、弘世家が本当にこの多賀講に関係していたかどうかの調査を行った。その結果、多賀大社に現存している明治10年代の社務日記帳の萬歳講の項には弘世助三郎の名が毎年記されて

おり、彼がこの講の有力なメンバーであったことが判明した。またこの講は西日本を中心に加入者60万人に及ぶ大規模なものであった。このような講の運営に携わった経験も助三郎が生命保険事業に関心を抱くようになった契機の一つであろうとも想像された。助三郎の生命保険事業が江戸時代の庶民金融講とつながりがあるとの説は必ずしも「神話」ではなく、ある程度傍証されたのである。

(2) 株式募集と大阪の銀行家の協力

生命保険事業へ関心をもった助三郎は、この事業は大市場である大阪で興さなければならないと考えていたが、銀行頭取として自身では経営にあたる余裕がなかったため、かねて懇意であった当時の滋賀県知事中井弘(旧薩摩藩士)にしかるべき人材の紹介を依頼した。中井から推薦されたのが、当時、滋賀県警察部長を務めていた片岡直温(旧土佐藩郷士)であった。当時29歳、官界での前途にあきたらないものを感じていた片岡は生命保険事業の意義に共鳴し、経営者として参画することとなった。

大阪に進出するにあたって、助三郎は出資と経営参画の両面から、同じ金融機関である銀行の協力を得ることが必要と考え、大阪での第百三十三国立銀行の取引行の頭取を歴訪した。そのなかで、最も理解を示したのが、かねて鉄道業などで協力関係にあった第三十四国立銀行頭取岡橋治助で、岡橋は事実上の共同創業者として弘世助三郎と行動を共にすることとなった。

弘世、岡橋、片岡らの努力により大阪、近江を中心として244名の出資者(株主)が得られた。244名のうち圧倒的に多かったのは銀行関係者で、鴻池善右衛門(第十三国立銀行、以下「国立銀行」は略し、ナンバーのみ記す)、井上保次郎(第三十六)、田中市兵衛(第四十二)、山口吉郎兵衛(第百四十八)、竹田忠作(第二十一)、難波二郎三郎(第二十二)、甲谷権兵衛(第三十二)などが加わっていた。その他でも広い範囲の業種からの出資が得られた。

株式所有構造の特徴は、弘世と岡橋それに十数名の創立発起人を除けば、1人当たり持株が小さく(50株以下)、また平等であったことである。この点について、片岡は後年次のように回顧している。「本社創立当時大阪の実業家は、松本派、岡橋派、田中派等の数派に分れ、相反目する形勢であつたが、生命保険事業の如く大衆を相手とし救世済民を目的とする事業にあつては、一党一派が之を独占すべ

き性質のものではなく、又其れでは到底大成すべき見込みもないので、是等の全部を網羅して発起人中に加はらしめたものである。加へ、株主も之を広く公衆に求める積もりで発起人と雖も五十株以上を持つ事を許さず〔後略〕」(「片岡直温氏談話」(日本生命保険相互会社所蔵資料))。

このように、多数の資本家の均等的出資で株主層が形成されたことは少数の大株主支配を回避するのに役立った。また、多くの銀行家の糾合に成功したことは、その後彼らが競争相手として生命保険業に参入することを抑制し、関西市場において日本生命がいち早く独占的基盤を築き上げる要因の一つになったといえる。

1889年7月28日、創立総会が開かれ、第11代鴻池善右衛門が社長に、副社長には片岡直温、取締役には弘世助三郎、検査役には岡橋治助が選ばれた。鴻池善右衛門が社長に選ばれたのは、生命保険についての理解が一般には乏しかった時代であったから、この事業を全国的に展開していくためにはなによりも人々からの信用が重要として、日本一の富豪として知られた人物が信用の象徴として発起人から推されたからであった。鴻池善右衛門は「新儀停止」(新しい事業には乗り出さない)が家訓として固辞したが、周辺からの説得もあり、実質的には経営に関わらないとの条件で、岡橋治助を除いては株主中最大の持株となる130株分を出資(130株出資者は他に12名)するとともに、社長を応諾したのであった。

このため、実務については副社長の片岡直温、創立準備に大きな貢献のあった第百三十六銀行の支配人で、日本生命の取締役支配人となった泉清助、岡橋治助の第三十四銀行や鴻池善右衛門の第十三国立銀行からの社員、それに明治生命や帝国生命などの先発生保会社から移ってきた社員などがこれにあたった。

(3) 藤沢利喜太郎の保険思想

こうして創立総会が開かれたものの、未解決の問題が一つあった。それは保険料率の問題であった。日本生命の保険料表原案は片岡が滋賀県警察部長のときの部下2名(日本生命に入社)に作成させたものであったが、アメリカの死亡統計と、やはり外国のそれに依存した明治生命、帝国生命両社の保険料に準拠したもので、日本に適用するには科学的根拠のないものであった。この原案は創立総会で承認を得たものの、保険料表は生保経営の基礎であり、科学的、合理的なものであらねばならないとして、片岡はこれの採用を躊躇していた。その後も医学統計

に明るい東京衛生試験所の所員にも保険料表の作成を依頼したが、これも合理
性を欠くところがあり、開業は日一日と遅れた。

　この危機を救ったのは折よく新聞に連載された東京帝国大学藤沢利喜太郎の
著書『生命保険論』(文海堂、1889年)の広告であった。藤沢はもともと数学者で英
独に留学したが、そこで保険計理に関心をもち帰国後に著したのがこの書であっ
た。片岡の指示で保険料表についての情報を収集していた日本生命社員(岩崎米
次郎、のち人見米次郎)は藤沢著を読んで、同書に展開されている生命保険の科学的
研究に感動、何度も藤沢を訪ねて、協力を要請した。岩崎の熱意にほだされた藤
沢は応諾したが、それは次のような条件をつけてのことであった。

　すなわち、日本のように生命保険事業が未だ幼稚な国にあっては、保険料はむ
しろ高くとも低くならないよう設定しておき、資金運用の結果、利益余剰が出た
場合は契約者に配当するのが万全の策である。自分に援助を乞うなら、このこと
を会社の責任ある立場の人が約束するならば、喜んで援助しよう。(『日本生命百年
史』上巻、112頁、ただし、原文の要約)

　利益配当は今日では一般的に行われているが、当時では自らの資本を危険に
さらして創立した会社の利益の一部を契約者に還元するという発想は先発会社
にはなかった。しかし、この条件を聞いた日本生命の経営陣は重役会を開いて協
議、創立委員のなかには反対者もいたが、これを受け容れることを決断したので
ある。

　これに応えて、藤沢は内務省戸籍課の資料をもとに、岩崎と他に応援の数学者
2人とともに、連日夜遅くまで研究を続け、1889(明治22)年9月3日「藤沢氏第二表」
と呼ばれる生命表と保険料表を完成させ、日本生命に提出した。日本生命では重
役会で直ちにこれの採用を決定、この両表をもって9月20日から営業開始となっ
た。「藤沢氏第二表」は我が国初めての本格的な日本人の生命表であり、それに基
づく保険料表も従来にない日本人のための科学的なもので、日本生命の合理的経
営に大きく寄与した。

　藤沢は保険規則の作成にも力を注ぎ、とくに契約者に対する利益配当の部分を
重視し、これを明記する保険規則原案も日本生命に提出していた。この藤沢原案
の趣旨は開業と同時に定められた「日本生命会社保険規則」に取り入れられ、生
命表、保険料表とともに全面的に藤沢の保険思想が取り入れられたのである。

⑷ 代理店中心の販売体制と片岡直温の「馬車馬主義」

　ところで、生保会社の経営において最も重要な業務は「販売」と「資産運用」の二つである。とりわけ、販売ないしは「募集」、「契約」は生保会社の運用資金量を決定するものであり、銀行業務における預金獲得と同様の意味をもつ。加えて、大数の法則に依拠する生保会社では経営の安定上、一定規模以上の保有契約を絶えず維持する必要があるが、既存の契約は満期あるいは被保険者の死亡によって減少する宿命をもっているから、新契約の獲得、すなわち販売がきわめて重要な業務となる。生保会社の経営パフォーマンスがしばしば保有契約高や新契約高で測られるのはこのためである。

　創業期の販売制度についてであるが、保険契約に関する事務一切について最終的に責任を負ったのは本店契約部であったが、実際の募集業務を担当したのは日本生命直属の社員と、地方に置かれた代理店で、前者は市内部を、後者は主として郡村部を対象とした。創業当初の数カ月においては契約者の圧倒的大多数は株主・発起人であったから、本社による募集が多かったが、その後は代理店取扱いが増え、設置代理店数が増加するに従い、明治時代においては代理店が販売のメイン・チャネルとなった。そしてこれが日本生命の販売体制の特徴となり、強みともなった。

　代理店は「重役会議の決議を以て各地所在の銀行会社又は名望あるものへ嘱託す」と規定され、厳選主義がとられた。先発の明治生命は慶應義塾の人脈に、帝国生命は海軍関係者に代理店の依頼をしていたのに対し、日本生命は銀行や地主などの地方名望家に白羽の矢を立て、代理店契約を結んでいった。1892年までに166の代理店が置かれたが、そのうち106が銀行であった。銀行が多く代理店に指定されたのは、創立関係者に銀行家が多かったという事情にもよるものであったが、当時の銀行経営者には地方名望家・資産家が多く、その人的ネットワークが募集にあたって力を発揮し、加えて地方銀行のコルレス網が送金に使えるというメリットがあったからであろう。生命保険知識の普及が浅い当時においては、それぞれの土地において声望を有する上層階級による紹介、応援は募集活動において大きな効果をもったのである。

　日本生命の創業直後においては、会社役員、医師など高所得者層、都市の第三次産業従事者の契約者の比重が大きかったが、開業後8年経った1897（明治30）年

頃になると農村部の契約者数が著しく伸び、新契約1件当たり保険金も相当に低下した。一握りの富裕層から漸次広い範囲に契約者が拡がったことを示しているが、これは日本生命が上に述べたような地方の代理店チャネルを重視した販売戦略を採ったことの成果であった。

こうした代理店チャネルに息吹を与え、その機能をフルに発揮させたのが片岡直温副社長であった。片岡は開業以来、「馬車馬主義」を唱え、陣頭にたって新契約募集活動に取り組み、全国各地を奔走し、株主や有力者に対して講演会などを開き、契約の締結、援助を要請した。また銀行や地主などの地方の有力者、名望家を説得して代理店契約を結んでいった。代理店契約締結後はその助けを借りて、宴会や説明会などを開き、自ら募集活動の旗振り役となった。交通網の発達していなかった時代に関わらず、開業後百日余の間に片岡が訪れなかった土地はわずか数県に過ぎなかったと言われている。日本生命の販売が著しく伸びたのには、その仕組みとともに、片岡直温の「馬車馬主義」に代表されるようなアグレッシブな営業活動があったからである。

最後に、募集活動と関係あるものとして、診査医制度について触れておく。日本生命では「生命保険事業の基礎は医師の体格検査にあり」として、被保険者の健康診断を営業政策と独立に厳格に行う方針をとった。そのため、各地方において名医とされる医師を嘱託医（のち専任の社医制度となる）とし、診査を依頼した。創業時には30名の医者が嘱託医となったが、そのなかには適塾の緒方洪庵の次男緒方惟準、大阪医学校校長の吉田顕三、大阪病院長の清野勇など、第一級の医師が多く含まれていた。

診査医は社員とともに、地方にも出張し、診査を行うとともに、医療相談にも乗った。被保険者には「証票」が発行されたが、この証票を提示すれば無料で診査医の診察を受けることもできた。また手腕のある医師では自ら保険契約をとるものもあり、募集活動にも貢献したのである。

(5)経営成果と現代的意義

日本生命は現存する大手生保会社としては、1881（明治14）年の明治生命、88年の帝国生命（現・朝日生命）に続き、三番目に創立されたが、先発会社を尻目に創業後まもなくから著しい発展を示し、創業10年後の99年には明治・帝国を抜いて保

有契約高において業界首位に躍り出て、それ以降第二次世界大戦前の全期間を通じてその地位を保持し続けた。

以上に述べたことを整理していえば、その要因としては、①福沢諭吉門下生と三菱関係者を中心に設立された明治生命、海軍関係者を地盤に興された帝国生命と比べて、日本生命は大阪の銀行界を中心により広い出資背景をもち、これが保険募集活動や銀行業からの金融経営ノウハウの移転にプラスの効果を与えたであろうこと、②保険学の先駆的研究者であった藤沢利喜太郎作成の、わが国初の日本人生命表を採用し、契約者配当付保険の販売に先鞭をつけたこと、③副社長に登用された片岡直温の「馬車馬主義」と呼ばれるほどの果敢な企業者精神、④一流医師による厳格な健康診断制度等々を挙げることができよう。

生命保険事業は明治維新以降、海外から導入された事業であるが、日本生命の場合、近代的保険計理や契約者配当、診査医制度の採用など、科学性や合理性を重んじる一方、多賀講運営の経験や地方名望家、銀行を中心とした金融業者のネットワークなど、無形のレガシィを巧みに活用していたことにも着目すべきであろう。

4 ワコールの場合

以上の大阪紡績、日本生命は明治期に創業した会社であったが、第三の事例として、第二次世界大戦後に創業した株式会社ワコールを取り上げてみよう。ワコールについては、『ワコール物語』（1979年刊）と『ワコール50年史』（1999年刊）が主な社史である。前者は作家の村上兵衛の著作となっているが、ワコールが刊行主体となって出版されているので、事実上同社の30年史とみなすことができる。これに対して、『ワコール50年史』は名実ともに正規の社史で、『もの　からだ文化』『こと　女性美追求』『ひと　相互信頼』『資料集』の4巻、総計1146頁に及ぶ大作である。『もの』編でワコールの製品史を、『こと』編で経営史を、『ひと』編で創業者塚本幸一を中心に経営者史を明らかにするという構成である。以下では、『こと』編を中心に、創業事情をみてみよう。

⑴ 創業者塚本幸一

ワコールの創業者塚本幸一は1920（大正9）年生まれ。生家は由緒ある近江商人

の一族だったが、父の相場による失敗などのため、苦難の幼少年時代を送った。40（昭和15）年20歳のとき、召集され、南方戦線のインパール作戦では55人編成の小隊が生存3人に減少するほどの激戦を経験したが、なんとか生き延び、46年6月復員、京都に戻った。自宅に戻った幸一は挨拶がてらに訪れた知人の小間物店で装身具や雑貨品に出会い、すぐさまそれらを行商販売することを決意、翌月には父の名義で和江商事なる店を開店した。これが今日のワコールのオリジンとなった。

　順調に商売を伸ばし、少しずつ資本を蓄えたが、経営の安定のためにはどうしても中心になる商品が欲しかった。そんなときアメリカの通販業者シアーズ・ローバックのカタログに掲載されたカラフルな女性下着に接して、将来は婦人物を中心に手がけることを決意した。49年夏のことである。

　相前後して、幸一は「ブラパット」という商品に出会った。バストラインの低い日本女性はどうしても洋服の着映えが悪い。そこで、女性の胸にパットを入れてみればどうかという発想から生まれた商品であった。絶対に売れると直感的に判断した幸一は直ちにこれを仕入れ、この商品の生産業者と一手独占販売契約を結んだ。幸一の勘は当たり、ブラパットの売り上げは順調に伸びた。当時、東京に半沢商店という有力な婦人下着メーカーがあったが、ここにブラパットを売り込むことに成功し、また逆に半沢商店が生産していた優れたコルセットの関西での販売権を獲得した。こうして和江商事は婦人下着を主力取り扱い商品に転じていった。1949年10月、父粂次郎が死去、翌月、幸一は婦人洋装下着を中心とする和江商事株式会社を設立した。資本100万円、従業員10名の零細企業であった。

(2) ブラジャー生産に乗り出す：ファンデーション・メーカーへ

　ブラパットもやがて売れ行きが落ちた。そこで幸一はシアーズ・ローバックのカタログからブラジャーの写真を見つけ、見よう見まねで、型紙を作った。この型紙を縫製業者に持ち込み、ブラジャーの生産を始めた。1950（昭和25）年3月頃のことである。「乳バンド」と称するプリミティブなものが販売されていた時代だったから、素人の幸一が作ったブラジャーでも結構売れたのである。

　売れるようになると、信頼できる縫製業者が必要となる。知人の紹介で、元呉服商で戦争中は軍服の縫製を行っていた木原光治郎という人物に巡り会えること

ができ、この工場に縫製を依頼した。木原は当時62歳、職人気質の人物で、工場の増設、原材料の買い付け、縫製工の手当まで行い、幸一の期待に応え見事な製品を供給した。提携1年後の1951年5月、和江商事は木原工場を直営とし、その後はブラジャーに加えて、コルセットの自社生産にも乗りだし、ファンデーション・メーカーへ転身したのである。

その後、1952年からはブランド名に「ワコール」を採用、57年からは社名を「ワコール株式会社」と改称（現在の社名「株式会社ワコール」は64年から）、株式市場にも上場して、婦人下着のトップ・メーカーとしての地位を築き上げていった。その急成長ぶりを数字で示せば、51年度に売上高3500万円、従業員74人に過ぎなかったものが、20年後の71年度には売上高155億円、従業員2867人の大企業となった。世は高度成長の時代だったが、ワコールの場合は、それに「超」の字がついた。どうして、このような急成長が可能だったのか。主要な要因を探ってみよう。

⑶ 成功要因
①戦後の消費革命への洞察

1950（昭和25）年代半ばから70年初頭まで続いた高度経済成長をもたらした最大の要因は、欧米流のモダンな生活に憧れて、一般大衆の間に消費革命が起こったことであろう。こうした消費革命の到来を察知し、それに対応する行動をいち早くとった企業家や企業こそが高度成長の旗手となりえたのであった。

女性の服装では戦後急速な洋装化が進行した。当初はアウターウエアの世界で起こったが、1950年代半ばからはインナーウエアの世界にも波及し、「下着ブーム」が起こった。塚本幸一はアメリカの通販カタログをみて女性下着の将来性を予感し、53年にはアメリカのファンデーション・メーカー二社と日本での独占販売契約を結び、55年には日本ワーナーブラザーズという日米合弁会社を設立している。これらの提携は、アメリカの技術やパターンを学ぶ上では大きな意味をもった。また、幸一は56年には早くも約2カ月半の欧米視察旅行を行っている。幸一は、後年、女性下着に関する欧米の大量生産の技術、市場のあり方等を学ぶ上でこの旅が大きな意義をもったと述懐している（『私の履歴書』塚本幸一）。このように、幸一は、日本がキャッチアップすべき目標が、欧米とくにアメリカの消費財にあることを最も自覚的に悟った企業家の1人だったのである。

②ブランド重視のチャネル政策

　ワコールは早くから百貨店、専門小売店への直販を主とし、問屋への販売を従とする販売戦略をとった。例えば1957年度において売上比率は百貨店51％、専門小売店34％、問屋15％であった。実績のない業者が一流百貨店に納入するのは難しかったが、ワコールは50年に高島屋京都店への納入に初めて成功してから、またたくまに商圏を拡げ、57年には全国109の百貨店と取引するまでにいたっていた。また、取引する専門小売店数は593にのぼっていた。伝統的に問屋の力が強かった繊維品流通においてメーカー・ダイレクト・マーケティングを目指したのは、そうでなければ、自社ブランドが確立できないと幸一が考えていたためである。もしブランドへのこだわりをもたず、問屋への納入業者に甘んじていれば、ワコールもまた多数の無名の業者群のなかに埋もれてしまっていたであろう。

　半面、幸一は1960年代半ば以降台頭してきたスーパーマーケットとの取引には慎重であった。それは、他社製品と同一売場で混売する方式をとるスーパーと、ブランド別売場を主張するワコールとの間で齟齬があったからである。ワコールがスーパーに出荷するようになったのは1975年からだが、このときも「ワコール」ブランドではなく、スーパー向けブランド「ウイング」を設定してこれに対応したのである。ここにもブランドに対する幸一の考えが表れている。

　また、幸一は宣伝・広告の重要性を早くから認識していた。ワコールは1960年代から売上高の5〜6％を広告宣伝費に使っていたが、これは上場企業のなかで常に上位100位に入るものだった。

③合理的経営

　ワコールといえば塚本幸一の派手な行動に目を奪われ勝ちだが、その裏に地道な経営改善の努力があったことを見落としてはならない。生産についていえば、1950年代におけるアメリカ下着メーカーとの提携から、パターンや縫製技術について多くのことを学び、さらにそれに改善を加え、独自の生産システムを構築していった。女性下着は多くのパーツで構成され、生産工程は多数に及んだ。それにデザイン、サイズ、素材、カラーが多種多様で、工場での大量生産には乗りにくい製品であるが、大量生産を実現できなければ大企業として成長できない。そこで開発されたのがシンクロシステムという生産システムだった。これは全縫製

工程をいくつかの同一標準作業時間の工程に分解し、各工程に配置された作業員の作業時間を同期化して、効率的に分業生産を行おうとするものであり、「ベルトコンベアなきベルトコンベア・システム」ともいうべきものであった。このシステムは、その後さらに進化させられていった。そして、このために、標準作業や標準作業時間を科学的に設定するインダストリアル・エンジニアリング（IE）の手法が導入された。また、デザイン・パターンや裁断にもいち早くコンピュータが導入され、こうした生産システムに見合うミシンや機器の開発が進められた。こうした科学的生産システムの導入によって、ワコールは、ファッション性や繊細性のゆえに難しいとされていた女性下着の大量生産方式を開発することに成功したのである。また、人間工学研究を基礎とするデザイン、立体製図、繊維新素材のいち早い導入などもワコールの品質を支えた重要な要因であった。

　管理会計面での工夫も重要であった。女性下着は流行に敏感な商品であるから、生産量と販売量を合わせるのはきわめて難しい。下手をすれば売れない商品の在庫の山がある一方で、売れる商品の在庫がないということになる。生産・販売・在庫の管理がすこぶる重要であったが、これを解決するために編み出されたのが「品目別在庫管理」や「品番別原価管理」という手法であった。零細企業段階からの管理会計への強い関心は、その後における会計処理、マーケティング処理、さらに物流システムへの早期のコンピュータの導入につながっていったのである。

④人材の登用

　幸一は時代の流れを読む勘において天性の才能をもち、また冒険心をもっていたが、技術者ではなかったし、経営管理において特別の知識をもっていたわけではなかった。むしろ、それぞれの分野の仕事に適するスペシャリストを見つけ、それに存分の腕を振るわせることにおいて特異な才能を発揮した。

　この点でワコールの発展にとり最も重要だったのは、中村伊一と川口郁雄という八幡商業学校時代の同級生2人を入社させたことだった。中村は八幡商業卒業後、東京商大（現・一橋大学）に進んだ秀才で、終戦後母校八幡商業で教鞭をとっていた人、川口は八幡商業柔道部の猛者で卒業後は大手機械メーカーに勤めていた人だったが、幸一の誘いで、1949年まだ従業員10人にも満たない和江商事に入

社した。塚本は天性のマーケットセンスと決断力でつねに事業の新しい方向を指し示したが、その実現可能性を冷徹に計算し、計画をたて、制度・組織を作っていったのは中村だった。とくにワコールの会計制度、財務運営において中村が果たした役割は絶大なものであった。他方、川口は東京市場開拓を初めとして、販売第一線で指揮をとり、短期間にワコールの商圏を拡げた営業のプロフェッショナルであった。内を中村が固め、外では川口が活躍、2人がさながら三国志において劉備を助けた関羽、張飛のような役割を果たしたのである。

塚本の人材登用の妙はこれに限られていたわけではなかった。父の商友など近江商人ゆかりの社員は営業で大活躍したし、縫製職人木原はワコールの生産の基礎を作った。ワコールの独自の生産システム構築において現場責任者として貢献したのは、元大阪砲兵工廠被服廠で働いていたベテランの女性縫製担当者であった。京都市立美術大学（現・京都市立芸術大学）の学生時代にアルバイトとして関わり、引き続き入社してワコールの宣伝・広告活動を推進していった社員もいたし、京都女子の大学講師からワコールに転じ、人間工学研究に従事した社員もいた。また船舶インテリア設計の経験を活かしてワコールのブラジャーに立体製図のアイデアを導入し、タミーガードルという大ヒット商品を考案したデザイナーもいた。ワコールでのIE研究の実績を買われ、のち大学教授に転身した社員もいた。

零細企業、創業間もない企業にとって多くの場合、ネックとなるものは人材の欠如である。ワコールの場合も大学卒の定期採用が行われるのは大分、後のことである。中途採用の人材をうまく適所に配置し、彼らを自由闊達に働かせ、能力を十二分に発揮させたところに、塚本幸一という企業家の才幹があったように思われる。

5　おわりに：企業経営におけるパトスとロゴス

以上、三社の創業事例をみてきたが、三社に共通して感じられる一つのことは、創業者たちの建業にかける強い志、使命感、熱情、チャレンジ精神である。輸入防遏のため大阪紡績を興そうとした渋沢栄一にはナショナリズム、公益性が、日本生命の弘世助三郎には多賀講で培われた相互扶助の精神と生命保険事業との

間の親和性が、そしてワコールの塚本幸一には戦後の消費革命の旗手とならんとする情熱が感じられるのである。そして、この志や情熱は共感者を呼び、それらの人々が事業を現実のものとする上で大きな役割を果たした。大阪紡績の山辺丈夫、日本生命の片岡直温、ワコールの中村伊一、川口郁雄であり、彼らのエネルギッシュな企業者活動が揺籃期の企業にとって決定的に重要であった。

　企業経営にパトス的（情緒的）要素とロゴス的（論理的）要素があるとするならば、以上はパトス的要素である。強調されなければならないもう一つのことは、この三社はロゴス的要素においても優れたものがあったということである。三社とも、先行同業企業の失敗原因を的確に分析し、それぞれの業界に何らかのイノベーションをもたらしたし、外来の技術、制度を無修正で受け容れるのではなく、日本のそして各時代の環境に適するよう改変を加えたのである。そこには合理性、論理性への強いこだわりをみてとることができるのである。

　経営の論理だけで情熱、ロマンの感じられない企業に魅力はない。しかし、情緒、ムードだけで、ロジックのない企業は危うい。発展する企業とは、本章で挙げた三社のようにパトスとロゴスのバランスの良い企業ということであろう。筆者として、読者に三社の事例から最も学んで頂きたいと思うのはこのことである。

参考文献
- ● 『百年史　東洋紡』（上下巻）東洋紡績株式会社、1986年
- ● 『日本生命百年史』（上下巻・資料編）日本生命保険相互会社、1992年
- ● 『ワコール五十年史』（四分冊：『もの からだ文化』『こと 女性美追求』『ひと 相互信頼』『資料集』）株式会社ワコール、1999年
- ● 日本経済新聞社編「福原義春」『私の履歴書 経済人33』日本経済新聞社、2004年
- ● 日本経済新聞社編「塚本浩一」『私の履歴書 経済人27』日本経済新聞社、2004年

2章

中小企業

国士舘大学政経学部教授 **阿部 武司**

1 はじめに

　本章の目的は、中小企業の社史を紹介しつつ、それらの魅力を探ることである。

　多数の中小企業の存在は、戦前期から現在に至るまで日本経済の1つの特徴といわれている。中小企業は長らく発展性に乏しいとみなされてきたが、高度経済成長期(1955〜73年)に企業規模を拡大していく中堅企業[1]や、規模の拡大を伴わないものの、独自の存立基盤を持つベンチャー・ビジネス[2]の登場によって、その多様性が注目されるようになった。また石油危機を経た1980年前後には各地に展開する伝統的な地場産業の独特な役割と強靭さも盛んに論じられた[3]。その後も中小企業に関する研究は、IT化や経済のグローバル化といった新たな状況下での展開も視野に入れて精力的に続けられているが、中小企業即経済的弱者という伝統的ドグマの呪縛はもはや薄れ、活力に富む中小企業の存在も当然のことと受け止められるようになっている。産業政策に関しても、63年制定の中小企業基本法が、大企業と中小企業の間に存在した格差(いわゆる二重構造)を問題視し、経済的弱者とされていた中小企業の保護を主眼としていたのに対して、99年には多様で活力ある存在である中小企業が産業発展の原動力として高く評価されるようになり、その成長の促進を狙いとして同法が改正された。この法改正は、20世紀末に多数の中小企業が伝統的認識に変更を迫るような発展を遂げていた事実を行政側も追認するようになった事実を反映していた。

　そうした事態が現実に生じていたことは、中小企業の社史を系統立てて読んでいけば、明らかにできる。もっとも、中小企業のうち社史を世に出すことができるのは、創業後数十年間生き延び、その間に相当の実績をあげた一握りの企業であ

031

ろう。しかも、それらの内には、創業家の顕彰だけに関心を持ったり、資料に基づく客観的な記述への関心が低かったりするものも含まれている。そうした問題に加えて、主な業種ごとにバランスよく社史をそろえることも難しい。以上の問題点には十分注意を払うべきではあるにせよ、実態が容易にわからない中小企業の発展的側面を認識する上で、社史は格好の素材となりうるのである。

　本章では創業時期はそれぞれ異なるものの、前述のように中小企業の発展が顕著となった高度経済成長期に進行しつつあった重工業化に対応して成功した3つの企業を対象に選んだ。まず、日本の工業化初期に大阪市で創業し、高度経済成長期にスチール製デスクを初めとするオフィス用家具の製造・販売およびオフィスのシステム化を推進したイトーキ、次に、戦時期に広島県府中市でダイカストという金属の新加工方式を採用し、戦後、それを基礎として金属・プラスチック製品および機械類へと多角化を進め、めざましい国際展開も果たしたリョービ、最後に、福井県で戦後に創業し、理化学機器、水処理、計測機器、制御装置など国内のニッチ市場に進出して成功をおさめた工業技術専門商社の轟産業である。高度経済成長末期には中堅企業[4]の域に達するまで成功を遂げつつあったそれら3社の社史に記されている沿革を、以下ではイノベーションに着目しつつ要約した上で、創業者や後継者の理念、そして戦略と組織を中心とする経営上の特徴を指摘していく。対象とする時期は各社の創業期から、3社の社史に共通する1990年ごろまでとする。各社の沿革をそうした、やや広い時期にわたってみていくのは、概して実態がよく知られていない中小企業の歩みを知る上で、それら企業の長期間にわたる概観を得ること自体に意味があると判断したためである。

2　イトーキ─発明特許品の販売からオフィスのシステム化へ─： 『イトーキのあゆみ─イトーキ80年史─』および『イトーキ100年史』

　本章が対象とする三企業のうち、創業時期が1890（明治23）年、ともっとも古いイトーキから始めよう。同社は戦後、スチール製家具の製造・販売やオフィス関連のシステム販売で知られたが、戦前から試行錯誤を経て様々な製品を開発してきた。

　大阪で金融業に従事したのち株式仲買も始めて、大阪毛糸紡績や摂津紡績の創立に関わり、日清戦争ののちには多数の会社企業の重役を兼ねるようになった

伊藤喜十郎（1855年生。旧姓は小野[5]および池田）は、1890年に東京上野で開催された第三回内国勧業博覧会で多数の発明・特許品を目のあたりにし、それらの普及・販売を業とすることにした。そして奥田義人農商務省特許局長の支援も得て、喜十郎は同年12月に大阪の東区高麗橋通（ほどなく同区平野町に移転）に渋沢栄一が揮毫してくれた看板を掲げた伊藤喜商店（以下、伊藤喜と略記）を設立した。

　伊藤喜は、インク瓶から胴巻、「人工膀胱」（氷嚢のこと）までそろえ、ないものは食品ぐらいといわれたものの、当初は営業不振であった。しかし、喜十郎が、養子先の伊藤家に製法が伝わる岐阜提灯を1892年に販売したところ売れ行きは良好で、1903年に大阪天王寺で開催された第五回内国博覧会ではこの岐阜提灯のほか、創業期から取引していた東京市日本橋博労町の竹内金庫店製の金庫が、金属製のため火災に強いという理由で高評を得た。伊藤喜は1901年から50年間も竹内金庫店の関西地方代理店を続け、東京市神田鍛冶町の堀井新治郎がアメリカで知り、独自の改良を重ねた謄写版も、堀井謄写堂から委託を受けて販売した。

　このように伊藤喜は、創業10年後ごろには発明特許品に限らず、新奇な商品、とりわけ輸入した事務用品、具体的には金属製品や文房具を扱うようになり、西日本一帯で同商店は「平野町のハイカラ屋」として知られるようになった。

　明治30年代（1897〜1906年）から大正期（1912〜26年）にかけては輸入したナンバリング・マシン、ゼムクリップ、ホッチキス紙綴器、魔法瓶（命名者は後出の伊藤善之助とされている）が著名となった。また、1908年に大阪市東区北新町に設置した伊藤喜商店工作部（25年に東区広小路町に移転）には、喜十郎・善之助父子が東京から発明家の石田音三郎を招聘し、彼の指揮下で安全カミソリ、手提げ金庫、金銭登録機（ゼニアイキ。1913年特許取得）が商品化された。工作部設置後も伊藤喜は、イギリス・ドイツ・アメリカなどからの輸入を続け、例えば08年にはアメリカ・シンシナティ・タイムレコーダー社の代理特約販売店となった。なお1907年、従来の大福帳式顧客台帳に代えて木製容器に収納するカードに売掛金や在庫を記録するようになったが、これは、のちのイトーキの特長となる「システム的思考」の萌芽であった。

　1910年に喜十郎は隠居し、大阪市立商業学校（現・大阪市立大学）を卒業後、父の下で働いていた一人息子の善之助（1881年生）が世界一周旅行から帰国後、二代目喜十郎を襲名した。以後、営業の主力は事務商品となり、タイプライター、手形打抜器、金銭登録機、ベント式金庫（渡欧中の善之助がブリュッセル博覧会で見出した

オランダ・リップス社製金庫を1台購入し、竹内金庫店と共同で開発。1914年に商品化)、計算機(23年の関東大震災後に商品化)など多岐に及んだ。14年以降、耐火性・耐久性が強く鼠害も防げるスチール家具を、工作部でノックダウン生産した。敗戦後に主力商品となるスチール家具に早くも着目していた点は特筆されよう。24年に東洋タイプライター社の関西地区代理店となり、和文タイプライターを取り扱うようになった。36(昭和11)年には元東洋タイプライターの技師島田巳之吉が発明した初の電動式製品も加わり、和文タイプライターの取扱いは戦時期を除き59年まで続いた。なお、26年に伊藤喜は、大阪で初めて輸入品のラジオを販売したが、国産化が進み競争が激化する中、2年半で取扱いを中止した。

　1933年には株式会社伊藤喜商店となった。同社の目的は、金庫販売、発明品および事務用品の製造・販売とされ、従業者は約60人であった。34年には東京電気時計製のシンクロン電気時計の販売が始まった。

　1936年には初代喜十郎、38年には二代目が相次いで世を去り、二代目の次男で早稲田大学を卒業後、朝鮮殖産銀行に勤務していた善雄(1915年生)が三代目喜十郎を襲名し、社長となった。当時は戦時期となっていたが、金属材料が不足した41年1月に伊藤喜は工作部を閉鎖し、株式を取得していた昭洋金属株式会社に同部を移して、軍需品を生産した。

　敗戦後に伊藤喜は戦災を受けた金庫の修理などを行っていたが、1948年末、大阪市大正区泉尾の明星工業株式会社の土地・建物を買収して、設備を整えた上で昭洋金属を解散し、工作部を再建した。さらに50年、工作部を株式会社伊藤喜工作所として分離・独立させたが、従業者はわずか45人であった[6]。その頃から輸入品も含めて戦前の商品が復活し、とくにスチール家具の取扱いは増えていった。そのうちでもスチール・デスクは、56年の日商からの100台の受注に始まって、57年朝日放送400台など関西系企業に大量に販売された。58年に起こったスチール・ファーニチャー・ブームも伊藤喜工作所には追い風となり、それ以後増産のために工場の増設を続けるうちに61年、同社から伊藤喜オールスチール株式会社が東京都中央区銀座に分離・独立された。

　1950年以降にはアメリカ式マネジメントが会社企業で流行し、オフィスの近代化が進められたが、それに伴うシステム販売の増加が伊藤喜商店にとってビジネス・チャンスとなった。32年から販売されていたものの需要が少なかった、工作

部が造った一覧式スチール製カード容器「アイデックス」が、証券民主化を背景として株主名簿の作成などに盛んに使われるようになった。

1954年には三代目喜十郎が急逝し、義兄の國島光吉（1897年生）が社長職を継いだ。この年には、工作所今福工場（大阪市城東区）[7]で、従来の金庫のイメージを大きく変える軽量金庫（のちシルバーセーフと命名）が開発された。

高度経済成長が多くの人々に実感されるようになった1960年前後は事務管理が進んだ時代でもあった。農協にカード・システム、県庁にはファイリング・キャビネットを販売するようになり、60年にはファイリング・システム、伝票会計システム、オフィス・レイアウトの三大システムを確立した伊藤喜商店は、その頃から社名を意図的にイトーキと表示するようになり、「システムのイトーキ」として知られていった。それに関連して金庫、アイデックス、保管庫、ロッカー、ファイルネットなどのスチール製家具もオフィスに定着していった。

1963年12月に伊藤喜商店は株式会社イトーキと社名変更した。同年5月には、イトーキ・システム研究室（70年にイトーキ総合研究所と改称）を設置し、ファイリング・システムや、工場・倉庫のシステム化を検討し始めていた。翌64年1〜3月には著名企業1000社に製品を納める「1000社作戦」を採用し、売上100億円を突破した67年度にも「1700社作戦」により営業が強化された。70年度にはオフィス家具、システム機器、施設、鉄扉、金庫雑貨の各部から成る商品事業部制を採用し、また全国を北海道、東北、東京、横浜、名古屋、大阪、広島、九州に分割したブロック別販売管理体制に移行した。

ところで1970年代初頭のアメリカでは、オフィスのレイアウト・照明・音響・空調を整備するオフィス・ランドスケープという、ヨーロッパで開発された概念が定着し、72年には日本にもそれが導入された。スチール家具への切替えがほとんどの企業で完了していたこの時期、新しい着想の重要性を認識したイトーキは74年にオフィスプラン推進部を新設し、「秩序あるオフィスの創造」をめざした。75年には東京都渋谷の東邦生命本社ビル内にイトーキ・オフィスプラン・センターを開設し、業界初のオフィスコンサルテーション業務を開始した。77年のイトーキショーではイトーキ・スペース・セービング・システムを公表した。情報の整理法、レイアウト、空間の立体的利用の三者を基本とするこのシステムは、埼玉銀行本店、東京電気化学工業本社、諏訪精工舎本社に導入され、オフィスプランニ

ングも安田火災、三井物産本社ビル、安田信託銀行新本店で成果を上げた。

1970年代半ばには、伝統的なオフィス家具や鉄扉のほか、多連式移動棚、システマ・トリーブ（エレクトロニクス技術を応用したファイリング方式）、無人貸金庫システムなどのシステム機器、ストア機器（物販分野における店舗什器）、グッドデザイン（Gマーク）商品など製品多角化が推進された。79年には10年後の創業100周年を目標に売上1000億円企業をめざすことになった。オフィスにおけるスチール家具はすでに飽和状態ではあったものの、その間には更新需要の増加が見込まれた。イトーキは、70年代半ばに開始していたオフィスコンサルテーションやオフィス・ランドスケープ・プランニングにも70年代末以降、本格的に取り組んだ。

1980年には國島社長が死去して、山岡赳夫専務が、83年にはさらに三田村之弘が、順次社長に就任した。この80年代にはバーテブラチェアの製造・販売、OAターミナルテーブルシステムの試作、ストア機器のシステム化（モジュール化、標準化、単純化、マニュアル化）、全自動貸金庫の開発、学校用・公共施設用・業務用の各家具の開発と拡販、および病院用の家具・システムの開発などが推進された。85年12月にはコーポレート・アイデンティティー（CI）が導入され、また、前年設置のItoki Systems Singapore（ISS）に続く第二の海外拠点Itoki of America（IOA）が業務を開始した。100周年にあたる90年7月には株式の大阪証券取引市場第二部上場を実現した。

小 括

1890年の創業以来長らく伊藤家の同族企業であったイトーキでは、1980年に従業者出身の社長が初めて就任した。創業以来90年という歳月は、同社を中堅企業に発展させただけではなく、所有者企業から経営者企業へと移行させたのである。

同社で注目されるのは何よりも独創的な製品開発戦略である。発明特許品の普及・販売というユニークな目的から出発したものの、創業10年後には、提灯、金属製倉庫など輸入品も含む様々な製品を販売するようになった。やがて事務機器を主力商品とするようになり、第一次世界大戦前から自社工場を持ち、敗戦後の主力商品となるスチール家具もそこで作り始めた。敗戦後には企業向けのスチール家具の販売で成功し、それが普及しつつある中、戦前期にすでに萌芽があったオフィスのシステム化にも取り組んでいった。イトーキは、企業オフィスの近

代化の流れから外れることなく、そこから生じる新需要を常に把握して前進して
いった企業として評価されよう。

なお沿革では触れられなかったが、イトーキは従業者を大切にする企業であ
り、早くも1922年に従業者に対する一種の社員持株制である権利資本制度を導
入した[8]。

3　リョービ—ダイカスト製造の世界的企業へ—：『リョービのあゆみ』および『リョービ50年史』

リョービは、戦時期に創業者が偶然知ったダイカスト（特殊鋼から作った精度の高
い金型に、溶融金属を高圧で注入して迅速に凝固させ取り出す鋳造方法。リョービの溶融金属
はアルミニウム）の製造を敗戦後、本格化し、その分野で世界的企業となった。さら
に、印刷機器、建設用品、スポーツ・レジャー用品、電動工具と、ダイカストを基
礎に置いた多角化を進めていった。工場の国際展開を精力的に進めた点は本章
が紹介する企業中でも異例である。

創業者の浦上豊は、1909（明治42）年に広島県芦品郡岩谷村（現・府中市目崎町）の
肥料商の長男として生まれ、旧制県立府中中学校で学んだのち上京し、東京株式
取引所で働きながら日本大学専門部商業学科を30（昭和5）年に卒業した。東京株
式取引所から成瀬証券を経て独立し、39年に東京で工具販売の昭和工機、40年
にベルト販売の登喜和商会をそれぞれ設立したが、戦争の影響が深刻になり、や
むなく帰郷していたところ、43年9月、航空機の部品を作る協力工場を探してい
た三菱電機株式会社福山工場の渡辺静三郎工場長から、引き受ける企業が唯一
見つかっていなかったダイカストの製造を勧められた。

浦上はダイカストに関して全く知識がなかったものの、古書や友人からそれを
得て、手動式の加圧鋳造機や金型の手配も進め、1週間後に仕事を引き受けるこ
とを渡辺に告げた。1943年12月浦上は、東京都王子区（現・北区。翌年、上記の郷里に
移転）に株式会社菱備製作所（以下、菱備と略記）を設立した。社名は、世話になって
いた三菱電機と、醤油醸造蔵を借りて改造した工場を設けた郷里の両備地方から
それぞれ一字を採って付けた。発足当初10人程度であった従業者は、44年秋ごろ
男性30人、女性14〜15人になっていた。工場設備は上記の加圧鋳造機2台だけ

で、旋盤もなく、金属を切る道具はヤスリだけで、ネジ切りや穿孔は近所の鍛冶屋に依頼した。ダイカストの鋳造に使う金型の納入は翌年2月の火入れ式の直前であったが、火入れ当日の夕方、三菱電機にダイカスト製品1点を納入できた。金型製作、鋳造、後処理というダイカストの三工程中、金型製作は当初、東京の業者に依存していたところ、時間がかかり輸送も不便だったため、東京から金型技師を迎えて府中でも生産できるようにした。

敗戦後、台所用品、タンスの引手、戸車などを製造していた菱備は、1946年に電機・車両・紡機などのダイカスト部品を作るようになったが、47年に、かつて協力工場を引き受けていた三菱電機福山工場から、東京の某企業が独占的に供給している積算電力計の文字車が思うように調達できないという話を聞き、その製造に成功したことによって精密な金型製作技術を獲得できた。しかも浦上は、作業を標準化して見習工でも金型を作れる体制を構築していった。同年末ごろには三菱電機、三菱重工業、東洋工業(現・マツダ)、安川電機製作所(現・安川電機)などの大手企業との取引が始まり、大型水圧鋳造機工場、および、新鋭工作機械を備えた金型工場など生産体制も充実してゆき、菱備は優秀なダイカストメーカーとして注目されるようになった。

1951年には千代田光学精工(現・ミノルタカメラ)製カメラの二眼レフのネームプレートを手がけ、ボディも生産した。翌年その量産を開始するとともに、より高い精密性が求められる一眼レフのカメラボディにも取り組んだ。さらに54年、菱備の株主になった千代田光学精工と合弁で翌55年に、カメラやプロジェクターの組立工場である山陽光学精工株式会社を設立した。ダイカストを使って完成商品を作るという浦上の夢はここで実現した。52年以降には自動車や電機の関連部品の受注も増えていった。

その間の1954年、菱備は業界に先駆けてプラスチックの分野に進出し、射出成型機を導入した。浦上は、ダイカストがプラスチック製になれば製品が軽量化され、成型も容易になると考えたからである。この構想は正しく、また、金型製作や機械の操作方法がダイカストと同様であったため、プラスチックへの進出は困難ではなかった。最初に試作されたのはウィスキーのキャップやタオルのおしぼり入れだった。

1957〜58年にスイスのビューラー社から、従来の水圧式に代わる最新鋭の大

型油圧式鋳造機械計5台を導入し、その結果ミシン本体部のダイカスティング化が実現できたことからうかがわれるように、高度経済成長期に菱備は旺盛な設備投資を断行した。61年には静岡県庵原郡の蒲原工場（62年操業開始。隣接する日本軽金属蒲原工場からアルミニウムを溶湯のまま供給されるホット・チャージ方式の工場。のちに静岡工場と改称）の設備増強資金を調達するため、当時珍しかった公募による増資を含め、資本市場から資金を調達するために、東京および大阪の証券市場第二部（翌年には第一部）に株式を上場した。ダイカスト業界では初の株式公開であり、同年の売上高は30億円を超えた。なお営業拠点として創業時から東京に設けていた出張所が62年に営業所となり、55年には大阪と浜松、57年には名古屋にも営業所が、それぞれ設置された。

　浦上は危険分散の観点から、ダイカストを一事業に偏らず、広い分野で使われるようにしようという強い意志を持ち、その観点から前記の山陽光学精工社を設立し、ミノルタカメラから技術指導を受けて、カメラのほか複写機など様々な精密機器分野へ事業を拡大していった。1960年代には、ダイカストの製造技術、とりわけ金型製作用の精密加工機械設備を充実させて、精度の高い部品を各製造分野に安価に供給する体制の構築に力を注いだ。それは、洗濯機、掃除機、扇風機、冷蔵庫などの家電製品の部品、さらに内外の自動車部品を中心としていたが、菱備自身の多角化に結びついていった分野もあった。

　まず1961年に、浜田印刷機製造所の依頼により小型オフセット印刷機の製造を開始した。当時、そのダイカスト部品はわずか6点に過ぎなかったが、浦上は将来、ダイカストを全面的に使用する印刷機を量産する第一歩としてそれに取り組み、66年に最初の自社ブランドのKR-430を開発した。68年には製版・印刷・製本まで一貫して行う「リョービトータルシステム」を公表し、その頃から海外での印刷販売も開始した。

　次に1963年、ダイカストによるドアクローザーを日本で初めて開発した。ダイカストにつきものの鋳巣が、油圧式機器の一種ドアクローザーに油漏れを引き起こしがちであったが、菱備はこの問題を真空鋳造という方法を用いて解決し、ドアクローザーは菱備の建築用品の代表的存在となった。

　さらに菱備は、釣具の製造からスポーツ・レジャー用品の分野に進出した。本格的には1966年にダイカストとプラスチックを主な部品とする釣具のリールの生

産を手掛けた。当時メーカーが激しい競争を繰り広げていた国内市場を避けて、アメリカのスポーツ用品メーカー、ブランズウィック社と業務提携し、海外の高級品市場向けに生産を始めた。さらにプラスチック技術がロッド（釣竿）生産にも使われるようにした。国内向け生産は72年の太陽釣具株式会社（のちのリョービスポーテック株式会社、2002年解散）の設立に始まった。

　菱備は、1961年末にアメリカのPET社向けダイカスト部品を輸出して以来、電動工具製造に進出したが、それは電動工具の大部分がダイカストとプラスチックで構成されていたためである。

　浦上が国際化に熱心であったことにも注意しておきたい。早くも1951年にアメリカにドアの把手類を輸出し、55年にはアイスクリーム・スクープ、その後ステーキ・プラターを、ともに同国に輸出した。また、61年末にアメリカのPET社向けのドリルのモーターハウジングの金型、62年にコラムサポート（ラジアルアームソーの部品）用の金型、さらにサンダーのベース、セーバーソーのハウジング、ドリルのハウジングのダイカスト製品といった電動工具部品を受注した。68年にはオーストラリアのメルボルンで開催された展示会に印刷機を、菱備の完成品として初めて出展した。翌69年、アメリカのブランズウィック社と釣具につき海外業務提携を結んだ。

　こうした発展の過程で菱備は多数の協力工場を持つようになった。1967～68年時点での主な工場は下記の通りである。（　）内は順に設立年、所在地、主な業務である。光密メッキ有限会社（1946年、広島県深安郡、亜鉛ダイカスト品のメッキ）、共和精機株式会社（52年、広島県芦品郡、ダイカスト製品・金型・印刷機・ドアクローザー）、株式会社中林工業所（52年、広島県府中市、研磨・鋳造）、橘高鉄工有限会社（52年、広島県、ヤスリ作業・機械加工・バフ研磨）、株式会社山伸（55年、広島県、研磨）、川上協同組合（62年、岡山県川上郡、PET社製品の一貫作業）、三良坂工業株式会社（66年、広島県双三郡、アルミニウム・ダイカスト専門工場）、御調工業株式会社（66年、広島県御調郡、亜鉛ダイカスト専門工場）、菱備機械工業株式会社（67年、広島県府中市、機械製作と部品加工）。

　1972年7月浦上豊が急逝し、第二代取締役社長には息子の浩（1936年生。慶應義塾大学経済学部卒）が就任した。豊の「熟慮断行」の精神に、浩は「積極果敢」の方針を加えたといわれる。新社長の下でまず翌73年9月に社名がリョービ株式会社と変更された。

次に、国際化が大いに推進された。1974年に豊社長の時代から関連が深かったアメリカのシカゴに駐在員事務所が開設され、その2か月後には現地法人リョービ・アメリカ社がイリノイ州に設立された。以後、多数の海外子会社をリョービが設立していったことは**表2-1**に示されている。87～90年のバブル経済期の設立が目立って多いが、20世紀末に同社が旺盛な海外進出を遂げていた事実は確認されよう。

若干補足すれば、まず1980年にフォードモーター社にトランスミッションケースの金型を初めて輸出し高い評価を得たことが契機となり、リョービはフォードおよびゼネラルモーターズ（GM）との取引に乗り出したが、静岡工場に設置された世界最大級の3300t鋳造機は、それに大きく貢献した。その後日米貿易摩擦問題が激化する中、アメリカ現地でのダイカスト生産に進出し、85年、同国の大手自動車部品メーカーのシェラー・グローブ社と合弁でシェラー・リョービを設立した。同社が位置するアメリカ中西部のインディアナ州は自動車部品の供給基地であり、シェラー・リョービは3500tという世界最大規模のダイカストマシン6台をはじめ最先端設備を備えたリョービ初の海外生産拠点となった。リョービはその後、90年にシェラー・リョービの全株式を取得し、リョービダイキャスティング（USA）と社名変更した。80年代後半のバブル景気と円高を背景として日本企業による米国企業のM&Aが続く中で、87年には電動工具を作るリョービエレクトリックツールマニュファクチャリングを設立し、また、アメリカの園芸機器メーカー、イナーシャダイナミクス社を株式公開買付け（TOB）で買収した。88年、アメリカの大手メーカー、シンガー社の電動工具部門を430億円で買収し、リョービモータープロダクツを設立して、同国での家庭用電動工具市場で大きなシェアを獲得した。同年リョービはさらに、北米のグループ企業を統括管理するためにリョービノースアメリカを設立した。

ヨーロッパに目を移すと、1990年に、イギリスの北アイルランド工業開発庁の誘致もあって、同地方の中心都市ベルファストから近いキャリクファーガスに、リョービアルミニウムキャスティング（UK）が設立された。同社は、92年に操業を開始し、1650tのダイカストマシン4台を用いてトランスミッションケースとクラッチハウジングの製造に着手した。そしてここが、リョービおよび前述のリョービダイキャスティングとともに、ダイカスト生産の日米欧の三極体制中の一極を

041

表2-1 リョービによる海外子会社の設立

年	設立企業名	国	地域
1974	Ryobi America Corp.[1]	U.S.A.	State of Illinois
1982	Ryobi Australia Pty. Ltd.	Australia	New South Wales
	Ryobi Masterline Ltd.[2]	U.K	Gloucestershire
1983	Ryobi France S.A.[3]	France	Paris
1985	Sierra Ryobi Corp.[4]	U.S.A.	State of Indiana
1986	Ryobi New Zealand Ltd.	New Zealand	
	Ryobi Canada Ltd.	Canada	
1987	Ryobi Electric Tool Manufacturing Inc.[5]	U.S.A.	State of Arizona
	Jarvis Walker Pty. Ltd.	Australia	
	Ryobi Finance International (Netherlands) B.V.	Netherlands	
	Inertia Dynamics Corp.[6]	U.S.A.	
1988	Ryobi-Toski Corp.	U.S.A.	State of Ohio
	Ryobi North America Inc.[7]	U.S.A.	State of Illinois
	Ryobi Motor Products Canada Inc.	Canada	
	Ryobi Motor Products Corp.[8]	U.S.A.	State of South Carolina
	Ryobi Concepts International Inc.	U.S.A.	State of Illinois
1989	Ryobi Europe S.A.[9]	France	
	Ryobi Finance International B.V.[10]	U.S.A.	State of Illinois
1990	Ryobi America Corp.[10]	U.S.A.	State of Delaware
	Ryobi Aluminum Casting (UK)Ltd.[11]	U.K	Northern Ireland (Carrickfergus)
	Ryobi Lawn and Garden (UK) Ltd.[12]	U.K	
1991	Ryobi Canada Inc.[13]	Canada	
	Ryobi Australasia Holdings Pty. Ltd.		

出所：リョービ株式会社創立50周年記念社史編纂委員会編『リョービ50年史』リョービ、1994年、169-173頁。
　　　各社名はインターネットで確認

注1：1990年解散　2：園芸機器の販売会社　3：1990年解散　4：大手自動車部品メーカー Sierra Globe 社と
　　　合弁。1990年全株式を取得し Ryobi Die Casting (USA) Inc. と社名変更　5：のち State of South Carolina
　　　に移転　6：1986年に資本参加したのち TOB 完了　7：のち State of North Carolina に移転　8：Singer
　　　Corp. の電動工具部門を買収　9：電動工具の販売会社　10：Ryobi North America Inc. が設立　11：
　　　ダイカストの生産拠点　12：園芸機器関連の会社　13：Ryobi Canada Ltd. と Ryobi Motor Products
　　　Canada Inc. が合併

担うことになった。

1990年代初めのリョービの海外グループ会社は23社[9]、従業者計4300人に及んでいたが、日本人は三十数人に過ぎず、海外子会社の現地化が進められていたのである。

表2-2からは、リョービが多数の外国企業と販売などの業務あるいは技術に関する協定を結んでいたことも明らかであるが、その背後には浦上浩社長の下で社内各部門が、以下でみるようにいっそうの発展を遂げていった事実があった。

表2-2 | リョービの外国企業との業務提携等

年	事　項
1974	アイテック社（アメリカ）と印刷機KR-2700およびKR-2800の販売につき業務提携【印刷機】
1975	カラーメタル社（スイス）と印刷機の販売で業務提携【印刷機】
1980	ゼネラル・エレクトロニクス社（アメリカ）より良品納入の承認の証と優良マークを受ける【ダイカスト】
	フォードモーター社（アメリカ）に金型を納入【ダイカスト】
1981	バークレイ社（アメリカ）と提携、釣糸の販売開始【スポーツ・レジャー】
	フォードモーター社（アメリカ）よりA/Tミッションケースの受注決定【ダイカスト】
	エア釘打ち機メーカーのセンコプロダクト社（アメリカ）と業務提携【電動工具】
1982	サージェント社（アメリカ）、ゲーツェ社（ドイツ）とドアクローザーの販売で業務提携【建築用品】
	フランボー社（アメリカ）と釣具の販売で業務提携【スポーツ・レジャー】
1983	PCPL社（シンガポール）とダイカストの技術提携【ダイカスト】
	トコス社（チェコスロバキア）と釣り用リールの技術提携【スポーツ・レジャー】
1984	大手電動工具メーカー AEG社（ドイツ）と業務提携【電動工具】
1985	ツール・ド・フランスのスポンサーになる（1989年まで）
1986	園芸機器メーカー・イナーシャダイナミクス社（のちのリョービアウトドアプロダクツ）に資本参加【電動工具】
1989	ケイニッヒバウアー社（ドイツ）と印刷機SRO2K（722KOEBAU）の製造につき業務提携【印刷機】
	香港の電動工具メーカー・テクノトロニックインダストリーズ社がリョービグループに加わる【電動工具】
1993	ハイコムダイキャスティング社（マレーシア）と技術提携【ダイカスト】

出所：リョービ株式会社創立50周年記念社史編纂委員会編『リョービ50年史』リョービ、1994年、とくに168-173頁
注：【 】内は、リョービの諸生産部門

まず、印刷機器では1977年に国産初のB4サイズの刷版自動フィード式小型印刷機「RyobiAD80」を開発して以来、メカトロニクスを駆使した商品を次々と世に送り出し、小型オフセット印刷機では世界のトップメーカーとなった。他方で、印刷機器のトータルシステムを追究する中で写植・文字組版機器の分野への進出を実現した。75年には、IC72個を組み込んだ「レオンミニDX」を、他社の類似製品が600万円であったのに対して100万円未満で販売し、以後1年間、生産が追い付かないほど爆発的に売れた。その後も文字ディスプレイ装置が付き、複雑な組版作業の効率を高めたレオンマックスシリーズが作られ、それがさらに、光学式電算写植システムの「レックス」シリーズや、デジタル式文字・画像統合プリプレスシステムの「レオネット」シリーズへと発展し、写植・文字組版機器もリョービの重要製品となった。

　建築用品中、ドアクローザーも浩社長の下でいっそうの進化を遂げ、例えば1982年に開発された「レグノ」は、耐摩耗性に優れたハイシリコン特殊アルミニウム合金R14を用いた国内向け大型ドアクローザーであり、通常の鋳鉄製高級ドアクローザーの開閉能力が30万回から50万回のところ、150万回もの能力があり、加えてドアが70度から90度の間でゆっくりと閉まるディレードアクション装置を持つなど画期的な商品で、アメリカの建築金物の大手メーカーからも引合いがあった。そのほか、ビルの外壁用グリルが、マレーシアの首都クアラルンプールで当時最大規模であったダヤブミビルの外壁を飾り、アクセスフロア（床下配線用二重床）は新設の東京都庁舎に採用された。

　スポーツ・レジャー用品に関しても、釣糸のからみを防ぎ、捲上げを容易にするなどの工夫により初心者でも釣りを楽しめる「アドベンチャー」シリーズや、200mの投釣りを可能にした「プロスカイヤー」シリーズを開発し、さらにカーボン樹脂、セラミックス、スーパーアモルファスなど最先端の素材も導入した釣具の総合メーカーの地位を確立した。1990年には業界初のコードレス電動リールで、ICを搭載しリール本体とバッテリーを一体化した軽量の「セラテックAD電動60CL-D」を開発した。リョービは釣具のほかアルミニウム合金でヘッドを一体成型したゴルフクラブ「UNIFIX」や、マリーンスポーツ関連の製品の開発にも力を注いだ。

　最後に、電動工具は1978年からリョービ・ブランドで販売されるようになった

が、当初、マキタ電機製作所(現・マキタ)および日立工機という先発大手二社に比べて知名度が低く品数も少なかった。そこでリョービは、それらに先駆けてエレクトロニクス化を進め、79年に業界初の電子制御変速ドリルを開発して以来、ジグソー、ポリシャー(艶出し機)などを相次いで開発し、業務用市場に進出していった。また76年以降、各種電動チェーンソーを相次いで開発し、81年にはプロが現場で使える大入れ加工機「DR-100」を製造して、いずれもヒット商品となった。しかしながら、新しいニーズを掘り起こす目的もあってリョービは、前掲、**表2-2**に示されているように、電動工具の分野で国際的な業務提携やM&Aを推進していったのである。

小　括

　リョービは浦上豊・浩父子の同族企業であった。父の「熟慮断行」の精神に、息子が「積極果敢」の方針を加えたとされているが、事実二人の経営はそれぞれ個性的であった。

　まず豊は、戦時期に偶然知ったダイカストの製造技術を執念で修得し、戦後、短期間に大企業から信頼されるようになった。1954年には原料の多様化を見越してプラスチック製造にも進出した。旺盛な設備投資を展開した高度経済成長期には印刷機器、建設用品、スポーツ・レジャー用品、電動工具と、ダイカストを基礎に置いた多角化を進めていった。

　1972年の父の死により社長に就任した浩は、豊が高度経済成長期以前から主に製品輸出を通じて進めてきた国際化を本格的に推進した。74年にアメリカに最初の海外子会社リョービアメリカ社を設立したのち、80年にフォードおよびGMというアメリカの巨大自動車メーカーとの取引を始めた。85年以降90年までにはバブル経済期を中心に、アメリカでダイカスト製造を基礎とした自動車や電動工具に関連する現地法人の設立やM&Aを活発に進めた。ヨーロッパでもフランスやイギリスにダイカストのほか園芸機器や電動工具に関わる現地法人を設立した。こうした海外進出の背後には、豊社長の時代に基盤が形成された各製造部門の高度な発展があった。

　1952年に181人に過ぎなかった従業者数は、豊社長が亡くなった72年にすでに1691人であり、91年には2321人にも増えていた。その後加わった多数の海外グ

ループ会社の従業者数は90年代初めに計4300人というから、当時は内外併せて6600人余りになっていたとみられる。リョービは高度経済成長が終わったころにすでに中堅企業になっていた。ただし、同族出身のトップ経営者による果断で迅速な技術導入や海外進出は、官僚制的弊害に捕われがちな大企業が容易に採用できないところであった[10]。

4　轟産業─製造技術を持った専門商社─：『スキ間に生きる─轟の42年─』

　轟産業の創立者で、長らく社長の座にあった酒井貞美は、1924（大正13）年に福井県の武生に近い現在の越前市轟井町の農家高橋家の六男として生まれた。旧制の県立武生中学校を経て福井高等工業学校化学機械科（現・福井大学工学部）を敗戦直後の45（昭和20）年9月に卒業。在学中の44年、横浜市の石川島芝浦タービンに勤労動員中、専務取締役だった土光敏夫を知り、感化を受けた。卒業後、大阪市の車輌電機、次いで福井県今立郡の東洋薬化に勤務し、その間に福井県丹生郡の酒井家の婿養子となった。

　酒井は、東洋薬化の工場に捨てられていた割れたガラス瓶を金沢市のガラス問屋に、同じく廃棄されていた、スルファミン剤を脱色するための活性炭の使いカスを福井市の練炭屋に、それぞれ売って資金を稼いだ。1948年2月に酒井は東洋薬化の人員整理の対象とされ、実兄の高橋重雄（47年5月ビルマ戦線から復員）と翌月、福井市の焼け跡に轟化学研究所を設立した。社名中の轟は二人の生誕地の名称から採られた。酒井は当時から、①人の嫌がる仕事をし、②嵩張らない小さい物を対象にして、③小さい割に金額の高い物を扱うことをめざした。「スキ間商品」（ニッチ商品）を扱おうというこの発想から、旧舞鶴海軍工廠より入手したボンベ3本分の水銀は純度が低く使い物にならないうちに48年6月の福井大地震で消失したが、それに代わって「食」に関わる、ふくらし粉と酢の素は順調に売れていった。そうした中で研究所を訪問した人から、当時出回っていた粗悪な硫安などの肥料を見分ける方法がないかという相談を受けた。酒井はこれに応えて定性分析器の製作に着手した。

　酒井は建設中であった自宅が大地震に遭遇して被害を受けたのち、1948年10

月末に家族で新居に移り、そこに轟産業商会の看板を掲げた。震災後にも酒井は、市内のガラス屑を重雄とともに手で集め、それを一升瓶やハエ取り瓶と交換し、前者は農協に、後者は八百屋に売った。震災から市内が落ち着いてきた11月頃から酒井は、ガラス製理科用器具を金沢から仕入れ、学校や工場に注文を取りに回った。学校関係では武生中学時代の恩師を頼り、福井精練加工、酒伊繊維工業、日華化学工業などの工場関係では友人に支えられて、販売網を拡大していった。大阪からの仕入れは、品数が少なく、品質面でも問題があったため、酒井は、翌49年1月に初めて東京に仕入れに行き、以後仕入れ先を東京に移していった。

　工場との取引が拡大していくにつれてガラス製品に限らず、その他の機器や薬品の注文が増えていった。手始めは兵庫県神戸市に本社を置く水処理関係の大手・栗田工業[11]の清罐剤であった。当時は福井県内で盛んであった繊維産業用ボイラーの燃料であった石炭が「黒いダイヤ」と呼ばれるほど貴重であったので、ボイラーの熱効率を上げて石炭を無駄なく使うために清罐剤が重要であり、轟産業商会は栗田工業からすぐに、同社製清罐剤の代理店として福井県下を任された。まもなくオーバル機器工業のオーバル流量計、千野製作所の自動温度調節計、田中計器工業のサーモマスター自動温度調節器も扱うようになった。当時の仕事は、酒井と兄重雄、義父の酒井弥蔵、妻澄子らの家族が担当した。

　酒井は、福井県下の染織工場に清罐剤を販売しているうちに、それらの工場から熱管理機器と計測機器の供給を求められるようになった。前記のように石炭が貴重であったことに加えて、1953年ごろから繊維企業がナイロンなどの合成繊維に進出するようになったため、流量計や温度計の注文が激増し、轟産業商会はこれらの機器を扱う専門商社の様相を呈してきた。

　1952年末に酒井と重雄は店を二つに分けて各々独立した。元々兄は小・中学校、弟は会社、大学・高校、官公庁を分担していたので、その区分に応じてともに一本立ちし、酒井は54年9月に資本金50万円の轟産業株式会社を設立した。その頃酒井は、繊維産業の成熟化を認識していたため、福井県内では官公庁、さらに県外北部の石川県（小松、金沢両市）と富山市にそれぞれ進出することを決めた。

　従業者は創業時には男性3人に過ぎず、1958年にようやく12人（うち男性10人）となったが、酒井は草創期から栗田工業に倣った旧海軍流の新人研修など、彼らへの教育に力を注ぎ、さらに57年に社内預金制度、60年に従業者持ち株制を導入

047

するなど福利厚生の充実を図った。

真名川総合開発計画によって高度経済成長初期の1957年福井県に完成された二つの多目的ダムに、轟産業は歪計と温度計を納入し、また、コンクリートの大量使用が見込まれたためにその必要性を予想し、納入を準備していた材料試験機も採用された。翌58年6月、真名川総合開発の完了のため不要となったコンクリート材料試験室が、すでに始まっていた富山県神通川上流の井田川総合開発事業に転用されることになり、轟産業が、試験室の解体・移転・設備の全てを請負った。そして、この仕事が契機となって59年に同社は富山市に初めての営業所を設置した。

1957年ごろには石川県への進出も6人の社員がオートバイを乗り回して本格化した。ターゲットは大聖寺精練、小松精練、赤座繊維、倉庫精練などの繊維企業や、建設機械最大手の小松製作所であった。小松製作所に対する営業は難航を極めたが、担当した広部三郎の粘り勝ちにより新興通信工業製の動歪測定装置や、理研精機製の油圧ユニットの納入が実現し、59年ごろ小松製作所は轟産業の第一の顧客となった。

轟産業は前記の富山営業所を第一号として、福井県外の各地に営業所を設置し、ニッチ商品の販路拡大に努めた（1961年8月に新潟および東京、62年8月に大阪および金沢）。小規模で粗末な各営業所には、20歳台の若い社員たちが多くの場合、何のつてもなく、いきなり現地に放り込まれ、自転車やオートバイに乗らされて、自力で顧客の開拓を迫られた。武器はニッチ商品であり、59年ごろ一定の面積以上の建物を新築する際に義務付けられた火災報知器の取付け工事などがその例である。

当時、酒井は多忙をきわめ、電話が容易でない時代であったため毎晩20～30通の手紙を書き、睡眠時間は3～4時間に過ぎなかったという。彼は、その頃、セールス・エンジニアリング（技術を持った販売）によってユーザーの利益を実現し、それによって適正利潤を得て、さらに納税を通じ社会に貢献するという循環の重要性を認識し、そのために欲を出して働いてくれる社員づくりをめざした。

1958～59年ごろから轟産業は理化学機器、水処理、計測機器へと取扱商品を増やしていったが、酒井は、商品を右から左に売るだけではなく、その過程で付加価値を付けることをめざした。そして折からの設備投資の増加に伴うオート

メーション化を利用して、複数の機器を組み合わせてシステム化した計装パネルの製作、およびパネルを取り付ける計装工事の実現をめざすようになった。この発想は58年に福井市の繊維メーカー花山工業から受注した、小寺精練染色に納入するヒートセットの自動制御装置によって実現した。この装置は設計から据付けや配線まで轟産業が行った自社製品第一号であった。その後も59年完成の福井精練加工勝見工場のボイラー自動燃焼制御ACC装置、63年納入の東京の浜野繊維工業の樹脂加工用熱処理制御装置、66年製造開始の北陸化工機向けの液流型染色機用大型制御盤(試作後は北陸化工機が下請受注)など制御装置の製造が続いた。

1963年には、いわゆる三八豪雪の影響もあって営業成績が上がらなかったところに、翌年6月、大口取引先の福井県内の繊維機械メーカー月島機械製作所が倒産し、負債総額は13億円にも上った。酒井は、社員の動揺を鎮めるとともに、大口仕入先に値引きなどの交渉を実施し、大口納入先には現金払いを要請した。月島機械製作所の再建にも酒井はリーダーシップを発揮し、日立造船の協力を得て同製作所を引き継ぐことになる、プレス機械の月島機械と繊維機械の北陸化工機(前出)の新設に貢献し、売掛金の5割弱を回収できた。この事件の前後、身辺で実父を初めとする近親者の死去が相次ぐ中で酒井は思索にふけり、経済の変動にも深い関心を寄せるようになった。とくに経済予測に関して10年がかりの研鑽を経て、経済の波動は3と4の倍数として生じ、12年に1度大きな回転をするという認識に到達した。64年1月には老朽化した本社事務所を新社屋として建替え、創立15周年記念式を挙行した。

1965年にすでに、福井本社のほか北陸地方の富山・新潟・金沢、そして大都市の東京・大阪に営業所を持っていた轟産業は、高度経済成長後半期には68年静岡、69年長岡、70年京都、72年名古屋および埼玉と、各地に事業所・営業所を設置し、従来と同じく主に20歳台の若い社員たちを配属して多店舗化と経済広域化を推進した。

酒井は営業所を「出城」、営業所長を「城主」に例え、彼らに「使命感と危機感」を持たせて、「お客さまに教育してもら」い、自らは1969年に設立した別会社轟不動産株式会社をバックとして、71年に手狭となった本社社屋を増築したほか、各地の社宅整備に力を注いだ。創業期以来の社員教育にも一層の力を注ぎ、59年

の入社試験開始、その後も新人研修、「地獄の特訓」と呼ばれる合宿型社外訓練などを実施した。68〜74年には、年に一度温泉などに若手社員の父兄を招待し、彼らの前で各社員の仕事内容を発表させる「孝親会」、73〜76年には、社員の妻を対象として半期に一度、地区ごとに会社の説明と社長の講演などを行う「奥様セミナー」を実施した。酒井はまた70年以来、地域別営業部長制度を実施し、さらに71年の職階制の改訂と翌年の昇級試験の導入を通じて年功序列に代わる職能制度、すなわち能力中心の人事評価を導入した。

こうした斬新な改革を進めた酒井自身は、積年の過労がたたり、1967〜68年に患った肝炎が慢性化してしまったが、轟産業は、1970年前後の日米繊維紛争などの影響を受けたものの高度経済成長後半期には総じて目覚ましい発展を遂げ、例えば社員数は65年89人から74年180人へと倍増した。商社としては中堅企業の域に達したといえよう。

1973〜78年ごろ第一次石油危機の影響で轟産業は、得意先企業の倒産などによる不良債権の累積に悩まされ、76年6月に酒井は、社内の全営業マンに渡した取引先信用度チェック表を武器にその削減に努めたが、同社が大不況を乗り切れたのはそれ以上に、①90年代初頭のデータながら、同業他社では300〜400社程度の仕入れ先が、轟産業では約1000社、得意先が8000社と、取引先数が多かったこと、②柱となる取引先がなかったこと、③構造不況業種と化した「重厚長大」型重工業との関わりが薄かったこと、④ニッチ商品を取り扱い、システム販売など他社にない商品が多かったこと、という以前から構築してきた特長によっていた。以上を補足すれば、そもそも轟産業は大企業にはなかなか相手にしてはもらえず、売込もうとすればそれらの系列に入らなければならなかったのであるが、系列への参加は企業と商取引以外の「癒着」を嫌う轟産業の選ぶところではなかった。逆に、他企業があまり取り扱っていない小規模な、しかし将来性に富むメーカーのニッチ商品を積極的に扱う轟産業には、石油危機後に明らかになった「重厚長大」・大量生産型の重工業から、「軽薄短小」・多品種少量生産型のハイテク産業への転換は強力な追い風となった。さらに、石油危機後に脚光を浴びる省エネ・公害防止関連の商品も同社が以前から取り扱っていた。石油危機を経て轟産業の発展には総じて好都合な経営環境が出現したのであった。

その後のバブル経済とその崩壊、長期不況、グローバリゼーションの進展と

いった日本経済の激変の中で、少なくとも1990年代まで轟産業は健在であった。いくつかの新たな展開につき言及しておこう。まず、酒井は脚光を浴びるようになったICチップやパソコンといった変化の激しい流通商品には対応できないとして敢えて進出しなかったが、それは正しい判断だった、とのちに語っていた。他方で、高度経済成長期以来の多店舗展開を以下のように続けた。1974年敦賀事業所、76年上越事業所、77年厚木・和歌山・彦根の3事業所、80年千葉事業所。未知の市場に社員が単身で乗り込んでいった従来の営業所とは異なり、いずれも支店や営業所から分離したサテライト型営業所となった。なお、石油危機以前には轟産業に協力的であったメーカーが販売会社を作る動きを強めた事情も、この営業網の強化の背景であった。

　1982年2月には福井県金津町に商品開発センターおよび金津営業所が、用地取得から12年を経て開設された。同センターは「工場」ではなく、加工用機械設備も基本的に用いず、最小限度の試作ができる程度の施設とされたものの、多品種少量生産の時代に見合い、またシステムアップに貢献する商品開発センターと位置付けられた。酒井は、同センターの建設こそが同業他社に格差を付けるのであり、製販一体化した特色ある工業専門商社として轟産業がユーザーに信頼できる企業と認められ、業績安定を可能とする先行設備投資である、と全社に公布した。その第一号製品は花山工業の依頼によるガス燃料制御盤であった。小寺精練染色に設置された、この制御盤はその後十数年間使用された。90年代初頭には高分子の正確で高度な重合実験を省力化しつつ行える重合試験器が注目を浴びていた。

　轟産業の売上高は1976〜77年に50億円台、83〜84年に100億円台、89〜90年に200億円台となり、従業者も1982年に200人台に達した。

小　括

　酒井貞美の同族会社・轟産業は、創立者酒井の意思により動いてきた企業であり、いまだに株式市場に上場されていない。

　戦略面ではまず、技術力を持つこの工業商社が進化し続けている点が重要であろう。轟化学研究所時代に酒井がめざした、化学知識を応用した製薬会社という構想は、轟産業商会になってからは理化学機器、さらに熱管理計測器の販売と

いう目的に代わり、1954年の轟産業設立後には工業技術専門商社に発展していった。さらに82年の商品開発センター設置後には、商社機能にメーカー機能を付加したテクノコンサルティング企業と称されるようになった。

次に、福井県内から出発した轟産業が、重工業がめざましい発展を遂げていった高度経済成長期以降、多店舗化と経済広域化を実現していった点が注目される。同社は、海外展開に力を注いだリョービとは対象的に、国内市場でのきめ細かいサービスに徹して成長を続けていったのであり、この点はイトーキと共通する面があった。

さらに、将来有望な中小企業を中心に取引先数が多かったこと、柱となる取引先がなかったこと、石油危機以降、構造不況業種となった「重厚長大」型重工業との関わりが薄かったこと、スキ間商品を取り扱い、システム販売など他社にない商品が多かったことが、経済危機への抵抗力となり、また、「重厚長大」・大量生産型の重工業から、「軽薄短小」・多品種少量生産型のハイテク産業へ、という産業構造の大転換の中で、轟産業にとって有利な経営環境ができあがっていった点も興味深い[12]。

なお、轟産業が、採用・研修から福利厚生に至るまで従業者を大切に扱ってきたことも特記されよう。

5 おわりに

以上、日本産業の重工業化が顕著に進んだ高度経済成長期以降に中堅企業の域に達したと言い得る三つの企業のイノベーションの軌跡を、創業期から1990年ごろまで社史の記述に基づいて通観してきた。その結果、各社が家族・同族企業として出発したこと、創立が1890年に遡るイトーキは経営者企業に転じたものの、戦時期に出発したリョービ、および敗戦後に創立された轟産業は所有者企業であり続けたこと、各社がそれぞれ興味深いイノベーションを持続的に粘り強く実現しつつ、高度経済成長末期には中堅企業の域に達していたこと、イトーキや轟産業が従業者の福利厚生に力を注いでいたことなどが明らかになった。

冒頭で述べたように中小企業は多様な存在であるが、20世紀末に至ってようやく中小企業即経済的弱者という実証的根拠に乏しいドグマが崩れ、逆に中小企

業こそ企業家精神やイノベーションの源泉であるという認識を日本政府までが持つようになった。その実態を示すことは意外に難しいのであるが、できるだけ多くの社史を系統的に集めてそれらが成し遂げた革新の事例を類型化することによって上記の認識の正しさは証明されうる。社史にこうした効用もあることは特筆に値しよう。

なお、高度経済成長期には太平洋ベルト地帯を中心に産業発展が進んだといわれ、マクロ的にはその通りではあるものの、本章で採り上げた福井県の轟産業のように企業家精神を大いに発揮する企業が日本海側でも立派に存在した事実は忘れられるべきではなかろう。

筆者は、重工業関連の上記3社のほか繊維や食品、さらには百貨店や問屋など、より伝統的な業種に関する社史の調査も進めつつあり、別稿でそれらにつき論じる予定である。

[附記]本章の執筆にあたり結城武延、白井泉の両氏から有益なコメントを賜った。記して謝意を表したい。

注

1　中村秀一郎 (1976)『中堅企業論―1960年代と70年代― 増補第3版』(東洋経済新報社。初版は1964年刊行) を参照。
2　清成忠男 (1970)『日本中小企業の構造変動』(新評論) を参照。
3　山崎充 (1977)『日本の地場産業』(ダイヤモンド社)、板倉勝高編著 (1978)『地場産業の町』上・下 (古今書院)、板倉勝高 (1981)『地場産業の発達』(大明堂)、金子精次編 (1982)『地場産業の研究―播州織の歴史と現状―』(法律文化社)、関満博 (1984)『地域経済と地場産業―青梅機業の発展構造分析―』(新評論) など。
4　前掲、中村 (1976 12-14頁) は、中堅企業が、①大企業の別会社・系列会社ではなく、企業の根本方針の決定権を持つ真の意味での独立会社であり、②証券市場を通じて社会的資本調達が可能な規模 (具体的には市場第二部上場企業たりうる規模) に達しながらも、③個人・同族会社としての性格を併せ持ち、④独自の技術・設計考案、高い市場占有率、高利益率など一般の中小企業とは異なる市場条件を確保している、といった特徴を持つ、としている。
5　財閥の三井家と姻戚。
6　同社は1961年10月に株式を上場した。
7　1950年に操業を開始した泉尾工場中、金庫、保管庫、ロッカーの各製造部門は、53年に完成した今福工場に移された。不況に苦しんだ翌54年には泉尾工場が閉鎖され、工作所は今福工場に一本化された。55年には工作所の本社も今福に移転した。
8　本節に関しては社史編集委員会編 (1970)『イトーキのあゆみ―イトーキ80年史―』(株式会社イトーキ) およびイトーキ100年史編集委員会編 (1991)『イトーキ100年史』(株

式会社イトーキ)を参照した。関連文献には株式会社伊藤喜工作所創立20周年記念誌編纂員会編 (1970)『伊藤喜と國島光吉―システム販売の先駆者―』(伊藤喜工作所)、堀江司行編輯『伊藤喜翁』(国島光吉、1938)、初代喜十郎をしのぶ会編 (1970)『伊藤喜十郎―没五十年記念出版―』(株式会社イトーキ) がある。

9 　1994年ごろ、リョービのグループ企業は内外計約40社で、国内関連会社も10余りあった。主なものは、印刷機器専門のリョービイマジクス、リョービコンピュータビジネス、庄原カントリークラブなどのゴルフ場経営を行うリョービ開発などであった。

10 　本節はリョービ株式会社年史編纂委員会編 (1974)『リョービのあゆみ』(リョービ株式会社)、リョービ株式会社創立50周年記念社史編纂委員会編 (1994)『リョービ50年史』(リョービ株式会社) による。浦上豊追想録編集委員会編 (1973)『浦上豊追想録』(浦上豊追想録編集委員会。とくに293-323頁の「浦上豊小伝」) も参照した。今回は使用しなかったが、出版文化社編 (2004)『リョービ近10年のあゆみ―創立60周年を迎えて―1994〜2003』(リョービ株式会社) も出版されている。

11 　栗田工業創立50周年記念事業委員会編纂 (2000)『水を究めて50年―栗田工業50年史―』(栗田工業株式会社。特に序章と第1章を参照)。同社は1949年に海軍機関学校の卒業生・栗田春生が創立。清罐剤も海軍のボイラー管理に使用されていた。

12 　本節は轟産業社史編集委員会企画・編集 (1992)『スキ間に生きる―轟の42年―』(轟産業株式会社) による。創立者酒井貞美の所蔵資料と関係者からのヒアリングに基づき、社内で編集された同書は、巻末資料を含め全390頁に及び、客観性を重んじて記述された力作である。今回は使用しなかったが、2006年に同書の改訂・補充版『スキ間に生きる 続―轟の58年―』(轟産業株式会社) も出版されている。

参考文献

- 社史編集委員会編『イトーキのあゆみ―イトーキ80年史―』株式会社イトーキ、1970年
- 株式会社イトーキ100年史編集委員会編『イトーキ100年史』株式会社イトーキ、1991年
- 堀江司行編輯『伊藤喜翁』国島光吉、1938年
- 初代喜十郎をしのぶ会編『伊藤喜十郎―没五十年記念出版―』株式会社イトーキ、1970年
- 株式会社伊藤喜工作所創立20周年記念誌編纂員会編『伊藤喜と國島光吉―システム販売の先駆者―』株式会社伊藤喜工作所、1970年 (以上、イトーキ関連)
- リョービ株式会社年史編纂委員会編『リョービのあゆみ』リョービ株式会社、1974年
- リョービ株式会社創立50周年記念社史編纂委員会編『リョービ50年史』リョービ株式会社、1994年
- 浦上豊追想録編集委員会編『浦上豊追想録』浦上豊追想録編集委員会、1973年
- 出版文化社編『リョービ近10年のあゆみ―創立60周年を迎えて―1994〜2003』リョービ株式会社、2004年 (以上、リョービ関連)
- 轟産業社史編集委員会企画・編集『スキ間に生きる―轟の42年―』轟産業株式会社、1992年
- 轟産業社史編集委員会企画・編集『スキ間に生きる 続―轟の58年―』轟産業株式会社、2006年
- 栗田工業創立50周年記念事業委員会編纂『水を究めて50年―栗田工業50年史―』栗田工業株式会社、2000年 (以上、轟産業関連)

3 章

技術開発

南山大学経営学部教授 **沢井 実**

1 はじめに

　技術導入と自主開発は、決して二者択一的で相対立する技術開発手法ではない。導入すべき技術を選択し、それを自社に定着させていくうえで自主開発的要素が不可欠であることはいうまでもない。一方、模倣や技術導入の長い積み重ねの先にはじめて展望しうる自主開発も導入技術や輸入品の存在から大きな影響を受けるのは当然のことである。その意味で技術導入と自主開発の両者は対立的というよりもむしろ相互補完的であり、技術開発の長い流れの中ではともに必要なふたりの主役である[1]。

　本章では最初に「機械をつくる機械」である工作機械における二つの技術開発事例を取り上げる。NC機時代の到来によって一挙に輸出産業化した日本の工作機械工業は1982年から2008年までの27年間、世界最大の工作機械生産高を記録し続けた。現在ではその地位を中国に譲ったものの、日本は技術的にはドイツと並んで世界の工作機械工業を主導する立場にある[2]。しかし、戦前期以来、工作機械工業はその技術的対外格差の克服を課題としてきた。数多くの精密な部品を組み立て、長期間の過酷な使用に耐えることを要求される工作機械は、「母性原則」(copying principle)を通して、それを使ってつくられる機械の精度を規定する。精度の悪い工作機械から精度の良い機械が生まれることはない。その意味で機械工業全体に占める工作機械工業のシェアはそれほど大きくないものの、工作機械工業の技術水準が機械工業総体の水準を規定する。資本財の中の資本財として工作機械が注目される所以である。

　精密な部品を加工すること、それらを組み立てること、しかも完成品が何十年

にもわたる過酷な使用に耐え、当初の精度を維持すること。これらはいずれも経験を要する困難な技術課題であり、後発工業国が短期間のうちにマスターできることではなかった。強制的な輸入代替期ともいうべき第二次世界大戦期を経てもなお、日本製工作機械と欧米製品の間には大きな技術的格差が存在した。この格差を埋めるために主要工作機械メーカーが最初に採用したのが技術導入であった。しかし同時に1950（昭和25）～54年度に「工業化試験補助金」4件（2900万円）、「応用研究補助金」20件（1500万円）、さらに53～55年度に60社69件の新機種開発プロジェクトに対して「工作機械試作補助金」（2億8500万円）が交付されたように、1950年代前半には通産省も自主開発の動きを支援した[3]。ここでも技術導入と自主開発は相互に影響を与えつつ、鎬を削っていたのである。

　次にキヤノンカメラ株式会社（1969年にキヤノン株式会社に社名変更、以下、キヤノンと略記）における事務機開発を取り上げる。1962年の売上高構成においてカメラが95％を占めたキヤノンであったが[4]、将来を展望するとき、カメラに続く第2の基軸製品が必要とされた。そうした製品多角化の試みの中で浮上したのが事務機、具体的には電卓と複写機であった。電卓には競合他社との熾烈な競争が待ち構えていたし、複写機の場合はゼロックス社という巨人が聳え立っていた。こうした厳しい競争環境の中でキヤノンはいかにして技術開発を進めていったかがここでのテーマである。

　最後にカメラメーカーであるオリンパス光学工業株式会社（2003年にオリンパス株式会社と社名変更。以下、オリンパスと略記）における内視鏡の技術開発プロセスを追跡する。産学連携の典型的事例ともいうべき胃カメラ、ファイバースコープといった内視鏡技術をオリンパスはどのようにして蓄積していったのか、キヤノンとは異なる光学機器メーカーのもう一つの多角化の歩みを検討する。

　なお本章において言及・参照する社史は以下の通りである。日立精機株式会社社史編集委員会編『日立精機二十五年の歩み』（1963年）、豊田工機社史編集委員会編『技に夢を求めて—豊田工機50年史—』（1991年）、100周年記念誌編纂事務局編『オークマ創業100年史』（オークマ株式会社、1998年）、キヤノン史編集委員会編集・製作『キヤノン史—技術と製品の50年—』（1987年）、企画本部社史編纂室編纂『挑戦の70年、そして未来へ—キヤノン70年史　1937-2007』（キヤノン株式会社、2012年）、およびオリンパス光学工業株式会社編『50年の歩み』（1969年）。

3章　技術開発

2　工作機械企業における技術導入と自主開発

(1) 技術導入——豊田工機株式会社

　輸入機械に匹敵する汎用機をつくることができれば市場は開けると判断した豊田工機は開発機種の機種選定に当たって、需要の多いこと、同時に輸入実績も多いことを考慮して研削盤に焦点を絞った[5]。その準備として冨田環取締役は技術部の杉本正司部長にトヨタ自動車工業での研削盤の実態調査を命じた。杉本部長の調査報告によると、研削盤の生命である軸受は外国特許が押さえており、それに抵触しないで開発を進めることはきわめて難しかった。冨田は池貝鉄工所元社長の早坂力の意見を聞きたいと思い、菅隆俊社長、木村柳太郎常務取締役に早坂を顧問に招聘することを強く具申し、その結果、早坂が月1回程度来社することになった。

　1954 (昭和29) 年秋に欧州視察から帰国したばかりの早坂は、フランスのジャンドルン社が砥石軸に流体軸受を使用した画期的な研削盤を製造している、同社が日本のメーカーに技術供与をしてもよいといっているとの朗報をもたらした。しかし人員整理直後の豊田工機に技術提携を担当する人がおらず、ジャンドルン社との交渉は早坂顧問と友人のガストン・ドレー元フランス海軍技術将校に依頼しなければならず、国内では外資審議会の厳しい審査を受ける必要があった。そのため担当者は何回も通産省を訪ねて陳情・説明をくり返した。

　当時技術提携は関係する内外両社だけの案件ではなく、ユーザーや業界団体の代表で構成される外資審議会の承認を得る必要があった。そこで冨田常務 (1954年9月に昇格) はユーザー側の代表である日本自動車工業会の設備委員長である日産自動車の村上幸雄部長に提携の趣旨を説明して了承を得ると同時に、日本工作機械工業会会長の牧野常造会長 (牧野フライス製作所社長)、同工業会の隅山良次技術委員長、代表的研削盤メーカーである大隈鉄工所の大隈孝一社長らにも説明を行った。最終的な了解を得るために、冨田常務はトヨタ自動車工業に赴き説明を行った。売り上げ見通しを尋ねる同社の中川不器男副社長に対して、冨田は「月に5～6台は売りたいと思います」(約2000万円、当時の豊田工機の月間総売上高)と回答したところ、中川は何もいわず了承してくれたという。

　このトヨタ自動車工業の承認が大きな支えとなって技術提携が進展し、外資審

057

議会の承認にも目途が立ったところ、木村柳太郎専務（1954年9月に昇格）から豊田通商の岡本藤次郎社長が心配している、今回の技術提携は取り止めた方がよいのではとの慎重論が出た。相談役に退いていた菅隆俊前社長もジャンドルン社の流体軸受に不安を抱いていたが、冨田は必死で社内を説得した。内心、流体軸受に不安をもっていた冨田は部下に命じて、カタログを参考にして精密中ぐり盤の主軸を流体軸受で3台つくったが、結果は思わしくなかった。しかし、ノウハウもなく、カタログだけで所期の性能を出すのは無理だろうと納得したという[6]。

　以上のような紆余曲折を経て1955年11月1日に政府の承認が下り、ジャンドルン社との契約が締結された[7]。11月26日に契約にもとづく技術指導を受けるために、第2仕上課長の西坂誠三がジャンドルン社に派遣され、翌56年3月に帰国した。渡仏した西坂はジャンドルン研削盤の製造のポイントは、流体軸受の組付とキサゲによる摺り合わせにあると判断した。豊田工機のキサゲは腰を使って行う方式であったが、ジャンドルン社では超硬キサゲを用いて腕の力のみで行っていた。西坂は熟練工からこの方式を約1週間かけて教わり、帰国後はジャンドルン社のノウハウを社内に定着させた。係長、組長クラスが率先して技能の習得に努めたものの、キサゲによるベッド摺動面（しゅうどうめん）の模様づけが難物であった。

　研削盤の生命である砥石軸の組付ノウハウについては西坂課長が十分に習得してきたため、担当者の理解は早かった。しかし実際に組付けてみると結果は思わしくなく、組んでは分解し、組んでは調整する日々が続き、徹夜も続いたため、「研削盤は夜つくられる」という言葉が社内で流行ったという。入社早々の技術者の和田龍児が流体軸受の理論的解明に取り組み、こうした技術陣と製造部門が一丸となったジャンドルン研削盤の製造ノウハウ確立への努力が、その後の豊田工機を支えることになった。

　一方、西坂課長を送り出した豊田工機では、杉本正司技術部長のもと、佐藤正夫係長をキャップに技術者4名でジャンドルン研削盤の設計チームが編成された[8]。31歳の佐藤係長を除いて、全員が20歳台であった。東京出張所まで西坂課長からの航空便を受け取りに行った佐藤係長は、本社に戻ると「3年間は我慢してジャンドルン社の図面指示通りにやってほしい。それから、問題点を取り上げ解明しよう」と指示を出し、図面の書き替えは、「オリジナル重視」、「内製中心」を基本方針にした。元図の和訳に仏和辞典がいったが、トレース作業の効率化をは

かるために、必要な用語だけを抜粋した「簡易仏和辞引」も作成された。また500万円という資金を投じてジャンドルン社製研削盤が購入され、現物見本として大いに役立った。こうした設計陣の奮闘の結果、試作第1号機の設計は、西坂課長が帰国する1956年3月初めまでにほぼ終了することができた。

受注1号機はいすゞ自動車に納入された。当初、流体軸受がなかなか理解してもらえず、東京出張所の担当者が説得を重ねた結果、いすゞ自動車の岡本利雄生産技術部次長の決断で「RA25-100」の受注に成功することができた。豊田工機ではこの「RA25-100」の量産化に移行すると同時にジャンドルン研削盤のシリーズ化を推進し、そのための設計陣には和田龍児、浅野浩明らの技術者が配属された。また西坂に続いて、杉本正司、佐藤正夫、三浦章らがジャンドルン社に派遣され、設計、生産等のノウハウの習得に努めた。

一方、技術提携は標準本体部分だけであったため、オプションやツーリング関係は独自で設計・開発する必要があった。1958年にはテンプレート倣(それに倣って工作物を所定の形状に研削するための形板)が開発されたが、その開発では日本電装にあったフォーチュナ社およびシャウト社の倣が参考にされた。この段差成型用ドレッサーの開発によって、「RA10-45」型円筒研削盤の売り上げが急伸した。日本機械学会誌に掲載された「RA10-45」型円筒研削盤の「新製品紹介」では、以下の文言がある。

> 　操作は全自動であるから、作業者は部品の取付、取外し、および運転操作のため単一作業のみ行えばよい。また機械各部が非常に堅牢で、すべての調整基準が狂わないことはもちろん特にといし軸に適用されている流体軸受は、独創的なものであり、軸受部の摩耗を皆無にし、強力高精度の研削を可能ならしめている[9]。

1960年代に入ると顧客の幅広いニーズに応えるため、オプション装置の開発に力点を移し、クランクシャフト加工用のテーブルインデックス装置、自動振れ止めなどが開発された。こうした自動化技術の蓄積が、後発メーカーの豊田工機を研削盤のトップ企業に押し上げる要因となった。

さらにジャンドルン研削盤の品質を確保するため、鋳物の品質も世界のトッ

プ水準に引き上げる必要があるとの考えから、豊田工機はアメリカのミーハナイト・メタル社と1956年12月に技術提携した[10]。冨田環常務の指示によって、稲垣義雄粗形材課長が技術導入のための調査を担当した。アメリカのピッツバーグ市に本社をおくミーハナイト・メタル社は世界各国百数十社もの工場と提携しており、日本でもすでに13工場がミーハナイト方式による鋳造を行っていた[11]。ミーハナイト・メタル社と実施権契約を締結したライセンシーに対しては、溶解システムに関する特許情報だけでなく、押湯(鋳物の凝固収縮を補給するために付属する部分)形状、湯口(鋳物部に湯を流入する通路となる部分)方案などさまざまなノウハウが教えられた。またデイリー・リマインダーと呼ばれる各種の作業手引書、現場教育資料が渡され、さらに世界各地のライセンシーの現場実験の成果がコンフィデンシャル・レポートとして各ライセンシーに開示された[12]。

　豊田工機では稲垣課長をリーダーにして、鋳造部160名余が一致団結してミーハナイト化の実現に邁進した。ジャンドルン研削盤はアメリカ系に比べてベッドの肉が薄いため、鋳物がつくりにくく、鋳物屋泣かせであった。ミーハナイト方式による鋳物工程の標準化を進める中で、「ベッドの設計を一部改良してもらう」、「芯中子砂を改良し、鋳物が収縮しやすくして割れにくくする」といったように鋳造部一丸となって技術的課題を解決していった。ミーハナイト・メタル社の日本の窓口であるジャパン・ミーハナイト・メタル(JMM)からミーハナイト鋳物の製造技術を習得したとのお墨付きの連絡があったのは、鋳造開始後6カ月目であった。

　鋳物技術の向上だけでなく、豊田工機は1950年代半ばから設備面での強化を推進した[13]。56年にはマーグ社の歯車研削盤と歯形測定機、テーラホブソン社の真円度測定機を導入し、ジャンドルン研削盤の流体軸受のため、軸受と主軸台等の穴加工用にデブリーグ社製ジグミルを導入した。納入調整に来たデブリーグ社のアメリカ人技術者の「こんなに温度変化の大きな場所では、良い精度はでない」との指摘を受けて、56年9月に恒温のジグボーラ室が設けられた。続いて57年に研削盤などのベッドのスライド面を効率的に加工するためにグレー社の門形平削盤が導入された。この平削盤は長さ10.5m、総重量60tという巨大機械で、研削盤のベッドを一度に4～6台分取り付け加工できた。この平削盤はグレー社が戦後日本に輸出した8台目の機械であり、価格は9万8170ドル(約3534万円)という超高価格機であった[14]。

外国企業と技術提携し、その技術を社内に定着させ、さらにその技術をベースにして顧客の多様なニーズに応えるために、豊田工機は以上のプロセスを推進した。標準本体部分の技術提携を現実の製品とし、シリーズ化していくために、同社は設計・製造両面での大きな変革を経験することになった。そのプロセスは技術導入か自主開発かといった安易な二分法を許さないような複雑な過程であった。技術導入は設計図を渡されればそれで終了といったものではなく、設計・製造の細部に渡る検討、工夫、改善を要するものであり、さらに鋳物技術、設備機械の大きな変革を伴うものであった。

(2) 自主開発──株式会社大隈鉄工所

多くの主要・中堅工作機械メーカーが技術導入を進める中で大隈鉄工所は自主開発による基礎技術の向上の途を選択した。その代表が一度の加工で鏡面研削を可能にする「非真円平軸受」の開発であった[15]。大隈は1943（昭和18）年にすでに航空機用エンジンのピストン外径を仕上げるための戦時型(L形)3番高速旋盤を開発していた。このとき、加工精度を決定づける主軸の軸受には、高速回転が可能で潤滑がよく、しかも軸心の変動が少ないことが要求された。技術陣は、くさび形の油膜圧力で軸を支持するマッケンゼン型軸受を改良し、当時としては画期的な精度を実現した。この初期の非真円平軸受に関する膨大なデータが社内に蓄積されていた。

1952年、技術開発のリーダーである長岡振吉設計課長[16]はアマツール・グループ（アメリカの工作機械販売促進組織）傘下の工作機械各社を見学する機会を得たが、そのとき"1 micro inch, only ground"（ラップしたり、超仕上げした面より、1回の研削で1マイクロインチ[0.025 μm]の鏡面仕上げができることが技術的にずっと大切だ）という言葉を聞く。これに刺激されて長岡は帰国後、「研削だけで黒光りするような加工精度が得られる軸受」の開発にとりかかる。このとき輸入工作機械の1／3を研削盤が占めるという状況であった。

3点支持方式による動圧軸受の精度と剛性は戦時型旋盤で経験しており、勝算はあった。「大隈式非真円平軸受」と名付けられたこの試作研究には、1953年度の鉱工業技術試験・応用研究補助金、54年度の工作機械試作補助金が交付され、大隈鉄工所は54年5月にその試作に成功する。組立や保守点検がしやすいように

061

ユニット化された新型の軸受は、ベアリングメーカーから受注した転がり玉軸受の内輪転送面の仕上げ専用研削盤に装着され、工業技術院の機械試験所で審査を受けた。その結果、量産連続加工では仕上げ面粗さ0.7〜1.8μm、加工品の直径のバラツキは3.5μm以内であり、0.2〜0.3μmの仕上げ面粗さの鏡面加工も達成した。非真円平軸受ユニットは54年に発売されたGCU形万能研削盤に搭載され、その後大隈製研削盤の全機種に採用された。

「大隈式非真円平軸受」の開発過程を長岡は次のように語っている。

> 戦時形旋盤をやっていたときから、三角のおむすび形の軸受は手がけていたのです。リンドナーの軸受は溝が小さくて旋盤には向かないということで、これを倍に広げました。さらに研削盤に使うために天井部分をピボットにしました〔中略〕マッケンゼンの9等分を12等分としたら、ずっとつくりやすくなりました。〔中略〕実際につくってみなければ、誰も信用してくれませんよ。この非真円平軸受をつくって初めて、皆がわかってくれたのです。図面の段階では、こんな三角にしたら当たりが小さくなるとか、冷やかす者ばかりでした[17]。

しかし大隈鉄工所入社直後に非真円平軸受開発チームに配属された武野仲勝によると、開発の初期段階は以下のようにきわめて厳しい状況であった。

> 先ず軸受の油膜発生部の楔型形状が実現せず、この試作は大失敗だった。当時は試作工場のベテランの職人が此の計画に当初から批判的であったこともあり、此の時点で彼等から完全に見放され、仕事の継続が不可能な状態となった。当時の設計図上の指示は〔中略〕極めて小さい楔型を約束する値が表示されて居らず、簡単な一般的な寸法公差のみの表示であり、当時の製造技術では此の設計は実現不可能と言うのが此の仕事を見放した人たちの判断であった。

冷ややかな現場に対して、武野は軸心の回転挙動をブラウン管で示しながら軸受としては完成していることを説明した。こうした中で「当時の社長、取締役技術

部長、試作係長の大隈再建に対する必死および藁にもすがる情熱とマネージメントの力が大きな原動力となり、困難な試作が進められた」のである[18]。

　1954年以降も新型研削盤が次々に開発された。GOR形油圧式球軸受溝研削盤（55年）、GCP形円筒研削盤（55年）、GPB形サイクリック円筒研削盤（56年）、GAH形アングルヘッド研削盤（56年）、GSL形平面研削盤（57年）、GCS形生産精密研削盤（59年）などである[19]。

　武野仲勝によると、1956年の第2回大阪国際見本市に出展されたGPB形サイクリック円筒研削盤の場合、「インプロセスゲージはまだ売って居らず、内製する事にした。全体のシーケンス駆動はリレー及び真空管回路とし、これも全て内製とした。即ち全てが純国産の方針であった[20]」。荒削りから仕上げ、定寸まで連続サイクルで行い、鏡面仕上げ加工を実現したGPB形サイクリック円筒研削盤は内外の産業界で続々と採用され、自動車、エアコン、冷蔵庫等の重要部品の精密研削加工を担った。

　またGCS形生産精密研削盤について、長岡は次のように語っている。

　　生産用の精密円筒研削盤として油圧装置を有しない世界最初のものである。油圧装置の温度上昇による影響がないので、温度に対する安定度がきわめて優秀である。また本機は、日本人が使用する環境に合致するように日本人が設計した研削盤であるので、床面からの心高も低く、砥石径も400mmに止め、機構的には寸法決めのハンドルと切り込みハンドルとを別にする等素人工が短時間で操作をおぼえられるように現場的の考慮が払われている[21]。

日本人による日本人のための研削盤であることが強調されているが、開発の原点には、戦時期以来の技術蓄積と、アメリカで耳にした"1 micro inch, only ground"の思想があったのである。

　こうした非真円平軸受搭載の研削盤によって、ボールベアリングの転送面（溝）の加工をはじめ、プラグゲージ、各種工作機械の主軸、ディーゼルエンジンの燃料噴射ポンプのプランジャ、油圧弁のバルブシート、プレス用ダイセットピンなど、機械の中でも最重要部品の高精度加工が可能となった[22]。非真円平軸受は旋

盤の主軸軸受にも搭載され、高速化・高精度化に貢献した。こうした多様な用途が評価された結果、「大隈式非真円平軸受」の実用化に対して、1958年に第5回大河内記念技術賞が授与された。

(3) 自主開発──日立精機株式会社

　工作機械試作補助金制度にもとづいて、日立精機は1953（昭和28）年度に「3MK型高速強力フライス盤の研究試作」（総経費1529万円、補助金額600万円）、54年度に「No.3型高速強力竪フライス盤（オートサイクル）の研究試作」（総経費1320万円、補助金額550万円）とフライス盤だけでも2件の研究試作補助金を受けた[23]。3MK型高速強力フライス盤について、社史は「新設計によるMK形横フライス盤を試作した。近年著しく発達した超硬カッターの性能をじゅうぶんに発揮できるよう高速化し、テーブル自動サイクルを行なって、ダウンカットを可能とし、機械各部に剛性をもたせたものである[24]」と説明している。

　当時日立精機我孫子工場の設計課長であった村木晋二によると、同機は設計着手後約1年後の1954年6月に試作機が2台完成した。この横型の試作機には「主軸々上の歯車に質量の大きいフライホイールを組み込み、断続切削のエネルギー（ママ）を吸収に役立たせた」、「主軸回転速度変換装置は、ダイヤル上の回転数表示の数字を手動で合わせるだけで、油圧シリンダーによるギアシフト方式で変速させ、作業者の労力軽減と操作時間の短縮を計った」といったようにさまざまな新しい構想が盛り込まれていた[25]。このMK形横フライス盤は54年11月の新製品展示会で公開された。このときの様子を村木は次のように回想している。

　　在来の作業能力を一新する新形機であっただけに、多くの来場者は驚異の目で見たようである。〔中略〕従来形の削り方しか知らない来客には、機械の大きさもさることながら、何のためにこんな激しい削り方をするのだろうと不思議がる始末であった。私は説明役でいたので、加工時間の短縮はもちろんのこと、これからの作業のあり方などを話すと同時に、剛性の高い機械は重切削のときでもいかに振動が少ないか、それによって刃物の寿命が長くなること、削り面が綺麗なことなどを見せたり、切削中にテーブルの端に10円銅貨を立てて、それが倒れないのを実地に見せたりもした。

新機種開発の成果がユーザーに工作機械の新たな可能性を感じさせる場面であるが、村木はこの強力フライス盤開発についても、「1台つくったから、じゃあフライス全部わかるかと、そういうものじゃないんですね。ただ、それをもとにして、ああやればこういうものが出来るのかという自信のほどが、それでだいたい方針がついたということ[26]」とあくまでも謙虚であった。

先にみた大隈鉄工所の長岡振吉は1952年に来日したアメリカの工作機械調査団について、「団員から聞く米国の工作機械の現状には目を丸くしてしまった。曰く、米国では1年分の生産計画をたてている。曰く、主軸関係もほとんど転がり軸受を使っている。しかも振れは2〜3μにすぎない。曰く何々と、全く"黒船来る"の感じがした[27]」と回想しているが、こうした彼我の格差を痛感しながら、1950年代の工作機械メーカーでは自主開発の動きが始まっていたのである。

3 キヤノンの事務機開発

(1) 事務機部門への参入

先にみたように1962(昭和37)年当時キヤノンカメラは社名の通り売上高構成の95％がカメラであったが、第1次長期経営計画(62〜66年)において、カメラ以外の商品構成を66年に20％にすることが提案された[28]。これを受けて「カメラ以外の新分野」を開発するため、62年に特機新製品委員会が発足し、同年9月には特機製作所(山崎武夫所長、伊藤宏副所長)と製品研究課(技術部、山路敬三課長)が設置された。前者には光機、電気関係の技術者たちが集結し、ここからTVカメラ用レンズ、X線間接撮影ミラーカメラ、同ミラーレンズ、16mmシネカメラ、事務機などが生み出されていった。後者では新カメラおよびカメラ用デバイスの開発グループと電子写真の開発グループに分かれて研究開発が進められた。

創立30周年を迎える1967年の年頭挨拶において、御手洗毅社長は"右手にカメラ、左手に事務機"をスローガンに掲げ、キヤノンカメラの歩むべき方向性を示した。66年の事務機、光学特機部門の売上高構成は17％であったが、電卓や複写機等の新製品が加わった68年には22％、69年には42％と急成長した。こうした製品多角化の進展を受けて、69年3月に社名がキヤノンカメラからキヤノンに変更された。

(2) 電卓の開発

電卓については、1964（昭和39）年5月に世界初のテンキー式卓上電子計算機「キヤノーラ130」が発表された[29]。シンクロリーダー（磁気録音装置・媒体）で大きな挫折を経験した技術者たちは、コンピュータ技術を電動型機械式計算機に応用する案を検討しはじめた。海外ではイギリスでアニタという計算機が62年に発売された。キヤノンでは62年秋から伊藤宏を中心にして電子回路計算機の開発を開始した。開発目標としては、①テンキー式、②光点式表示、③事務机に載る大きさとし、演算桁は国家予算額が入力できる1兆までの13桁とされたが、これは顧客の銀行からの情報にもとづくものであった。

1963年7月に四則演算の基本的な回路の試作に成功した。開発メンバー、販売関係者、企画室は電卓の前途に確信を抱き、64年5月に東京・晴海で開催された「第28回ビジネスショウ」での展示にこぎつけた。同年10月、卓上電子計算機「キヤノーラ130」が発売された。一歩先に6月に発売された早川電機工業の「コンペットCS-10A」がフルキー式（桁ごとに0から9までのキーが並ぶ）であったのに比べて、テンキー式の「キヤノーラ130」は取扱いやすく、価格39万5000円にもかかわらず売り上げを順調に伸ばした。

さらに1965年11月発売の「キヤノーラ161」（44万5000円）は、16桁と完全なメモリーを組み合わせた国産初の製品であった。

一方、1960年代に入るとテキサス・インスツルメンツ（TI）社などを中心にトランジスタに代わる素子としてICの改良が進み、実用化の目途がついたため、キヤノンカメラは67年に技術者をTI社に派遣してIC技術を学ばせた。68年5月発売の「キヤノーラ163」（34万5000円）と「キヤノーラ161S」（27万円）はICを全面的に採用した初のキヤノーラであった。同年12月には「1桁1万円」のキャッチフレーズのもとにIC使用の「キヤノーラ1200」（12桁表示）を定価12万6000円で発売し、同程度の性能機が数十万円で販売されていた電卓市場に衝撃を与えた。「キヤノーラ1200」の売れ行きは好調で、そのための一貫大量生産設備が取手工場に設けられた。

TI社がMOS型LSIを開発したのは1968年であったが、キヤノンでも翌69年からその導入研究を開始した。LSI機の開発を進める中で、TI社と共同して、これまでの電卓の範疇に入らない"電子ポケット計算機"の開発が行われ、70年4月に世

界3カ国で同時発表され、「キヤノン・ポケトロニク」と命名された。同年10月には
キヤノン初のLSI機、世界初の携帯機として国内販売された。

　LSI機の開発と並行して1969年から印字機能付電卓の開発が開始され、70年5
月のビジネスショーでキヤノンのプリンター機のルーツともいうべき「キヤノーラ
EP150」(14万9000円)が発売され、同時にキヤノン初のプログラム計算機「キヤノー
ラ164P」(34万円)も発表された。

　しかし、1970年代に入ると電卓の熾烈な新機種投入競争、価格競争が続いた。
72年にカシオ計算機が発売したミニ電卓「カシオミニ」(6桁表示、1万2800円)は爆
発的ブームを巻き起こし、電卓の低価格化を加速した。70年代には10年間で電
卓は「100分の1まで価格を下げた」といわれ、日本メーカーでも70年代末まで生
き残ったのは、キヤノンを含めて数社にすぎなかった。70年のキヤノンの総売上
高は448億円であったが、そのうち電卓は176億円と全体の39％に達した。70年
代半ばのハンディ電卓からプリンター電卓への集中という開発方針の転換を機
に、計算機開発部から多くの電子技術者がカメラ、複写機、光学機器などの開発
部門に移った。キヤノンにおける電子技術とその担い手は、電卓を経由してキヤ
ノン製品全体の電子化を推進することになる。

(3) 複写機の開発

　複写機の方式としては、①電子写真方式、②ジアゾ方式(青焼き)、③拡散転写
方式、④安定化方式、⑤熱転写方式などがあったが、コピーの質では①がもっと
もすぐれていた[30]。さらに①についてはゼログラフィー方式とEF(Electrofax)方式
があり、前者はいったんセレン感光板に写した像を普通紙などに転写する間接式
であり、PPC(Plain Paper Copier：普通紙複写機)と呼ばれた。この方式ではゼロック
ス社が多数の特許を有して独占状態にあった。一方、EF方式は酸化亜鉛感光紙
を使う直接式であり、RCA社が特許を持っていたが、特許供与に応じていたため
世界のいくつかのメーカーがすでに製品化を始めていた。

　キヤノンでは1962(昭和37)年に製品研究課の田中宏の手によって電子写真の
研究が開始された。64年9月に経営陣は電子複写機の製品化を決定した。複写機
は機械本体だけでなく、現像剤や複写用紙などの消耗品も販売できるため、新製
品として有望であり、開発・生産のためエレクトロファックスプロジェクト(通称

Eプロジェクト)が編成された。Eプロジェクトの発足時のメンバーは14人、機械設計、物理、化学と各分野の技術者が原籍を離れて協力することで機動性のある開発が目指された。

　間接式のゼログラフィー方式には600以上の特許があり、同種の製品開発は不可能とされていた。そこでRCA社からの特許導入の目途も立ったため、EプロジェクトではEF方式を応用した全自動乾式複写機「キヤノファックス1000」を開発し、1965年5月のビジネスショーで試作機を発表、66年5月に発売した。「キヤノファックス1000」は1分間6枚のB4版全自動乾式複写機、価格60万円であったが、3カ月後に株式会社リコーは1分間2枚の湿式手動給紙複写機BS-1を発売し、その価格は29万8000円であった。これを受けて市場は簡易型湿式EFに動いたため、キヤノンも66年に湿式EFの開発を開始し、同時にオーストラリアの電子写真研究会社RLA(Research Laboratories of Australia Pty. Ltd.)に現像剤の開発を委託する一方、酸化亜鉛紙の自社生産の研究を行った。キヤノンは内外の販売網を持っていなかったため、当初、湿式EF複写機の販売は海外OEMを主とした。製品としては、67年のL-2、69年のL-4、70年のL-6などがあった。L-4をハノーバー・メッセに出品したところ、西ドイツの開発会社ECE社の注目するところとなり、これを契機に69年に同社へL-11の開発委託を行った。このECE社はキヤノン初のヨーロッパでの事務機工場キヤノンギーセンの前身であった。

　キヤノンでは1962年からゼログラフィー方式とは異なるPPCの研究も開始していた。Eプロジェクトの田中宏らは特許課の丸島儀一らとともに、ムーア特許の追試などを続け、その過程で社内に大量にあったCdS粉末をさまざまなバインダー樹脂と組み合わせて一つひとつの性能をテストするうちに、65年になって、従来のどの方式とも異なる複写方式であるNP(New Process)方式を開発し、同年7月に特許を出願した。ゼログラフィー方式が2層感光体を使うのに対し、NP方式は機能分離型の3層感光体を使っており、シンプルな複写機を実現させた。NP方式の開発には総額約10億円の多額の資金が投入された。66年に最初の実験機を試作し、67年10月にNPの特許第1号が広告になった。68年4月には「第三の電子写真方式・キヤノンNPシステム」の原理が発表され、続いてハノーバー・メッセに出品した。同年7月に普通紙複写機「NP-1100」の製品化が決定され、70年9月に本体価格88万円で発売された。

日本の普通紙複写機市場は10年近く富士ゼロックスの独占状態が続いており、同社はレンタル制を採用していた。高価な機械コストを短期間で償却する必要からレンタル料、消耗品を含めた総合ランニングコストは高くならざるを得なかった。そこでキヤノンは、本体を売り切りにしてランニングコストを下げ、新しい保守サービスシステムであるTG（トータルギャランティ）システムを導入した。これは一切の消耗品、サービスパーツ、保守サービスを提供する代わりに、複写使用枚数に比例する料金（コピー1枚当たり7.5円）を徴収するというシステムであった。

田中宏らはNP方式を発明したときに、この方式が液体現象に適していることが技術的にわかっていたため、NP方式の原理特許を出願した1965年にNP液体現象PPCに関する特許も出願した[31]。キヤノンは66年にオーストラリアのRLA社に液体現象の改良を委託すると同時に、液体現象PPCについて新方式の提案を依頼した。RLA社が提案した「ライン転写方式」の追試が契機となって、新技術の試作検討が続いた。いずれも実用化には遠い技術であったが、キヤノンは転写前残留液除去を目的とした「コロナ帯電絞り」の技術などを獲得することができた。

1969年6月に「NP-1100」の商品化の目途が立つと、キヤノンは次の目標として液体現象PPCの商品化を決断した。困難だった「クリーニング」工程では乾式の「NP-1100」で開発を進めていたブレードクリーニングが効果を発揮し、RLA社から提案されたファウンテン現像法が採用され、試作機が完成した72年に液体現像PPC方式は「液乾式」と名付けられた。こうして同年11月に液乾式PPC「NP-L7」が発売され（本体価格58万円、TG料金はコピー1枚当たり8円）、大ヒットとなった。「NP-1100」が採算的には赤字であったのに対し、「NP-L7」は黒字を実現し、複写機事業の基盤を確立させた。

キヤノンが液乾式PPC方式のパテントライセンスを他社に出すことで、「PPCは乾式でなければならない」といった神話は完全に崩壊し、世界の複写機メーカーの多くが1970年代に液乾式PPC方式を採用した。

複写機に使われるトナーや感光体ドラムは化成品である。カメラではできなかった消耗品ビジネスを行うことは複写機事業の基本方針であり、Eプロジェクトには当初から化学技術者と材料技術者が参加して、トナーや感光体の試作、生産に取り組んだ。さまざまなプロセスを経て外部の協力も得ながら最終的に化成

品を内製化できたことは、複写機事業の将来をより確かなものにした。

4 オリンパスの内視鏡開発

　1949（昭和24）年7月、東京大学附属病院小石川分院外科の宇治達郎副手がオリンパス光学工業監査役渡辺富雄の紹介で同社の中野撤夫常務を訪れ、「胃の中に入れて胃内を撮影するカメラ」ができないかと尋ねた[32]。この訪問がオリンパスが胃カメラに取り組む契機となった。中野は玉川研究所分室の杉浦睦夫を呼び、その可能性を尋ねたところ、杉浦は「光があってレンズがあって、フィルムがあれば、たとえカメラが何処にあっても撮影はできる」と答えた。位相差顕微鏡の研究に追われていた同社の動きは当初遅かったが、同年9月には諏訪工場から深海正治が呼ばれて、宇治、杉浦とともに共同研究を開始した。超小型カメラをフレキシブルな導入管の先端につけ、それを遠隔操作する機構を内蔵して、犬の胃内撮影に成功したのが50年4月だった。こうして同年にガストロカメラ「GT-1」が完成した。宇治は「オリンパス光学研究所杉浦深海氏との共同研究によってほゞ満足することの出来る胃内撮影装置、称してガストロカメラを作り臨床に応用するまでになった」と語っている[33]。この胃カメラは52年にガストロカメラⅠ型として市販され、続いてⅡ型が市販されたが、目的通りに胃内を撮影することがあまりにも難しく、器械の故障の多発もあってすぐには実用化に至らなかった[34]。

　東京大学医学部の田坂定孝教授は1953年にはじめてガストロカメラを使って以来、56年までに600回にわたる臨床診断を行い、55年1月に胃カメラ研究会の創設を提唱してガストロカメラ使用に関する研究の輪を拡げた[35]。この動きとは別に田坂内科とオリンパスとの間で「ガストロ懇談会」が設けられ、同社は毎月1回、田坂内科教室から4、5名の出席者を得て、研究改良、普及、販売等についてさまざまな助言を受けることができた。オリンパスは58年に全国各地にガストロセンターを設立することを企画し、その担い手となる医師を1カ月にわたって田坂内科に招き、ガストロ使用の教育訓練を行った。さらに58年10月にはガストロカメラの健康保険適用が実現し、ガストロカメラの普及を加速させた。翌11月、すでに15回に及んだガストロ懇談会はガストロカメラ推進連絡会と改称され、一

方で全国にガストロカメラ特約店を設置することが決定された。こうした動きを受けて59年4月に設計、生産からアフターサービスにいたる一貫した業務を担う独立部門であるガストロ課が設置された。操作部、連結部、カメラ部の大幅な設計変更が行われ、同年10月にⅣ型が完成した。これに先立つ6月には日本胃カメラ学会が発足していた。さらに集団検診用ガストロカメラとしてⅤ型が開発され、それを細く柔らかく改造した集団検診専用機種としてP型も完成した。

　こうして日本では胃カメラが普及したが、欧米ではほとんど受け入れられなかった。こうした中でオプティカルファイバーを応用した軟性鏡の登場は、内視鏡の歴史にとって画期的な出来事であった。1957年、アメリカのハーショヴィッツらはグラスファイバーを胃内視鏡に応用したファイバースコープを試作し、同年5月のアメリカ胃鏡学会で発表した[36]。この装置は60年10月にACMI社（American Cystoscope Makers Inc.）で製品化され、Gastroduodenal Fiberscopeとして販売された。しかし日本に輸出するとすぐに真似されるとの理由から対日輸出は禁止され、日本国内で使用することができなかった。ACMI社製のファイバースコープは62年6月になってはじめて日本への輸入が可能となり、日本消化器病学会が1台購入し、これを在京の大学、大病院の間で1週間位ずつ持ち回りで試用した。

　ファイバースコープの国産化としては、1963年10月に町田製作所で日本硝子繊維のグラスファイバーを用いた観察用ファイバーガストロスコープFGS-Aが試作され、同年に開催された第1回日本内視鏡学会秋季大会で展示された[37]。次に64年4月にオリンパスから胃カメラにファイバースコープを組み込んだファイバースコープ付き胃カメラGTFが発表された。GTFではそれまでの胃カメラによる読影がそのまま活かせたため、大いに普及した。続いて66年10月にはGTF-Aが発売されたが、これによって従来の機種での盲点が大幅に解消し、反転観察、撮影も容易となった。

　ファイバースコープの登場は、挿入部の太さの選択、視野方向の選択、鉗子チャンネルの具備化など、それまでの内視鏡と比較してスペックの選択に大きな自由度をもたらした。適用臓器も拡大し、1960年代半ばから10年間ほどで数多くのファイバースコープが開発・発売された。83年には洗浄・消毒意識の高まりから、完全防水型のOESファイバースコープがオリンパスから発売された。

　ファイバースコープが接眼部を覗いて画像を観察するのに対して、電子スコー

プ（ビデオスコープ）はテレビモニター上での画像を観察するという違いがある。固定撮像素子CCDを使ったビデオカメラを内視鏡に組み込んだ、電子スコープの最初の発表は1983年であり、オリンパスは85年に内視鏡ビデオスコープシステム「EVIS-1」を発売した。以後約20年の間に電子スコープは大いに普及し、消化器ではほぼ完全に電子スコープに置き換わった。

5 おわりに

　本章では技術開発の事例として、工作機械、電卓、複写機、内視鏡を取り上げた。工作機械では技術提携と自主開発の3つの事例を紹介したが、豊田工機の研削盤開発では技術導入が起点になっているものの、その後の製品展開、製品としての成熟化を支えたのは自主開発の努力であった。大隈鉄工所の非真円平軸受は独創的なアイデアであったが、その前提として戦時中からのマッケンゼン型軸受に関する技術蓄積、開発の主務者である長岡振吉のアメリカで耳にした"1 micro inch, only ground"の思想への共感があった。日立精機のフライス盤開発は戦後の工作機械メーカーによる自主開発の波頭に位置するプロジェクトであったが、設計者はこのプロジェクトを今後の自主開発の第一歩と位置づけていた。技術提携、自主開発いずれの場合も、関係者の間では日本メーカーと欧米各社の技術力の大きな格差が共有されており、その格差を埋める手段として二つの開発手法があった。

　キヤノンの電卓開発は1960年代後半から70年代の同社の売上高を支え、結果として同社の電子技術とその担い手が電卓を経由してキヤノンの全製品の電子化を推進することになった。複写機では巨人ゼロックス社の技術とはまったく異なる新技術NP方式、液乾式の開発が決定的役割を果たしただけでなく、トナー、感光体ドラムなどの消耗品ビジネスを定着させた点でも同社にとって大きな意義を有するものであった。

　オリンパスの内視鏡開発は産学連携の典型的事例であった。1950年代の同社の胃カメラ開発、普及には東京大学医学部、同附属病院の支援が大きく、ガストロ懇談会がその主たる場となった。胃カメラ研究会、日本胃カメラ学会も胃カメラの普及に貢献した。ファイバースコープの開発ではアメリカに遅れるものの、

町田製作所やオリンパスが短期間での国産化を実現した。1980年代のビデオスコープの開発でもオリンパスの動きはすばやく、同社は現在も内視鏡の世界シェアでは約7割を占めている。

注

1 沢井実「第1章 高度成長と技術発展」石井寛治・原朗・武田晴人編『日本経済史 5 高度成長期』東京大学出版会、2010年、26-31頁参照。

2 沢井実『マザーマシンの夢─日本工作機械工業史─』名古屋大学出版会、2013年、第14章「NC化時代の到来と工作機械業界の構造変化」参照。

3 同上書、358-359頁。

4 キヤノン史編集委員会編集・製作『キヤノン史─技術と製品の50年─』1987年、78頁。

5 以下、豊田工機社史編集委員会編『技に夢を求めて─豊田工機50年史─』1991年、35-37頁による。

6 同上書、37頁。

7 以下、同上書、38頁、42頁による。

8 以下、同上書、38頁、40頁による。

9 豊田工機株式会社「RA10-45型 円筒研削盤」『日本機械学会誌』第59巻第452号、1956年9月、52頁。

10 以下、豊田工機社史編集委員会編、前掲書、43頁による。

11 13社のうち工作機械メーカーは芝浦機械製作所、新潟鉄工所の2社のみであった（沢井、前掲論文、2010年、30頁）。豊田工機を加えた3社は自らがミーハナイト・メタル社のライセンシーとなったが、他の工作機械メーカーはミーハナイト方式実施工場の外販に依存した。

12 沢井、同上論文、29頁。

13 以下、豊田工機社史編集委員会編、前掲書、44頁による。

14 沢井、前掲書、357頁。

15 以下、100周年記念誌編纂事務局編『オークマ創業100年史』オークマ株式会社、1998年、107-108頁による。

16 長岡半太郎の八男。長男治男は戦後に理化学研究所理事長、次男正男は日本光学工業社長、五男順吉は応用化学者、六男嵯峨根遼吉は物理学者。長岡振吉は1936年に横浜高等工業学校卒業、39年に大阪帝国大学工学部機械工学科を卒業し、同年大隈鉄工所に入所、海軍短期現役技術科士官として2年間、工作機械の基礎を学んだ（「日本の工作機械を築いた人々 長岡振吉氏」『応用機械工学』1988年1月号、142-145頁）。

17 同上記事、147頁。

18 以上引用2箇所、武野仲勝「非真円平軸受開発の経緯」『1997年度精密工学会春季大会学術講演会講演論文集』1997年3月、409-410頁による。

19 100周年記念誌編纂事務局編、前掲書、108頁。

20 以下、「武野仲勝氏」『砥粒加工学会誌』第50巻第5号、2006年5月、8頁による。

21 長岡振吉「非真円平軸受を取り付けた研削盤」『精密機械』第27巻第6号、1961年6月、123頁。

22 以下、100周年記念誌編纂事務局編、前掲書、108-109頁による。

23 沢井、前掲書、359頁。

24 日立精機株式会社社史編集委員会編『日立精機二十五年の歩み』1963年、171-172頁。

25 以下、村木晋二『私の歩いた工作機械設計人生』自費出版、1996年、83頁、および89-90頁による。

26 「村木晋二氏ヒアリング記録」1993年7月17日。

27 長岡振吉「工作機械設計20年の歩み」『自動車技術』第15巻第1号、1961年1月、69頁。

28 以下、キヤノン史編集委員会編集・製作、前掲書、78-79頁による。

29 以下、同上書、80-82頁、および企画本部社史編纂室編纂『挑戦の70年、そして未来へ —キヤノン70年史 1937-2007』キヤノン、2012年、179-185頁による。

30 以下、キヤノン史編集委員会編集・製作、前掲書、82-84頁、および企画本部社史編纂室編、前掲書、185-188頁による。

31 以下、企画本部社史編纂室編纂、前掲書、189-191頁による。

32 以下、オリンパス光学工業株式会社社編『50年の歩み』1969年、139-141頁による。

33 宇治達郎・今井光之助「ガストロカメラに就て」『医科器械学雑誌』復興9号、1951年7月、15頁。

34 降旗廣行「内視鏡の歴史」『医科器械学』第74巻第7号、2004年、361頁。

35 以下、オリンパス光学工業株式会社社編、前掲書、237-240頁による。

36 以下、丹羽寛文「ファイバースコープの開発とその後の発展」『日本消化器内視鏡学会雑誌』第51巻第9号、2009年9月、2396-2401頁による。

37 以下、同上論文、2401-2402頁による。

参考文献

- 宇治達郎・今井光之助「ガストロカメラに就て」『医科器械学雑誌』復興9号、1951年7月

- オリンパス光学工業株式会社社編『50年の歩み』オリンパス光学工業株式会社、1969年

- 企画本部社史編纂室編纂『挑戦の70年、そして未来へ—キヤノン70年史 1937-2007』キヤノン株式会社、2012年

- キヤノン史編集委員会編集・製作『キヤノン史—技術と製品の50年—』キヤノン株式会社、1987年

- 沢井実「第1章 高度成長と技術発展」石井寛治・原朗・武田晴人編『日本経済史 5 高度成長期』東京大学出版会、2010年

- 沢井実『マザーマシンの夢—日本工作機械工業史—』名古屋大学出版会、2013年

- 武野仲勝「非真円平軸受開発の経緯」『1997年度精密工学会春季大会学術講演会講演論文集』1997年3月

- 「武野仲勝氏」『砥粒加工学会誌』第50巻第5号、2006年5月

- 豊田工機株式会社「RA10-45型 円筒研削盤」『日本機械学会誌』第59巻第452号、1956年9月

- 豊田工機社史編集委員会編『技に夢を求めて—豊田工機50年史—』豊田工機株式会社、1991年

- 長岡振吉「工作機械設計20年の歩み」『自動車技術』第15巻第1号、1961年1月

- 長岡振吉「非真円平軸受を取り付けた研削盤」『精密機械』第27巻第6号、1961年6月

- 「日本の工作機械を築いた人々 長岡振吉氏」『応用機械工学』1988年1月号

- 丹羽寛文「ファイバースコープの開発とその後の発展」『日本消化器内視鏡学会雑誌』第51巻第9号、2009年9月

- 日立精機株式会社社史編集委員会編『日立精機二十五年の歩み』日立精機株式会社、1963年

- 100周年記念誌編纂事務局編『オークマ創業100年史──感謝創造飛躍』オークマ株式会社、1998年
- 降籏廣行「内視鏡の歴史」『医科器械学』第74巻第7号、2004年
- 「村木晋二氏ヒアリング記録」1993年7月17日
- 村木晋二『私の歩いた工作機械設計人生』自費出版、1996年

4章

グローバル化

東京大学社会科学研究所教授 **中村 尚史**

1 はじめに

　「グローバル化」という用語が頻繁に使われるようになったのは、それほど昔のことではない。「グローバル企業」の歴史的位置を検討した安部悦生は、1992（平成4）年を境にしてglobalization（グローバル化）という用語の使用事例が、internationalization（国際化）のそれを凌駕し、2000年以降、一気に激増したことを明らかにした。さらに、視野を地球規模での企業活動の長期的な動向に拡げると、企業のグローバル化の第一波は、早くも19世紀半から第一次世界大戦前（1914年）に到来したとする。その後、戦争と経済のブロック化によって1940年代までグローバル化の動きは沈滞したが、60年代以降、自由貿易体制の再構築によって多国籍企業の動きが活発化し、「企業の国際化」が進んだ。そして80年代以降、海外直接投資が激増し、今次のグローバル化につながる動きが生じたとしている（安部2017、1～6頁）。

　以上の議論を踏まえると、戦後における日本企業の海外展開は、ブロック化と戦争によって分断された世界経済が再統合へ向かって歩みつつあった「国際化の時代」（1960～80年代）と、地球規模での市場統合が進んだ「グローバル化の時代」（1990年代以降）とで、分けて考えることが必要になる。国際化の時代における企業の海外進出は、社会主義圏と資本主義圏との壁、国と国との壁といった、多くの壁を前提としており、それぞれの国・地域との1対1の対応が必要であった。これに対して、グローバル化の時代には、地球全体を俯瞰した上での販売・生産・調達（グローバル・オペレーション）が求められるようになった。つまり、相手国の実情にあわせた国際戦略ではなく、統合された市場を前提としたグローバル戦略が必要

になったのである。

　こうした世界経済のグローバル化に加えて、1990年代には日本をめぐる国際環境が大きく変化した。プラザ合意（1985年）以降、急速に進んだ円高は、輸出産業に大きな打撃を与え、生産拠点の海外移転を促した。さらに市場と生産拠点の双方において中国をはじめとする新興国の比重が増大し、国際分業の深化がはじまった。その結果、グローバル展開をすすめる顧客企業（グローバル・アカウント）が増加し、日本企業はそれに対応するため、自らもグローバル化が不可避となった。

　こうした変化の影響は、国内での高成長が見込めない成熟産業でより顕著に現れた。例えば繊維産業では、貿易摩擦や円高などによって1970年代には輸出が停滞し、欧米市場向けに輸出する生産拠点を海外に設立する動きがはじまった。そして85年以降は、東南アジア諸国への進出が急増し、2000年代に入ると新興国の台頭と日本企業の海外進出によって、国内での生産から撤退する動きが顕著になった（阿部・平野2013、210頁）。

　本稿では、以上の議論を踏まえつつ、YKKとセーレンという繊維産業に関係する企業のグローバル化を考える。YKKは、もともと富山県に拠点を置くファスナーの製造販売業者であり、セーレンは福井県に拠点を置く繊維の染色加工業者である。この両社は、繊維産業に関わりを持ち、また北陸地域に縁があるという共通点を有している。また両社とも、繊維業界の分業体制のもとでは川中に位置しており、長年、製品の企画製造販売と一貫生産体制の構築を目指してきた。さらに両社とも独自の経営理念に基づき、独資での海外進出を行っているグローバル企業である（社員の半数以上が海外に所在）。

　こうした類似点の一方で、両社の規模には隔たりがある。2013年時点におけるYKKの従業員数が約4万人であるのに対して、セーレンは約6000人である。また多角化の時期についても、YKKが1960年代から建材などへの多角化を行ってきたのに対して、セーレンの多角化が本格化するのは80年代である。同様に本格的な海外進出についても、YKKの60年代に対して、セーレンは80年代後半である。

　以上の類似点と相違点を考慮しつつ、以下、YKKとセーレンの海外展開の推移を、グローバル化への対応という視点から考えていきたい。その際に、中心的な素材となるのは日本経営史研究所編『YKK80年史　挑戦の軌跡──そして未来へ』（2014年、YKK株式会社）と、セーレン編『セーレン経営史　希望の共有をめざして』（2015年、

セーレン株式会社)という2冊の社史である。いずれもグローバル化が加速した2010年代半ばに編纂された点で共通しており、グローバル化に対する日本企業の対応を考えたい本稿の素材として、適していると思われる。以下、第2節でYKKを、第3節でセーレンをそれぞれ取り上げ、最後に両者の比較を行いたい。

2 国際化の成功とグローバル化への対応：YKKの事例[1]

(1) YKKの設立と発展

　1934 (昭和9) 年、東京市日本橋区蛎殻町で、吉田忠雄がスライド・ファスナーの加工販売を営業目的とするサンエス商会を創業した。吉田は富山県下新川郡下中島村 (現・魚津市) 出身の商人であり、当初は大阪のファスナー・メーカーから仕入れた商品の販売を手がけていた。その後、彼は商品の修理を通して技術を蓄積し、高品質のファスナーを製造できるようになった。吉田は高品質のファスナーを国内市場だけでなく、海外にも輸出し、急速に事業を拡大する。そして38年、東京市江戸川区小松川に自社工場を建設すると同時に事務所も移転し、社名を吉田工業所と改称した。この時点における従業員数は71人で、その中には吉田と同じ富山県人が多く含まれていた。

　戦時期になると、吉田工業所は陸海軍の監督工場となり、発展を続けていく。しかし、工場疎開の直前であった1945年3月、東京大空襲で本社工場が焼失してしまった。そこで吉田は、本社工場を富山県魚津町に移転し、吉田工業株式会社として再起する。そして46年にはファスナーの商標をYKKに改め、国内向けの生産と販売を回復していった。その後、51年には、本社を魚津から東京に移転するものの、商品開発や生産の拠点は魚津や黒部といった富山県内に置き続けた。

　この時期、吉田はファスナーの品質を上げるため、原料から製品までの一貫生産に注力した。そして1953年、魚津工場で一貫作業体制を確立し、55年に黒部・牧野工場、57年には生地工場 (黒部工場内) と相次いで大規模な工場を建設した。吉田の一貫生産への思いは強く、その対象は原糸や工機の内製化にまで及んだ。その結果蓄積した設備や人的資源を活用して、60年代には早くも、アルミサッシ事業や工機事業といった様々な分野への多角化を開始したのである。

⑵いち早い国際化

　YKKにとって最初の海外事業となったのは、1959（昭和34）年のインド、インドネシアへのプラント輸出であった。そして同年末、ニュージーランドにはじめての海外現地法人を設立した。以後、高度経済成長期を通して、アメリカ（1960年）、マレーシア（1961年）、タイ、コスタリカ（1962年）、オランダ、西インド（1964年）、台湾、イギリス（1966年）、ドイツ、オーストラリア（1967年）、カナダ、イタリア、シンガポール（1968年）、エルサルバドル、スペイン、ベルギー（1970年）、レバノン、スイス、ブラジル（1972年）、香港（1973年）と、世界中に進出していった。そして74年アメリカ・ジョージア州メーコン市に、海外で初となる一貫生産工場を建設する。

　この時点で、YKKは世界34カ国に39の工場を展開しており、うち19が100％子会社であった。こうした独資志向の強さは、独立自営の精神と「善の循環」という同社の経営理念とも関連していた。とくに後者は、相手国の利益になることが、自分の利益にも通じるという意識を前提としており、海外拠点の現地化を促す経営方針につながっていった。例えば、1965年に吉田社長が役員会で表明した海外子会社の経営方針は、以下の8点から構成されている。

　　①社員は現地に永住する覚悟
　　②駐在社員と現地社員との公平な待遇
　　③現地社会との共存共栄
　　④ユーザーへのサービス充実
　　⑤現地の文化、伝統、宗教などの尊重
　　⑥現地社会・人との交流
　　⑦長所の相互吸収
　　⑧本社・工場間も含めて関係は平等、責任は対等

　この中で、とくに注目すべき点は、①で表明した「永住の覚悟」と、③の「現地社会との共存共栄」である。いずれも日本と相手国との1対1の関係を前提としており、YKKによる当時の国際化（internationalization）の特徴をよく示している。

⑶グローバル化への対応

　1960年代以降、YKKは日本企業の中ではいち早く国際化を遂げ、海外拠点がそれぞれの現地に適合した独自の経営を展開していた。ところが90年代になっ

て、こうした「善の循環」に基づく現地化方針は、生産拠点の新興国への移転による国際分業の深化や、製品・部品のグローバル調達といったグローバル化の動きに対応しきれなくなった。また同社の海外事業は、安い労働力を求めた海外進出ではなく、需要に近いところでの生産を目指すことを基本方針としていたため、国内市場が未発達の新興国への進出が遅れることになった。

『YKK80年史 挑戦の軌跡—そして未来へ』は、1960年代から現在に至る同社ファスニング事業の海外展開を、以下の3つの段階に区分している（日本経営史研究所編2014、148〜156頁）。

① ローカル経営（1960〜80年代）

② ブロック経営（1980年代後半〜1990年半）

③ グローバル経営（1990年代半以降）

このうち、高度経済成長期を中心とするローカル経営の時代には、前述したように34カ国にも及ぶ海外拠点が、それぞれの現地に適合した独自の経営を展開していた。現地市場の特色を見極め、それぞれの創意工夫によって「ローカル」な事業活動を行っていた点に、この時代の特徴があった。一方、1985（昭和60）年のプラザ合意後に急速に進んだ円高のもとで、現地生産はますます増加し、YKKの海外拠点数も増加した。この時代には、企業統治の問題や国際的な経済環境の変化などの理由から、日本、アメリカ、ヨーロッパ、アジア・オセアニアといった地域ブロックごとに統括会社を設置して、地域ごとに対応するブロック経営を展開した。

ところが1990年代後半になると、スポーツ・アパレルやチェーン・ストアのグローバル展開が本格化し、顧客企業のグローバル調達に対応した営業活動が必要になった。そこでYKKは97年、グローバル展開を進める重要顧客（グローバル・アカウント）への個別対応を行う専門部署であるグローバル・マーケティング・グループ（GMG）を立ち上げた。GMGの目的は、グローバル・アカウントの世界各地の拠点に対して、品質とコストを同じように保証することであった。この目的を達成するためには、同一技術、同一品質を保証する生産機械の開発も必要になる。YKKは早くも94年から工機部門に新規プロジェクトを立ち上げて、グローバルな生産・供給体制づくりをはじめていた。

さらに2000年代に入ると、世界のアパレル産業の中国シフトがはじまり、生産

拠点としてだけでなく、市場としての中国の重要性も高まってきた。そこでYKK
はグローバル・マーケティングを進めながら、中国国内市場へのアプローチも
強めた。その際、従来型の地域密着型の宣伝・広告より、むしろ世界統一された
YKKブランドを押し出す戦略がとられた。しかし、高品質のYKK製品は、当然、
価格が高くなり、新興国市場のボリューム・ゾーンへの浸透は難しい。一方で同
じ銘柄の下級品を出すことは、折角、築いたブランドの価値を毀損しかねない。
そこでYKKは、中国国内市場向けの製品として03年に別ブランドを立ち上げ、既
存製品への影響を抑える戦略をとった。ただしこの両面作戦は必ずしもうまく
かず、中国での別ブランドは、結局、独立ブランドとして認知されるには至らな
かった。

　以上のように、YKKは2000年代以降、それまでの個々の国・地域の条件にあ
わせたローカル、もしくはブロック・マーケティングから、世界のどの地域でも統
一した基準で生産、販売ができるグローバル・マーケティングの体制へと転換し
た。さらに、流行の変化のスピードが増し、スピード感のある商品開発が求めら
れるようになった10年代には、重要顧客に近い場所に商品開発拠点を置く、地域
R&D体制が追求されはじめた。従来、黒部事業所に集約してきた商品開発機能
を、世界10カ所（2012年時点）のR&D拠点に移転することで、YKKファスニング事
業のグローバル化はますます深化することになったのである（日本経営史研究所編
2014、148〜154頁、228〜239頁、358〜374頁）。

3 国際化の失敗とグローバル化の成功：セーレンの事例[2]

(1) 国際化の試みとその蹉跌

　1889（明治22）年に設立された福井の絹織物精練工場・京越組に起源を有する染
色加工業者であるセーレン（1973年までの社名は福井県精練加工株式会社、ただし以下、
呼称はセーレンで統一）は、戦前・戦後の福井県における繊維産業の集積を基盤とし
て、着実に発展してきた。とくに高度経済成長期には、ナイロンやポリエステル
の染色加工技術を開発し、旭化成や東レ、帝人といった大手合成繊維メーカーか
らの委託賃加工の大量受注によって、急成長を続けた。その結果、セーレンの総

資産額は、1955（昭和30）年を基準とした場合、60年に2.3倍、65年に5.5倍、70年に8.2倍へと大幅な伸びを示している（いずれも上期末現在）。とくに高度経済成長期前半（1955～62年）のセーレンは、平均年率15.8%という高い総資産利益率（ROA）を挙げ、配当率も一貫して15%を維持するという超優良経営ぶりであった。

　こうした好調な経営を背景に、セーレンは1960年代末に海外進出を開始する。具体的には、取引先からの要請に応える形で、染色加工の合弁事業として台湾、カナダ、ブラジル、アメリカに進出した。

　まず台湾では、1969年、帝人と伊藤忠商事からの要請を受けて、台湾資本との合弁事業である好福合繊股份有限公司を設立する。その出資比率は30%であった。次に73年、やはり帝人と伊藤忠商事からの要請で、カナダのFUJI社に資本参加した（出資比率10%）。さらに同年には、ブラジルで帝人との合弁でセーレン・ド・ブラジルを設立し、資本的にメジャーでの本格的な海外進出を果たした（出資比率67%）。また翌年には、東洋紡績からの要請に基づき、アメリカでトランスコ・テキスタイル社に資本参加し、アメリカ進出も果たした（持株比率6%）。

　ところが、高度経済成長末期に相次いで実施された一連の海外進出は、台湾を除いて失敗に終わり、1980年から84年にかけて、カナダ、ブラジル、アメリカ、台湾の順に撤退することになる。海外事業からの撤退によって生じた損失総額は約12億円にのぼり、後述するセーレンの経営危機の一つの原因になった。

　当該期の海外進出が失敗に終わった要因としては、①動機の受動性、②市場調査の不足、③技術流失への無警戒という、3点が指摘できる。まず①については、帝人や伊藤忠、東洋紡といった取引相手からの要請・勧誘を受けて、受動的な海外進出を行った点に、当時のセーレンにおける下請的性格が読み取れる。次に②に関しては、提携相手に企画・販売を全面的に依存しつつ、委託賃加工の延長上で進出した点が指摘できる。そのため、十分な市場調査や販売網構築を行うことができず、販売不振に陥ることになった。さらに③に関する問題意識の希薄さから、ブラジルの事例のように、撤退時に技術とブランドを提携相手に譲渡してしまい、後年の再進出の際に問題となることさえあった。

　以上のように、高度経済成長末期のセーレンは、取引相手から誘われるままに海外に進出してみたものの、大きな損失を計上してしまった。その結果、1984年までに海外から全面撤退することになった。

⑵経営危機と事業再構築

　日米繊維交渉(1970年)の頃からはじまっていた繊維業界の不況は、ニクソン・ショック(1971年)とオイル・ショック(1973年)によって深刻化し、1974(昭和49)年には繊維産業構造改善臨時措置法が公布される事態になった。以後、繊維関係の企業倒産が相次ぐが、そのしわ寄せを強く受けたのが、産業集積の川中に位置する機屋や染色加工業者であった。セーレンでも、オイル・ショックによって染料薬品や燃料費、人件費などが大幅上昇に対しているにもかかわらず、加工賃の値上がりはその半分しか補えない状況が続き、業績は急激に悪化した。74年上期に大幅な経常収支赤字を計上して無配に転落し、以後、80年代前半に至るまで、不安定な経営状態が続くことになった。こうした受託染色加工業の不振を補い、セーレンの救世主となったのが、新規事業である自動車内装材の製造販売である。

　1975年、セーレンでは、カーシート表皮材をはじめとする自動車内装材事業がはじまった。この事業の特徴は、セーレンが従来取り組んでこなかったマーケティング活動や製品開発を積極的に行い、自ら企画・製造・販売を手がける点にあった。この事業を立ち上げた川田達男・現セーレン会長は、60年代からセーレンの下請体質を批判し、一貫して企画製造販売の重要性を主張してきた。そして70年代後半には、カーシートに適合的な繊維内装材の商品開発を行い、80年代初頭に相次いで国内自動車メーカー向けのヒット商品を売り出すことに成功した。さらに84年には、従来の繊維業界の分業構造を打破し、自動車内装材の一貫生産体制を構築するため、ニット部門を新設した。以後、自動車内装材の企画・製造・販売を統合した製品事業部門は急成長を遂げ、80年代半ばには、その売り上げが染色・捺染加工事業部門の売り上げを凌駕した。その結果、87年以降、セーレン本体の経常収支も、上昇に転じることになった。

　こうした製品営業部門の好成績を背景に、その責任者である川田の地位は急速に上昇し、1981年の取締役就任からわずか6年、47歳の若さで社長に就任することになった(1987年)。そして就任直後の88年から、川田はセーレンの抜本的な経営改革を開始する。その骨子は、以下の通りである。

　　①自主性を重視した経営理念
　　②事業多角化(非衣料化)、流通ダイレクト化、グローバル化という三つの経営戦略
　　③企業体質改革

4章　グローバル化

　このうち、②で提起された経営戦略の一つが、グローバル化であった。その内容は、従来の受託染色加工ではなく、自動車内装材事業での海外進出への挑戦であった。以後、セーレンは、川田社長の強いリーダーシップのもとで、グローバル化を含む経営改革に邁進することになる。以下、その過程を、グローバル事業の構築過程に注目しながら検討してみよう。

(3) グローバル事業の展開

第一期：技術提携の時代（1980年代）

　1980年代に入ると日本の自動車業界は日米貿易摩擦に巻き込まれ、北米での現地生産をはじめることになった。当時、自動車内装材事業を本格化していたセーレンは、80年代半に北米での市場調査や自動車メーカーとの綿密な情報交換を実施し、海外事業への再挑戦を決意する。そして、1985（昭和60年）年10月、アメリカの大手繊維メーカーであるバーリントン社（Burlington Industries）と、自動車内装材の製造技術供与契約を調印した。さらに翌86年には、北米での本格的な事業展開を見越して、現地法人であるセーレンUSA（資本金2万ドル）を設立した。取引先からの要請を受けて、最初から投資をともなう合弁事業方式で進出した70年代と違い、今回は自らパートナー企業を選定し、自らの事業拠点を設置した上で、安定的な技術指導料が期待できる業務提携方式からはじめたのである。

　バーリントン・クレマトン工場の立ち上げと技術指導は本社製品事業部（技術開発担当）が受け持ち、セーレン本社工場と同じ機械を備え、福井での現地従業員研修を行い、万全の体制で発足した。ところが、操業開始半年前に、一旦決まっていたゼネラル・モーターズ（GM）への納品がキャンセルになる。これは、北米における競争的な2社購買という取引慣行によって、最終的な契約段階でバーリントン社が他社に敗れたためであった。そのためクレマトン工場は、量産段階での受注獲得ができない状態に陥った。こうした非常事態に際して、セーレン本社の製品事業部は、現地生産を本格化していた日系自動車メーカーからの受注を確保して、同工場のラインを埋めることに成功する。取引相手にマーケティングを全面的に依存していた70年代と違い、80年代後半のセーレンは、非常事態にも柔軟に対応できる独自の販売能力を身につけていたのである。

　創業時の危機を乗り越えたクレマトン工場であったが、1987年にはバーリン

085

トン社がM&Aの対象になり、同工場の売却を余儀なくされてしまう。そのため、セーレンは新たな提携先を探し回り、88年2月、JPスティーブンス社に同工場を引き受けてもらった。しかし同社もすぐにM&Aに巻き込まれ、以後、91年に合弁会社であるクレマトンAP社を設立するまで、毎年のように提携先が変わる事態に見舞われることになった。

このように北米での事業立ち上げは、経営面では難しい局面もあったが、以下の3点で、1970年代の海外進出とは決定的に異なっていた。

　①独自の市場調査とマーケティングによる海外進出

　②技術供与を中心とする業務提携によるフィー・ビジネスからスタート

　③技術流失への慎重な配慮

とくに①の点は、当初、取引慣行の違いによる困難にぶつかったものの、日系自動車メーカーの北米進出の本格化にも助けられ、順調に推移することになった。しかし80年代のアメリカにおける激しい企業売買ブームに直面し、②の提携相手が毎年のように変わることで事業が安定せず、③の確保も危ぶまれる事態に陥った。そのため、セーレンの海外事業は、経営支配権を視野に入れた合弁という、次の段階へと転換することになる。

第二期：合弁の時代（1990年代）

川田体制発足後のセーレンは、1988年度経営方針でグローバル化を経営戦略の柱に据えた。その背景には、日系自動車メーカーの現地生産が本格化する中で、自動車内装材ビジネスにとって、グローバル対応が大きな経営課題となりつつあるという事情があった。一方、セーレンは、1986（昭和61）年の北米再進出によって、グローバルな競争環境の中でも自らの比較優位が追求できるという自信を深めていた。そこで91（平成3）年、同社は北米事業の合弁会社化に踏み切る。具体的には、同年、セーレンUSAが18.5%（555万ドル）を出資して、JPスティーブンス社との合弁企業であるクレマトン・オートモティブ・プロダクツ社（Cramerton Automotive Products、資本金3000万ドル）を設立し、クレマトン工場を引き継ぐことになったのである。これによって、セーレンの北米事業は技術提携の段階から、合弁事業の段階へと展開した。ところが、その後もM&Aの嵐は止まず、クレマトンAP社の合弁相手が96年までに4回も変わり、最後は北米での自動車内装材のラ

イバル企業コリンズ＆アイクマン社（Collins & Aikman）の手に渡ってしまった。ライバル企業への技術流出の危機に直面したセーレンは、96年8月、クレマトンAP社の持株（20%）を売却し、合弁事業から撤退することにした。その売却益は3億3000万円であり、収益面では結果として一定の成果を挙げることができた。この資金の一部が、100%子会社であるViscotec USA（1998年設立、染色加工の新技術であるビスコテックスを活用した事業）や、後述するViscotec Automotive Products（VAP、2001年設立、自動車内装材の北米での量産拠点）といった、以後のアメリカでの事業展開の原資となった。

　このように、クレマトンAP社での合弁事業は、経営的に見れば様々な困難に直面し、必ずしも順調とは言えなかった。しかし、この事業を通してセーレンは、自社の新技術や独自の経営理念、生産管理手法を持ち込むためには、合弁事業ではなく、独資での事業立ち上げが必要だという教訓を得たと言えよう。

　一方、この間、セーレンは韓国やタイといったアジア地域でも合弁事業をはじめている。まず1986年、韓国の大手繊維メーカー・コーロン社との合弁で、自動車内装材を生産するコーロン・セーレンを設立した。この事業でセーレンは、資本金20億ウォン（約3億8000万円）のうち42.5%の出資を行うとともに、技術提供・指導に対する安定的なロイヤリティを得ることで、一定の発言権を確保するという戦略をとった。その結果、経常赤字が続いた創業期（1988〜92年）にも着実な収益を積み上げていった。コーロン・セーレンは1993年から経常収支が黒字転換し、経営が軌道に乗る。しかし、合弁事業のために新技術やセーレン的な生産管理などの移転が難しかった。そのため、2005年には持分を譲渡して撤退することになる。

　次に日系自動車メーカー各社が生産拠点を構えるタイへの進出を目指した。1994年11月、セーレンは華僑系財閥であるサハ（Saha）グループとの合弁で、サハ・セーレンを設立した。同社は当初、サハ・グループ（41%）、セーレン（41%）、丸紅（18%）の合弁事業として発足する（資本金1億バーツ）。しかし97年のアジア通貨危機に際して、合弁相手であるサハ・グループの経営が悪化し、セーレン側に持株の買い取りを依頼してきた。この要請に応じる形で、98年6月、セーレンはサハ・セーレンの持株比率を67%に高め、一気に支配権を確保した。そして以後、順次、出資比率を高め、2000年までに90%以上に達した。こうした事実上の独資化によって、セーレンは最新技術であるビスコテックスの導入をはじめ、完全な技

術移転が可能になった。

セーレンにとって、1990年代の海外事業は試行錯誤の連続だった。とくに北米では、提携先や合弁相手がM&Aなどによって度々変わり、1996年にはついに合弁を解消し、一時的な撤退を余儀なくされた。この過程で、セーレンは、最新技術や生産管理の移転と、企業統治の安定のためには、独資もしくは主導権を握れる持分を所有することが重要であることを再認識した。その結果、2000年代に入ると100％子会社による海外進出を追求しはじめることになる。

第三期：独資の時代（2000年代）

2000年代以降におけるセーレンは、独資またはそれに近い所有比率による海外進出を追求してきた。

まずアメリカでは、2001（平成13）年8月、自動車内装材の開発機能を有する量産工場を建設するため、ノースカロライナにViscotec Automotive Products（VAP）を設立する。同社の資本金3261万ドルは、セーレンUSA経由でセーレン本体から全額出資した。これは日系自動車メーカーの北米現地生産の本格化に対応した動きであったが、1990年代の経験を活かして、合弁ではなく独資での進出にこだわった。

立ち上げに携わったスタッフは、クレマトン時代に培った土地勘をもとに、30カ所以上の候補地を巡ってサイトを選定し、会社設立手続き、政府認可や様々な契約を顧問弁護士と相談しながら行った。人的資源についても、クレマトン工場で一緒に働いていた人たちを現場のマネージャーとして雇用し、彼らの協力を得ながら作業者を調達することで労働者の獲得がスムーズになった。工場運営についても、クレマトン時代に職業倫理や勤労文化の違いなどに対する理解が進んでいたことから、日本でやっていることを現地に移植するために必要なノウハウが蓄積されていた。またセーレンの五ゲン主義[3]と整流管理[4]を軸とする独自の経営理念や経営管理を理解し、実行できる人材を日本から送り込み、経営と生産管理、経理・財務管理を担当させることで、新技術を含む全面的な経営移転を目指した。さらに独資によって完全な経営権の確保が可能になり、ガバナンスも安定した。一方、マーケティングについては、顧客が日系自動車メーカーだったため、本社で営業を担当することにより、立ち上げ時から受注を確保することができた。

こうして、独資と自前の人材による海外進出という「自前主義」の原型ができ上がることになった。なおVAPは、2006年には北米における日系自動車の代表的な車種であるトヨタ・カムリの商権を獲得したため、日本からの増資によって1386万ドル（約4億5000万円）の設備投資を行い、資本金が4420万6000ドルとなった。

次にブラジルでの事業も本格化する。セーレンは、1997年10月、かつての提携相手だったセーレン・ド・ブラジルとの合弁で、セーレン・プロデットス・オートモティボス（SPA）を設立し、98年5月にサンパウロ周辺のソロカバ市で操業を開始していた。この時点で資本金295万レアル（約3億3000万円）のうち、セーレンの持株比率は約75%であり、最初から経営支配権を握っていた。しかし、2001年、ソロカバ市近くのボトランチン市に工場を移転するにともない、追加投資額4億1000万円という大増資を行い、さらに出資比率を高めた。この大拡張によって、04年度以降、SPAは黒字基調となり、独資に近いセーレン子会社として、発展を続けている。

また2000年代に入り、セーレンの持株比率が90%を超えたタイのサハ・セーレンは、01年8月、18億円をかけてカーシート材の新工場をバンコク近郊のシラチャ市に建設し、翌02年に本格操業を開始した。同工場には日本からビスコテックスをはじめとする最新技術を導入し、製布・染色加工を開始した。さらに同年5月にはやはりバンコク近郊のカビンブリ市に新事業所を設置し、エアバッグ等の裁断・縫製工場を建設した（投資額1億7000万円）。それによって、サハ・セーレンは製布、染色加工、縫製の一貫生産が可能になり、日系自動車メーカーからの受注が増加する。さらにエアバッグのタイから北米、オーストラリアへの輸出も開始した。その結果、サハ・セーレンの業績は03年以降急速に好転し、年率15%を超える売上高利益率を達成することになった。

2000年代以降における世界経済の台風の眼である中国は、自動車内装材市場においても、重要な生産拠点であり、市場でもある。しかし、2000年前後のセーレンは、中国のカントリー・リスクの高さと日系自動車メーカーの現地生産の動向を勘案しつつ、中国進出の時期を慎重に見計らっていた。そして01年、当時、サハ・セーレンの工場長だった中国人技術者が、タイで中国進出の企画書を作成し、本社に提案する。これが認められて、中国事業の立ち上げ準備が本格化し、02年12月、蘇州市に世聯汽車内飾有限公司が設立されることになった。カント

リー・リスクなどを考慮し、同社はセーレンUSAの100%子会社として、資本金1000万ドル（当時のレートで12億円）で発足する。程度の差こそあれ、現地企業との合弁から出発したアメリカ、ブラジル、タイとは違い、中国では最初から独資で事業を開始することに成功したのである。世聯汽車内飾は、04年1月、まずエアバッグ工場を立ち上げ、翌05年にカーシート材工場の操業を開始した。比較的短期間で立ち上げが可能な縫製部門からはじめ、順次、製布・染色加工へ進むという方法は、サハ・セーレンでの経験を活かしたやり方であった。同社は、日系自動車メーカーを中心に取引を拡大し、07年度以降、売上高利益率が10%を超えるようになる。こうした好調な営業成績を背景に、順次、設備増強をすすめ、07年には中国市場における需要にあわせて皮革、合成皮革シート材の開発に着手した。そして中国で開発・生産した合成皮革シート材を、アメリカをはじめとする世界各国に輸出するようになった。この段階になると、セーレンは商品開発だけでなく、研究開発機能の一部も海外に移転し、グローバルな規模でマーケティングを行うに至ったのである。

　以上のように、2000年代以降のセーレンは、独資による海外進出をグローバル化の基本戦略として明確化していった。独資化によって、最新技術の海外移転と研究開発のグローバル化が進展し、セーレンの経営方式をパッケージで移植することが可能になった。セーレンは、経営理念や生産管理の日本から海外への全面的な移植を行い、高品質の製品を作ることで他企業と差別化することを目指してきた。そして、独自のマーケティングと商品開発の推進によって、グローバル市場の中での競争力を獲得し、世界シェアが20%近くにまで拡大した。結果として、2010年代には全従業員の約半数が日本以外で勤務するグローバルな経営体制が確立し、海外売上比率も40%以上に上昇している[5]。

4　おわりに

　以上、YKKとセーレンの国際化・グローバル化の展開過程を概観してきた。その結果、以下の点が明らかになった。

　まず国際化の時代において、YKKはいち早く海外に進出し、大きな成功を収めた。同社は独立自営の精神と「善の循環」という経営理念に基づき、主として独資

での海外展開を行った。その際、日本と相手国との1対1の関係を前提に、社員に対して現地への「永住の覚悟」と、「現地社会との共存共栄」を求めた。海外拠点がそれぞれの現地に適合した独自の経営を展開するローカル経営は、1960年代から80年代の仕切られた市場を前提とした国際化の時代に適した、分権的な海外経営戦略であり、YKKの発展に大きく寄与した。

一方、セーレンは、1960年代末から70年代前半にかけて、取引相手である原糸メーカーや商社の誘いに応じる形で海外進出を試みた。しかし、その海外事業は早々に行き詰まり、台湾を例外として大きな損失を計上して、84（昭和59）年までに全面撤退した。当時のセーレンにおける国際化失敗の原因として、①動機の受動性、②市場調査の不足、③技術流失への無警戒という、3点が指摘できる。このうち、とくに深刻だったのは、①と②であり、詳細な市場調査を前提に独資で進出し、徹底した現地化を試みたYKKと好対照をなしている。

ところが1990年代以降、東西冷戦の終結などによって世界経済のグローバル化が進むと、生産拠点の新興国への移転による国際分業の深化や、製品・部品のグローバル調達といった動きが生じ、YKKやセーレンの海外戦略は大きく変化することになった。

まずYKKは1997年、グローバル展開を進める重要顧客（グローバル・アカウント）への個別対応を行う専門部署を立ち上げ、品質とコストを世界中で、同じように保証することを目指した。この点は、現地市場に適合的な製品を、それぞれの国・地域でつくるという、従来のローカルな海外戦略とは一線を画している。YKKは、試行錯誤を行いながら、2000年代以降、グローバル時代に応じた海外経営戦略（グローバル経営）を構築していった。

これに対してセーレンは、1980年代後半から90年代にかけて、従来の委託染色加工ではなく、自動車内装材の企画製造販売という新規事業を軸に海外事業を再構築した。そして2000年代に入ると、独資による海外進出を基本戦略としてグローバル経営を本格化する。独資化によって、最新技術の海外移転と研究開発のグローバル化が進展し、国内の経営方式をパッケージで移植することが可能になった。そこで独自の経営理念や生産管理の日本から海外への全面的な移植を行い、高品質の製品を開発・製造することで、他企業との差別化に成功する。その結果、カーシート表皮材の分野では世界シェア20％を誇る、トップ企業に成長

することができた。

　以上の分析からわかるように、グローバル化の時代における企業経営は、国際化時代の経験を引き継ぎつつも、グローバル・アカウントの登場にみられるような市場構造の変化に対応するため、発想の転換が求められた。研究開発の拠点は分散的になり、品質とコストを世界中で同じように保証するため、生産技術の革新が必要になった。さらに独自の経営方式を海外に持ち出すことで、製品の付加価値と競争力を高めることが目指された。そしてYKKやセーレンのように、これらの要件を満たせた企業のみが、グローバル企業として生き残ることができたのである。

注

1　以下、YKKに関する記述は、とくに断らない場合、全て日本経営史研究所編2014による。
2　本節の記述は、とくに断らないかぎり、セーレン編2015および中村2018による。
3　五ゲン主義とは「仕事をするにあたっては**原理**（使命・役割）を正しく理解し、**原則**（行動指針・ルール）に則って、現場主義（**現場、現物、現実**）で行動すること」〔太字、下線は筆者による〕と定義されている。この考え方のポイントは、「現場」における付加価値の創出にむけての自らの使命・役割を理解するという、「原理」の重要性を強調する点にある（セーレン編2015、285-287頁）。
4　整流は、もともと染色加工工場の入り組んだ生産工程を、コンピューター・シミュレーションを活用して整流化することを目指して開発された生産管理システムであった。しかし、日程計画→工程別作業指示→実施→計画とのズレ→原因究明→再発防止というサイクルを廻すことで、工程のボトルネックを解消し、生産性を高めるという方法は、生産現場だけでなく、営業や事務をはじめとする全ての「現場」の機能アップにも応用され、全社的な経営管理手法となった（セーレン編2015、290-297頁）。
5　2016年度の海外売上高は476億円であり、全売上高（1081億円）の44%を占めている。

参考文献

● 安部悦生編著『グローバル企業』文眞堂、2017年
● 阿部武司・平野恭平『産業経営史シリーズ3 繊維産業』日本経営史研究所、2013年
● セーレン編『セーレン経営史 希望の共有をめざして』セーレン株式会社、2015年（執筆者・中村尚史、橋野知子、中島裕喜、青木宏之）
● 中村尚史「セーレン（株）におけるグローバル事業の構築過程」『経営史学』第52巻第4号、2018年、35-44頁
● 日本経営史研究所編『YKK80年史 挑戦の軌跡—そして未来へ』YKK株式会社、2014年（執筆者・宮地英敏、植田浩史、橘川武郎、齊藤直）

5章

脱成熟

国士舘大学政経学部教授　阿部 武司

1　はじめに

　1880年代半ば以来、日本の工業化の先頭を切って発展していった繊維産業と鉱山業では、第一次世界大戦後の不況期に、まず製糸業と産銅業が急速に衰退し、第二次世界大戦後の1950年代には綿紡織業と石炭業が相次いで斜陽化していった。このような基幹産業の栄枯盛衰は日本に限らず、世界初の工業国家であったイギリスや、20世紀初頭から1960年代まで、いわゆるビッグビジネスの隆盛を誇ったアメリカでも見られたのであり、現在繁栄を謳歌している諸国でもいずれは避けられない現象である。

　こうした基幹産業に属す企業の成熟の顕在化を反映して日本経営史の分野では近年注目すべき研究が登場している[1]。まず鉱山業では、社史を仔細に分析し、主要企業の戦後を中心とした多角化を概観した荻野 (1996)[2]、敗戦後ほどなく三井・三菱・住友の旧三大財閥系石炭会社が、それぞれの企業集団のあり方に規定されつつ、セメント事業に進出していったことを明快に論じた橘川 (1996)[3]、橘川の著書が着目した諸事例を資料に基づき精緻に再考察した島西 (2009)[4]が挙げられる。次に戦後の繊維産業に関しては、関西系製糸企業の緩慢ないし不徹底な多角化過程を考察した日夏 (1997)[5]、「十大紡」を中心に綿紡績企業の成熟化とそれへの対応策としての多角化に論及した渡辺 (2010)[6]も貴重な成果であるが、本章で特に注目したいのは山路 (2014)[7]である。

　同書は戦後、石炭業とともに他の基幹産業に先駆けて成熟化（「売上高のかなりの比重を占める主力事業の成長の鈍化」）[8]し、生産や設備の調整、格下げ、分離、提携、縮小、工場閉鎖、売却、撤退、海外移転などを経験した[9]繊維産業のうちでも、そ

の支柱というべき綿紡織および化合繊の大手メーカー16社を対象に、それらの脱成熟化（「新たな事業への進出を行ったり、既存事業を新たな視点から再活性化したりすることによって、再び企業を成長軌道に乗せるための企業行動」）[10]の論理を探求している。丹念に収集された新聞・経済雑誌の記事を主な資料として、1955（昭和30）年以降2000（平成12）年までの長期間を対象とした同書の主張を要約する。

　脱成熟化には多角化と並んで既存事業の再活性化も重要であり、大部分の企業が考え得るほとんど全ての成長戦略に1950年代半ばから取り組んできた。ところが、各企業の経営成果には大差があり、綿紡織を中心とした低成長企業では多角化への取組みが断続的であり、繊維に復帰してしまったことも少なくなかったのに対し、化合繊をはじめとする高成長企業では、社内の批判や反対をトップ経営者が抑えて、多角化を粘り強く続けた場合が多かった。高成長企業といえども失敗は避けられなかったのだが、成功企業は事業戦略を臨機応変に転換していった。新事業を軌道に乗せるまでには10年単位、非繊維比率が全製品売上高の過半を占めるまでには20〜30年もの期間を要する一方、日本の高度な製造技術は、繊維産業の衰退過程においても、綿製品における形態安定素材や新合繊のようなヒット商品をしばしば生み出してきた。そのため既存事業において、「まだまだやっていける」のか、それとも「もう無理」なのかの見極めが難しかった。脱成熟化は、そうした両極との間に経営者の意思決定がしばしば大きく揺れ動く中で進められていく、デリケートで終わりのないプロセスなのであった。

　山路の著書の貢献は以上の蕪雑な紹介にとどまるものではない。本章の「おわりに」でも改めて評価するように、理論的考察の裏付けとして豊富で適切な事例を随所に紹介している点も優れている。ただし、それらは時系列的網羅的には示されておらず、経営学の理論的研究の立場からの考察に必要な限りで紹介されているのであり、経営史的観点からすれば不満が残る[11]。

　繊維関連各社の社史は、山路の論理の説得力を引き上げる事例の宝庫である。ただし、比較的新興部門である化合繊企業に関しては社史の公刊は意外に少なく[12]、綿紡織については現在から約30年前のバブル経済期に主要企業が創立100周年を迎えた中で多数の社史が世に出された[13]ものの、その後の出版は必ずしも多くない。そうした状況下において、日本の綿紡織企業の草分けであった東洋紡[14]が、これまでに3次にわたって刊行してきた社史[15]のうち、バブル期の直前に

出版された『百年史・東洋紡』下巻（1986年、以下、旧社史と略記）、およびその約30年後に出され、筆者も執筆に加わった『東洋紡百三十年史』（2015年、以下、新社史と略記）には、同社の成熟化とそれへの対応が克明に記されている。以下では、この2冊の社史から得られる東洋紡の成熟化・脱成熟化の過程を紹介する[16]。

2 1970年代における東洋紡の脱成熟化戦略の萌芽

まず、東洋紡の脱成熟化戦略の開始を旧社史からみて行こう。同社は、戦時期に日本国内やアジアの植民地諸国で重工業を中心とする非繊維事業への多角化を進めた[17]が、それは当時の政治情勢の所産であり、日本の敗戦後には、それらの事業からほぼ全面的に撤退し、一部を関係会社として残したに過ぎなかった。

敗戦後の10年間（昭和20年代）には、戦前期以来の綿と羊毛、および化学繊維の人絹糸（1971年撤退。タイヤコード用強力人絹糸からも78年撤退）とスフ（staple fiber。短く切断した人絹糸にカールを加えた繊維。75年撤退）の製造を復元した。続く10年間（昭和30年代）にはアクリル（住友化学工業株式会社と折半出資の合弁企業で56年設立の日本エクスラン工業株式会社で61年製造開始、商標はエクスラン。以下同様）、ポリプロピレン（62年、パイレン。67年撤退）、ポリウレタン（63年、エスパ。2006年撤退）、ポリエステル（64年、東洋紡エステル）、その後の5年間（昭和40年代前半）にも呉羽紡績株式会社との合併によるナイロン（66年）およびプロミックス（69年、シノン。2002年撤退）と、合成繊維製造へ相次いで参入していった[18]。東洋紡は戦前期にすでに紡績・織布・糸布加工という垂直的統合を天然繊維で実現していたが、戦後には化合繊の原料の入手（前方統合）、およびアパレル製造や小売への進出（後方統合）も積極的に進め、高度経済成長期（1955～73年）までは巨大総合繊維メーカーへの道を邁進していった。

繊維業界全体ではこの時期、綿紡織業と並ぶもう1つの支柱であった製糸業がすでに輸出競争力を失っており、綿紡績業でも過剰設備が問題となり、日清紡績株式会社のように繊維事業を徐々に縮小しつつ、戦時期における多角化の遺産であるブレーキ生産など非繊維多角化を積極的に進めていた企業も存在した[19]が、呉羽紡との合併により世界最大規模の紡織設備を誇るようになった東洋紡は、繊維製造には強い自信を持っていたのである。

1973（昭和48）年10月に勃発した第四次中東戦争を契機に生じた第一次石油危

機、および79～80年のイラン革命以降の第二次石油危機は、こうした東洋紡の認識に微妙な修正を強いた。まず綿関連事業は、不況に加えて韓国・パキスタン・中国などからの製品輸入に悩まされるようになり、業界と足並みをそろえて75年1～5月の不況カルテルに協力し、通商産業省の指導に従って80年7月以降10%、81年5～9月20%の自主減産を実施した。その間、希望退職者の募集、24時間連続操業の中断なども行ったが、不採算品や、競争が激しい定番品から高付加価値商品への転換も進めた。さらに、75年における姫路工場と坂祝工場の閉鎖を初め、小松島、忠岡、明石、浜松、庄川などの諸工場での老朽化した紡織機の廃棄を実施した。76年には宮城工場を新設したが、翌77年には明石工場の段階的縮小・閉鎖と大町工場織布部門の休止を公表した[20]。

　石油危機の時代に東洋紡は、このように綿関連の老朽設備の廃棄を開始したが、高度経済成長期には綿関連事業を凌ぐ勢いであった羊毛事業は、一転して苦境に追い込まれた。第一次石油危機直前に膨大な仮需が発生していた羊毛工業界では、1972年1月に1140円であった名古屋定期の梳毛糸48番手双糸の1kgの相場が、73年3月に3150円と暴騰したのち、74年3月1350円と激しく下がっており、同年8月には1080円の底値に達した。その反面で、オーストラリア政府の保護政策による原毛の高値、賃金や電力代の高騰、減産に伴う固定費負担増によって生産原価は高騰した。業界ではそうした状況に74年における自主減産、さらに75年1～4月、77年4月～79年1月に各々実施された不況カルテルで対処し、78年には中小企業事業団法、翌年には特定不況産業安定臨時措置法によって紡績設備を廃棄した[21]。

　東洋紡も1979年に自主廃棄1万6200錘、共同廃棄2万2800錘、81年にも1万6400錘を廃棄し、同年末には6万8000錘へと規模を縮小した。他方、同社は75年に岐阜工場に新鋭の梳毛紡機と仮撚加工設備を設置し、73～75年に3次にわたって鈴鹿、塩浜の両工場で前紡工程の短縮化と仕上工程の自動化などの合理化も進めた。さらに、毛織やニットといった川下の事業の強化が図られ、76年にはアパレル業のトスカ紳士服株式会社と紳士服コンバーターの東洋紡メンズファブリック株式会社がともに他企業との共同出資により設立された。

　しかしながら羊毛事業の不振は続き、1977年に東洋紡は、前記の岐阜工場の閉鎖、三重県下の鈴鹿・三重・楠・塩浜の4工場の分業体制の再編を公表して79年

にかけて実施し、また、羊毛事業本部は78年に、上記4工場の特定化と自立化を
さらに明確にした「SV・78作戦」[22]を打ち出した。

　これらの改善策にもかかわらず東洋紡の羊毛事業の業績はなかなか回復せず、
1980年には楠工場の洗毛工程を停止の上、設備の一部を豪州カナボラス社に移
し、翌81年さらに塩浜工場を、新規事業である電子産業分野の子会社コスモ電
子株式会社に転換した。

　のちにみる通り、東洋紡は羊毛事業から綿関連事業よりもいち早く撤退する
が、その兆しはすでに石油危機時代にあらわれていたとみるべきであろう。しか
し、それからまもない創立100年(1982年)ごろに同社では、「天然繊維の需要は決
して悲観すべきものではない。問題は供給過剰とその流通の後進性にあ」り、「紡
績事業は引き続き新しい当社の中核たり得るという認識」が表明されていた[23]。

　東洋紡は他方で、戦前以来の伝統を誇っていた化繊のうちスフを第一次石油
危機の最中の1975年に三菱レイヨンに譲渡し、引替えに同社では不振であったポ
リノジックを引き受けた。また、高度経済成長期まで天然繊維の成長の鈍化と対
照的にめざましい発展を遂げた合繊も需要増加の鈍化、過剰設備、アジアNIEs
との競争激化に加えて2度にわたる石油危機の打撃を大きく受けた[24]。

　以上の繊維事業の展開に関連しつつ高度経済成長末期には、生化学、フィル
ムおよびプラスチックという非繊維多角化への動きが現れた。まず、1968年にス
フ・人絹糸の原料を供給するパルプ製造事業が廃止された際、パルプ廃液の有
効利用の観点から進められてきた各種酵素類を初めとする微生物、さらには生化
学の分野の研究が愛知県犬山工場に残され、72年設置の生化学事業部へと発展
していった。次に、60〜61年に「夢の繊維」の触れ込みでイタリアのモンテカッ
チーニ社から同業他社と並び競って導入したポリプロピレンが、染色性に問題
があるため衣料素材としては使えないことが判明し、その用途の開発が急がれる
中、食品包装用フィルムとしての使用可能性が追求された。そして64年には敦賀
工場で延伸フィルム(OPP)の生産が開始され、定着していった。最後に、61年に
グッドイヤー社からポリエステル製造技術を導入した際、東洋紡は繊維用樹脂
に契約を限定したが、65年には方針を変えて接着用樹脂の生産を始めたところ、
フィルムラミネート、インクのバインダー剤、レトルト食品包装用接着剤、紛
体塗料、と販路が開けていき、70年には商標がバイロンと定められ、以後、石油

危機を越えてバイロンは長く生き延びることになった。71年には工業用ナイロン樹脂が化成品事業部から発売され、80年代以降、東洋紡で重要になっていくエンジニアリング・プラスチック（略称エンプラ。耐熱性100℃以上を持つ熱可塑性樹脂）の出発点となった[25]。74年の設置以来、プラスチックを中心に発展してきた非繊維事業本部は79年にプラスチック本部と改称した。81年には三菱グループと提携して設立した、原料レジンを製造する関係会社の日本ユニペット株式会社を通じて、東洋紡はペットボトル事業にも参入した[26]。

3 1980年代以降における東洋紡の脱成熟化戦略の展開

　東洋紡の新社史は第1章（同書1～128頁。以下同様）で1882（明治15）年の大阪紡績会社設立から創立100周年にあたる1982（昭和57）年までの一世紀間を旧社史に基づき簡潔に要約したのち、第2章「繊維の安定収益構造と非繊維の拡大を目指す」（145～392頁）で石油危機の克服、プラザ合意後における急速な円高の進行、そしてバブル経済の出現を含む82年から89（平成元）年までの時期を論じている。第3章「大改革への挑戦」（393～823頁）では90年代初頭のバブル崩壊とその後の長期不況、衣料繊維製品の輸入攻勢、それらがもたらした経営危機への抜本的対応がなされた89年から2007年までが取り扱われる。第4章「『二正面作戦』から新たな成長へ」（825～1083頁）ではリーマンショック、東日本大震災を含む07年から11年までの時期が対象とされている。以下では、主に第2～3章のエッセンスを、多角化の動きを中心に紹介する。

(1) 1980年代における繊維への新たな期待と非繊維の拡大

　1980年代前半に日本は、第一次石油危機以来スタグフレーションに悩む欧米先進国と対照的に第二次石油危機を急速に克服し、その製造業の競争力が世界の注目を浴びるようになり、日本型企業システムの優位性が内外で語られるようになった。85年9月のプラザ合意により円高が急速に進み、約1年間円高不況が続いた。その後大型景気対策によって景気が急テンポで回復したが、87年ごろから超低金利政策と積極的財政政策の結果生み出された過剰流動性が土地や株に向けられ、バブル経済の時代となった。当時は中国をはじめとするアジア諸国も

目覚ましい経済発展を続け、以後90年に始まるバブル崩壊まで、折からの円高を背景に日本製造業はアジアを含む諸外国へ盛んに直接投資を行ったが、その反面、繊維製品をはじめ労働集約的な商品が日本に大量に流入するようになった。

1982年5月に大阪紡績会社の創立から100年目を迎えた東洋紡は、宇野収社長の下で、「選択と挑戦」をキーワードとする「'85ビジョン」を公表した。同ビジョンは、成熟化した繊維事業の収益安定化と非繊維事業の強化という戦略を打ち出した。その際必要となる各事業の拡大と縮小、参入と撤退を機動的に行うために、80年にすでに導入されていたSBU（Strategic Business Unit：戦略事業単位）に基づく経営組織の柔軟な改正によって、このビジョンは80年代を通じて着実に実施されていった。

事業の支柱であった繊維事業の中でも祖業の綿紡織では中番手の一般市販糸の縮小、細番手糸など高付加価値商品の強化、その一環としての商品のテキスタイル化、革新織機の導入をはじめとする設備近代化によるコスト削減が目指された。さらに、設備過剰への対処として浜松、今治、豊科の3工場の操業を休止した（**表5-1**）。石油危機で大打撃を受けた羊毛紡織についても、鈴鹿工場を閉鎖して（同表）紡毛糸事業から撤退し、付加価値が高い梳毛糸生産に特化するとともに、織糸では御幸毛織、長大、橋本毛織、ニット糸ではレナウン、デサント、ワールドなど優良取引先の実需への直結を進めた。

日本の合繊事業は1970年〜80年代でも、緩やかな増産傾向を維持していたものの、アジアを中心に新興合繊国が台頭していった影響を受けて、輸入増加、輸出減少、対世界シェアの低下、売値下落が避けられなくなった。この状況に対し東洋紡は、87年に「化合繊合理化計画」を策定し、輸出減による減収を、国内非衣料分野の積極的拡大、高付加価値商品の強化、生産集約化・合理化によるコスト削減などによって打開を図った。規模の縮小、技術革新、そしてコスト削減を実現すれば合繊分野での優位性を維持できると認識していたのである。アクリル事業については、衣料用アクリル繊維を生産してきた日本エクスラン工業の経営悪化に対処し、同社への出資比率を50％から80％へ引き上げ、販売部門を東洋紡の管轄内に置くなどテコ入れを行った。

繊維事業の収益性改善のための努力の結果、1980年代には多数の技術革新が実現した。ポリエステルをベースとし、後述の複合繊維も活用した「ジーナ」（88年

表5-1 | 東洋紡における天然繊維事業の体質強化策

(1) 綿紡織
A 操業休止

年	月	事業所名 (部門)	休止時 従業員数 (人)	休止時設備		東洋紡の残存設備	
				紡機(錘)	織機(台)	紡機(錘)	織機(台)
1984	9	浜松工場	370 (288)	98,000	―	701,804	―
1986	6	今治工場	171 (―)	25,064	―	684,000	―
1992	6	豊科工場	259 (―)	33,960	301	650,804	2,272
1994	3	赤穂工場	300 (202)	39,312	468	523,468	1,233
		忠岡工場	169 (107)	39,744	―		
1996	12	三本松工場	230 (125)	57,040	―	370,532	636
		伊勢工場(織布)	62 (34)	―	128		
1997	3	富田工場	263 (164)	53,120	―		
1999	12	大町工場	184 (121)	60,540	―	214,428	412
		伊勢工場	154 (74)	53,600	―		
		庄川工場(紡績)	87 (64)	42,000	―		
		入善工場(織布)	71 (50)	―	210		
		渕崎工場(紡績)	― (―)	4,000	―		
2003	6	小松島工場	129 (72)	32,256	142	116,256	267
		渕崎工場	70 (41)	39,020	―		
		宮城工場	79 (28)	27,696	―		

B 操業縮小

年	月	事業所名 (部門)	縮小後 従業員数 (人)	設備減少数		東洋紡の残存設備	
				紡機(錘)	織機(台)	紡機(錘)	織機(台)
2010	3	入善工場(紡績)	85 (56)	48,732	―	53,532	―
2012	3	庄川工場(織布)	58 (31)	―	93	―	134

(2) 羊毛
A 操業休止

年	月	事業所名	休止時 従業員数(人)	休止時設備			東洋紡の残存設備		
				梳毛 紡機(錘)	紡毛 紡機(錘)	毛織機 (台)	梳毛 紡機(錘)	紡毛 紡機(錘)	毛織機 (台)
1984	9	鈴鹿工場	320 (236)	34,592	2,182	―	44,476	0	―
2002	3	楠工場	工場内吸収	11,736	―	―	3,920	―	46

出所：東洋紡株式会社社史編集室編『東洋紡百三十年史』東洋紡株式会社、2015年、176頁
注：― は該当なし。従業員数欄の( )内は女子。休止時設備欄の浜松工場は綿・スフ・合繊を対象。同欄渕崎工場はエクスラン紡機を対象。残存設備欄の浜松、今治両工場の数値は綿・スフを対象

かった東洋紡単体の非繊維部門の比率は、90年3月期には23%にまで高まり、着実に構造変化が進む中、繊維事業の収益性が改善され、東洋紡としては繊維事業に対する自信を回復した時代でもあった。財務面では80年代前半にはヒト・モノ・カネを減らす、いわゆる減量経営を追求し、資産と負債を圧縮し、自己資本比率を改善できた。これに対し、低金利時代となった80年代後半には、社債・長期借入金、内部留保を資金源として、積極的な設備投資がなされ、東洋紡の資産は大きく増加した。

⑵ 1990年代における脱衣料繊維への大転換

　1980年代後半に展開したバブル経済は、90年代初頭、株価に続く地価の暴落によって崩壊し始め、その過程で貸付先企業の債務返済能力の低下が急激に進んだため、金融機関は巨額の不良債権を抱えるようになった。石油危機以降欧米先進国を上回っていた日本の経済成長率は、90年代前半には、活力を取り戻してきたそれら諸国の水準に満たない1%前後で低迷するようになり、「失われた10年」が始まった。とりわけ、山一證券や日本長期信用銀行など著名な金融機関の破綻が続いた97〜98年からの数年間、日本は深刻な不況に直面した。そうした中、2001（平成13）年4月に成立した小泉純一郎内閣が「構造改革」（規制緩和、国営事業の民営化）と「量的金融緩和政策」を打ち出したのち、中国等への機械類の輸出拡大に牽引されて景気は回復し、02年2月から08年2月まで「いざなみ景気」とも呼ばれる好景気が続く中、不良債権問題も沈静化していった。

　1991年7月に東洋紡は、「2000年ビジョン」を発表して21世紀へ向けての展望を示したが、その中で謳われていた成長の持続と、繊維部門のいっそうの発展は結局実現せず、同部門は、中国などからの予想を上回る二次製品輸入の激増により大幅な縮小を余儀なくされた。金融危機を経た99年には損益分岐点比率や投資収益率を指標に、繊維を中心とする赤字事業の削減が迅速に進められ、2003年9月期決算では12年ぶりに繊維事業が黒字に転じ、東洋紡は危機的状況から脱出できた。

　東洋紡は、1991年にアメリカから導入したVP（Vapor Phase）加工技術（綿繊維内のセルロース分子をホルムアルデヒドで架橋することにより、洗濯・乾燥後にも製品の形状を復元できる技術）によるドレスシャツをはじめとする形状安定商品の上市、94年におけ

表5-2 | 東洋紡（単体）製品別売上構成

| 決算期 | | 総売上高 | | 繊維部門 | | | | | | |
| 年 | 月 | 実数：百万円 | | 綿・合繊混紡 | 羊毛 | 化合繊 | | | | |
						アクリル	エステル	ナイロン	その他	
1984	4	348,950	100.0%	26.5%	5.9%		25.7%	7.0%	7.3%	
1985	4	342,903	100.0%	27.3%	6.4%		25.1%	7.1%	7.0%	
1986	4	316,722	100.0%	26.7%	6.2%		26.0%	7.0%	8.0%	
1987	3	261,833	100.0%	26.9%	5.7%		24.4%	5.8%	7.9%	
1988	3	298,378	100.0%	29.0%	5.6%		21.3%	5.8%	7.2%	
1989	3	315,594	100.0%	26.4%	5.7%	4.2%	19.4%	4.7%	7.0%	
1990	3	328,751	100.0%	22.8%	5.0%	8.0%	19.7%	4.4%	7.6%	
1991	3	338,515	100.0%	22.5%	4.2%	8.0%	19.0%	4.3%	7.9%	
1992	3	434,945	100.0%	22.3%	3.9%	7.8%	20.4%	3.9%	7.9%	
1993	3	334,291	100.0%	19.7%	3.7%	7.6%	22.3%	3.7%	7.8%	
1994	3	300,241	100.0%	18.4%	3.0%	7.6%	20.9%	3.5%	8.0%	
1995	3	299,360	100.0%	17.9%	3.6%	7.3%	20.7%	3.2%	7.7%	
1996	3	289,751	100.0%	17.6%	3.2%	7.6%	19.9%	2.9%	7.1%	
1997	3	297,058	100.0%	17.0%	3.4%	7.3%	15.4%	2.8%	7.0%	
1998	3	298,466	100.0%	15.7%	3.4%	7.0%	14.4%	2.5%	6.4%	
1999	3	269,831	100.0%	15.3%	2.7%	6.4%	12.8%	2.8%	6.8%	
2000	3	262,389	100.0%	14.3%	2.7%	6.1%	11.5%	3.3%	6.7%	
2001	3	255,364	100.0%	12.8%	2.5%	5.6%	11.0%	3.2%	6.0%	
2002	3	238,582	100.0%	11.8%	1.4%	6.9%	10.9%	3.0%	5.0%	
				ファイバー		テキスタイル		アクリル		
2003	3	234,581	100.0%	14.1%		24.5%		6.5%		
				ファイバー		テキスタイル		アクリル		
2004	3	235,357	100.0%	13.5%		21.9%		6.4%		
2005	3	240,500	100.0%	11.6%		21.4%		6.3%		
2006	3	246,941	100.0%	10.6%		22.0%		6.4%		
				ファイバー		テキスタイル		アクリル	アパレル	
2007	3	255,467	100.0%	7.7%		7.7%		6.8%	6.1%	

出所：東洋紡（株）社史編集室編『東洋紡百三十年史』東洋紡（株）、2015年、376-377頁、804-805頁
注：空欄は不明

	二次製品	繊維部門合計	非繊維部門				非繊維部門合計
			フィルム	機能材・メディカル	プラスチック他	その他	
	14.6%	87.0%			13.0%		13.0%
	10.9%	83.8%			16.2%		16.2%
	8.3%	82.2%			17.8%		17.8%
	9.7%	80.4%			19.6%		19.6%
	10.2%	79.1%			20.9%		20.9%
	10.0%	77.4%	13.4%	9.2%			22.6%
	9.9%	77.4%	13.2%	8.9%		0.5%	22.6%
	9.8%	75.7%	13.3%	8.9%		2.2%	24.3%
	10.3%	76.5%	13.3%	9.5%		0.7%	23.5%
	10.2%	75.0%	12.5%	10.6%		1.8%	25.0%
	10.4%	71.8%	13.8%	11.9%		2.6%	28.2%
	11.4%	71.9%	13.4%	12.2%		2.5%	28.1%
	10.6%	68.8%	14.3%	13.1%		3.7%	31.2%
	10.9%	63.7%	14.8%	19.7%		1.8%	36.3%
	12.0%	61.5%	15.9%	19.6%		3.0%	38.5%
	10.5%	57.3%	18.4%	22.0%		2.3%	42.7%
	9.6%	54.2%	19.7%	24.5%		1.5%	45.8%
	8.9%	50.0%	21.8%	27.5%		0.7%	50.0%
	9.4%	48.3%	21.5%	29.5%		0.6%	51.7%
	繊維部門合計	フィルム	機能材・メディカル			その他	非繊維部門合計
	45.1%	23.1%	31.6%			0.2%	54.9%
	繊維部門合計	フィルム	高機能材	バイオ・メディカル		その他	非繊維部門合計
	41.8%	24.3%	26.1%	7.7%		0.1%	58.2%
	39.3%	26.3%	26.6%	7.8%		0.0%	60.7%
	39.0%	28.0%	25.2%	7.8%		0.0%	61.0%
	衣料繊維合計	フィルム・機能樹脂	産業マテリアル	ライフサイエンス		その他	非繊維部門合計
	28.3%	42.6%	20.8%	8.3%		0.0%	71.7%

る手編み毛糸のクイックレスポンス・システム（コンピュータ・ネットワークを活用して代理店・小売店を東洋紡と一体化したバーチャル・コーポレションとみなし、関連企業間の情報の一元化と物流の合理化を図るシステム）の構築などを通じて繊維部門の高付加価値化を図り、当初は80年代と同様に成果を収めた。しかし、輸入品の流入が止まらなくなった20世紀末には大部分の繊維事業が継続困難となった。

そのため綿紡織では1992年に豊科、94年に赤穂・忠岡、96年に三本松・伊勢（織布）、97年に富田、99年に大町・伊勢・庄川（紡績）・入善（織布）、2003年には小松島・淵崎・宮城の諸工場が閉鎖され（**表5-1**）、最終的には北陸地方の入善・井波・庄川の3工場に生産が集約された。

羊毛部門では、20世紀末に急激に業績が悪化する中で、1999年に楠工場が三重工場に統合され、翌年に羊毛事業部が廃止となり、2002年には毛織物事業が分離されて東洋紡ウール株式会社となった。

天然繊維に比べれば勢いがあった化合繊では1990年代にも、衣料用ナイロンやゴルフ用の「マンシングウエア」が呉羽紡績から60年代半ばに継承して以来、健在であったこと、「衣服内気候」研究による快適性評価技術に裏付けられた「アルティマ」「エクス」のように調温・調湿などの面で優れた新素材の開発が進み、それらが中東向けトーブ、スポーツ、インナーといった高級で特殊なアパレル用素材として強い生命力を保ったことは特筆されるが、20世紀末から21世紀初めには婦人服地生産からの撤退、ながらく生命を保ってきた「タフセル」「シノン」「エスパ」の生産停止など、化合繊事業の縮小も目立つようになった。

こうした中、合繊の分野では用途を衣料用から産業用に転じる努力が1980年代以上に続けられた。自動車用のエアバッグやタイヤコード、長繊維不織布「スパンボンド」、活性炭素繊維、スーパー繊維「ダイニーマ」など80年代にすでに成果を上げていた事業も多かったが、ポリエステル短繊維の新たな用途を求める中で90年代に花開いた、紙おむつなどの衛生用品や、自動車・鉄道車両用クッション材の「ブレスエアー」、97年にアメリカのダウ・ケミカル社から特許を譲渡され、東洋紡が世界で初めて商業化した高強力・高耐熱のスーパー繊維「ザイロン」などの新製品も加わった。

東洋紡の祖業であった繊維事業の内容が以上のように激変したことを反映して2002年4月、従来天然繊維と化合繊に分れていた各事業本部を統合した繊維

5章　脱成熟

事業本部が設置された。その内部にはテキスタイル、ファイバー等の事業部が置かれ、それらが生産・販売・開発を一体化した社内カンパニー的に改組された。同年3月期には東洋紡売上高に占める繊維の比率は初めて5割を切った（**表5-2**）。

繊維に代わり主な事業となっていった非繊維では第1に、包装用ポリエステルフィルムの分野で東洋紡は、1980年代に国内シェアの過半を占めていたが、90年代には需要の伸びの鈍化、アジア諸国からの輸入品の増加、磁気テープ市場の縮小といった諸問題に直面した。これらに対して同社は、特に2000（平成12）年以降、従来の汎用品から、青果物包装用F&Gフィルム、収縮フィルム「スペースクリーン」、透明蒸着バリアフィルム「エコシアール」、合成紙「クリスパー」、液晶ディスプレー用「コスモシャイン」等、安定的な収益が見込まれる特殊品へと製品を転換していった。

第2に、高機能樹脂ではペットボトルや、自動車部品用エンプラの重要度が増したが、その他の高機能樹脂に関しては市場が不安定で競争が激しかったため、成功は容易ではなかった。接着剤・塗料用「バイロン」や印刷材料の不振、80年代から振わなかった電子材料・回路事業からの撤退がその例である。各種エンプラ加工品も事業化後にはエンプラ本体に匹敵するほどの収益を上げるには至らなかった。

第3に、バイオ（生化学）・医薬事業について東洋紡は、1992年敦賀バイオ工場等の設置によってバイオ事業の基盤を整備し、遺伝子操作技術に支えられた液状検査薬、装飾酵素DNAポリメラーゼ、全自動遺伝子抽出・精製装置などを世に出し、その他検査用のキット・薬品・機器の開発と商品化を精力的に進めた。しかし、医薬事業に関しては血栓溶解剤t-PAをめぐるアメリカ企業との特許係争での敗訴を契機に96年、医薬の研究開発を中止し、以後は受託事業のみを続けることになった。

第4に、膜事業では東洋紡は、世界唯一となった中空糸膜モジュールを強みとして海水淡水化用逆浸透膜につき20世紀末以降、福岡地方、サウジアラビアなどから大型受注を獲得し、人工腎臓用透析膜でも、1990年代におけるアメリカでの製品トラブルを契機とした改善策が功を奏して、全世界の腎不全患者の5人に1人が東洋紡製品で治療を受けるようになった。

107

第5に、医療用具事業でも東洋紡は、1990年に厚生省から世界初の公認を受けた補助人工心臓(Ventricular Assist System：VAS)、主に不織布から製造した使い捨て医用製品などの事業を展開したが、21世紀には市場の規模その他が考慮され、VASからの撤退が検討されるようになり、使い捨て医用製品は2004年に新興産業株式会社(08年、同社の事業は東洋紡スペシャルティズトレーディング株式会社に継承)に移管された。

　こうして東洋紡は2000年代前半に繊維企業から化学分野に主力を置くマルチ・スペシャルティ・カンパニーへと転じていった。

　1989年度に空前の経常利益および当期純利益を記録した東洋紡は、翌年度以降のバブル崩壊の過程で業績を悪化させていき、特に97〜98年の金融危機の際には石油危機以来の打撃を受けた。東洋紡単体において2002年度の売上高は91年度よりも3分の1も減り、01〜02年度の当期純益金も巨額の赤字となった。しかし、祖業の繊維から化学への急速な事業転換に成功した東洋紡は、03年度以後、経営危機を脱し、諸利益金はかつてない好成績となった。バブル崩壊後、東洋紡単体では、減少傾向にあった流動資産とは対照的に、固定資産は増加傾向にあったが、それは非繊維事業への設備投資と研究開発の継続を反映していた。さらに、設備投資は減価償却の範囲内でなされ、有利子負債の圧縮が関係会社を含めて進められた。

　リーマンショックに端を発し2008年秋から世界同時不況となり、円高と原油・資材の高騰も加わって、08〜09年の日本経済は実質値でマイナス成長を記録した。10年に景気は回復したものの、11年3月11日東日本大震災が起こり、日本の社会と経済は大打撃を受けた。

　1990年代末以来、衰退が顕著となってきた衣料繊維事業の構造改善とスペシャルティ事業(独自性・成長性・収益性に優れた事業)の拡大という二正面作戦を追求してきた東洋紡では、繊維事業の構造改革は2003年度までにほぼ完了し、07年度からは総仕上げとしてグループ全体の構造改革、すなわちノンコアあるいは不採算関係会社の改革に取り組んだ。08年4月にグループ内の商社であった新興産業株式会社の衣料繊維事業とスペシャルティ事業のうち、不採算部分から撤収した上で、残すべき部分を東洋紡単体の衣料繊維事業の開発・販売部門と統合して東洋紡スペシャルティズトレーディング株式会社(13年10月に東洋紡STC

株式会社と社名変更）を設立したことが特記されるが、そのほかにも不採算・低収益の関係会社は思い切って整理していった。

　これらの結果、東洋紡の事業は機能性繊維に特化した衣料繊維事業も含めて、スペシャルティ事業の塊になったと判断されたのだが、2008年秋以降の数年間は前記の世界的不況の影響により、同社の再出発にはしばらくブレーキがかけられた。不況が一段落ついた11年2月、スペシャルティ事業を拡大するための設備投資資金を内部留保や借入金によってではなく、より積極的に海外投資家を対象とする増資で賄う方針を決定し公募活動を開始したところ、東日本大震災4日後の3月15日という絶妙のタイミングで、43年ぶりの総額168億円の増資が実現した。また、同年12月に東洋紡は1991年公表の「2000年ビジョン」以来20年ぶりの長期ビジョンである「2020年ビジョン」を策定した。

　2011年度における各事業の動向をセグメント別に一瞥すれば、衣料繊維の構成比は売上高で25％、営業利益で6％まで低下し、ライフサイエンス事業も売上高9％、営業利益19％へと減益傾向にあったが、デジタル家電分野や自動車分野などで売上数量が拡大したフィルム・機能樹脂事業（売上高38％、営業利益45％）と、自動車や環境の関連分野で需要が堅調であった産業マテリアル事業（売上高20％、営業利益29％）は増収・増益となり、これら両事業が東洋紡の成長エンジンとなっていた（売上高に関しては**表5-2**も参照）。海外売上比率も22％にのぼった。

　東洋紡では財務面でも、連結子会社を中心に「冗資産」（事業に直接貢献していない余剰資産）のスリム化、そして設備投資の抑制に努力した結果、連結決算で資産の減量化が実現し、これに応じて短期・長期借入金、社債が減り、自己資本比率、負債・資本倍率（D/Eレシオ）、固定比率が改善された。1990年代初期から取り組んできた繊維事業の構造改善に伴って巨額の特別損失が発生し、自己資本の毀損という大きな犠牲が生じたものの、過去1世紀余りにわたり先人たちが築き上げた資産と英知の蓄積によって、この危機は切り抜けられた。

　2012年5月3日、創業130年を迎えた東洋紡は、商号を東洋紡績株式会社から東洋紡株式会社に変更し、新しいスローガン"Ideas & Chemistry"を定めた。同社は祖業の繊維を超えて、高機能商品を生み出す"Ideas"と、新素材を創り出す"Chemistry"で社会に貢献してゆく決意を表明したのである。

4 衣料繊維の将来性に関する認識の転換： トップの判断

　以上を要約しておこう。東洋紡は、高度経済成長末期に、合成繊維として期待したポリプロピレンを転用した食品包装用フィルム、および人絹用パルプの廃液処理に由来する酵素などの生化学という2つの、いずれも化合繊関連の多角化を開始しながらも、繊維製造の老舗としての自信は、全社的にいささかも揺るがなかった。しかし1970年代に生じた2度にわたる石油危機とそれらに伴った不況が、羊毛をはじめとする天然繊維のみならず化繊や、石油に依存する合繊にも大打撃を与え、東洋紡の非繊維多角化が緩慢ながら進んでいった。80年代にはプラザ合意以後の円高により衣料繊維の苦境が深まり、非繊維多角化も進展した一方、天然繊維ブーム、バブル経済を背景とした新合繊ブーム、そして衣料繊維の分野における様々な技術革新の実現が、東洋紡内に「高級な衣料繊維はまだまだ生命を保てる」という楽観論を生み出し、それがバブル崩壊後の90年代初頭まで、折からの形状安定商品の登場やクイックレスポンス体制の確立も援軍となって、続いたとみられる。ところが、90年代半ば以降の長期不況下に中国などからの衣料繊維の輸入が激増する中で、東洋紡は衣料繊維生産を大きく減らさざるをえなくなったがその反面、産業用繊維の比重を増やし、さらに非繊維多角化へ一層シフトを進めていった。ただし、70年代末から80年代にかけて進められた電子材料・回路事業、医薬品中の血栓溶解剤、医療用具中の補助人工心臓など、繊維製造からかけ離れた事業は結局成功せず、前記のフィルムや生化学関連製品のほかペットボトル、エンプラ、「ザイロン」、「ダイニーマ」といった高分子関連の化学製品や、中空糸の技術を基礎とした膜製品など、繊維との関連性を持つ多角化は成功をおさめた。

　ここで注目されるのは、石油危機でいったん減退した衣料繊維への期待がバブル期に復活したものの、バブル崩壊後の長期不況下で終焉したことである。1980年代と90年代の間には、新社史第3章の表題に記されている「大改革」がなされたが、同書にはそれがトップ経営者の判断によるものであったことが明記されている。

　東洋紡の非繊維事業は、宇野収社長（1917年生、2000年没。東京大学法学部卒業後、

大建産業・呉羽紡績を経て1966年より東洋紡勤務。社長在任は78年7月～83年7月）の主導により1980（昭和55）年前後に石油危機の影響を背景としてプラスチック、ペットボトル、医薬品などが新事業として意識的に活性化され、以前には全社売上高の1割未満であった非繊維部門の比率が、宇野社長末期の83年3月期には11.6％に上昇していた。この非繊維の多角化はその後、茶谷周次郎、瀧澤三郎の両社長に継承され拡張されていった[27]。

　ただし、プラザ合意、その後の円高不況、バブル経済、その崩壊という一連の大事件を含む1985年5月から92年6月にわたる瀧澤社長（1923～2004年。東京大学経済学部卒業後、東洋紡に入社）の時代、特にバブル期には、祖業である衣料繊維への期待がよみがえった。

　瀧澤は、バブル経済の最中の1989（平成元）年における年頭の辞で、次のように述べている。

　　昨年は旺盛な内需拡大で、天然繊維を中心とする高級品の消費に支えられて全般的に好調を続けましたが、一方韓国、台湾、中国及びNIEs諸国からの二次製品の輸入が急増し、また綿糸、綿布についても輸入が増え、綿製品全体については輸入がついに内需の54％にも上り、繊維全体では34％になりました。また後半には、ニット製品の輸入急増により韓国製品に対してアンチダンピング提訴が行われるに至りました。〔中略〕この輸入の脅威という嵐には〔中略〕88年末に中間報告が出された産業構造審議会「新繊維ビジョン」に示された方策、すなわちハイテクノロジーを駆使して消費者ニーズに的確に対応できる、生産販売を通じてのクイックレスポンス（QR）体制の確立と、ファッションを含むソフトウエアの充実を着実に進めねばなりません。さて本年の当社の課題は、まず第一に既存大型事業の基盤整備を急がねばなりません。すなわち合繊事業の再編とその非衣料分野の拡充。そしてアクリル事業への本格的取り組みと日本エクスラン工業を含む再建計画の立案と実行。そのためには天然繊維部門の高収益の維持と、フィルム事業およびその他非繊維事業の加速拡充による収益の拡大が求められます。

　翌1990年3月末に東洋紡も経常利益207億円、純利益80億円と空前の業績を

挙げるというバブル景気の中で瀧澤は、宇野社長以来意識的に進めてきた血栓溶解剤をはじめとする医薬事業など非繊維分野の拡充も追及しつつ、後発諸国からの繊維製品輸入の攻勢に対しては、コンピュータシステムを駆使して需給調整を円滑に行うQR体制の構築と、婦人服などファッション性が強い川下分野の強化の両者によって対応が可能と見ていたのである。

　もっとも翌1991年初頭に瀧澤は、前年10月頃に10年先を見越した「2000年ビジョン」(91年7月公表)の作成が各部門で進められていたところ、「湾岸危機による原料問題および天然繊維部門の予想を超える不況の長期化という問題に直面し、殊に短長期の予測が非常に難しくなって来ましたので、策定の時期を本年4月ころまで延期しました」としている。とはいえ、翌92年の年頭の辞で瀧澤は同ビジョンについて、「21世紀の生活文化を担う魅力ある東洋紡を目指して、3つの成長領域、すなわち人間生活の高度化、社会資本の充実と産業の発展、そして環境問題への対応、この各分野に向けて繊維、フィルム、機能材・メディカル等各事業本部の総力を挙げて基盤技術の確立と研究開発を推進する。また一方当社は世界有数の総合繊維会社であり、長い歴史と技術の蓄積をもっており、21世紀においても繊維は当社の基幹事業であります」と述べ、バブル崩壊の兆しを感じつつも成長志向を捨てず、東洋紡の繊維部門が21世紀まで成長し続けると想定していたのである[28]。こうした認識を反映して**表5-2**に示されている非繊維部門の比重は上昇傾向を辿りながらも89〜90年には22.6%で一時停滞していた。

　瀧澤の後を引き継いだ柴田稔社長(1929年生。53年京都大学工学部機械工学科卒業後、東洋紡に入社。技術者として多数の工場に勤務。77年より本社で天然繊維の技術を統括。社長在任は92年6月〜99年6月)の時代には、グローバリゼーションが顕著になるとともに、バブル崩壊後の不況が深刻化していった。社長就任時に柴田は、「当社の基幹である繊維事業においては、安定的成長のもとコンスタントな収益を挙げ、一方の事業の柱であり、成長領域にあると考えられるフィルム、機能材・メディカルにおいては、技術力を駆使して積極的に拡大を図り、もっと太い柱に育てる必要があります」と主張し、非繊維部門の拡充を進めるとともに、祖業である繊維部門を重視する瀧澤の路線を継承していた。経営環境が厳しさを増した94年の年頭の辞では、「繊維は1ドル100円時代の事業構造の構築を目指す」としていたが、「戦後初めてのデフレ局面」に日本が直面した96年初頭には、前年に「非繊維(フィ

ルム、機能能材・メディカル、重合）は健闘し、利益をさらに拡大」した反面、「主力事業である繊維部門が落ち込み、業績の足を引っ張った」ため、「①繊維事業の立て直し、②非繊維事業の積極拡大、③研究開発のスピードアップと成果発揮、④トータルコストの引下げ」という方針を出し、在任中を通じてこれらを追求した。

　1997～98年には消費不況が深刻となる中で、国内金融機関の破綻が相次ぎ、アジア通貨危機も生じた。98年初頭に柴田は、「引き続き『攻めと守りのメリハリを付けた経営』」を進めつつ、「『攻め』の強化に、より重点を置いた展開を図る」こと、天然繊維事業本部における工場休止、化合繊事業本部での大幅コストダウンといったリストラを余儀なくされた繊維事業の「収益の安定体質化」と、97年度に売上高比率38％が見込まれていた非繊維事業の同比率を「早急に50％へ持っていく」ことを主張した。99年1月の挨拶で柴田は、「今回、全社的に損益分岐点比率という共通の尺度を用い、事業ごとの性格、位置付けをより明らかにしながら、事業部長に中期事業計画を作成してもらい、経営判断のうえ、果敢に実行してもらうことになりました」と述べた[29]。

　このように柴田社長は、繊維事業を守り続ける意思を放棄しなかったものの、輸入品の攻勢による衣料繊維の打撃を認めざるをえなくなり、**表5-1**および**表5-3**が示す通り、繊維製造設備の大幅削減を断行し、また**表5-2**に明らかなように非繊維事業の比率を1996年に30％台、99年に40％台へと大きく引き上げていった。

　1999年6月29日、柴田の後任として津村準二（1936年生。58年東京大学法学部卒業後、東洋紡に入り、労務・人事、企画、産業資材部門の各部署で勤務）が社長となった。津村はその際に以下の通り、明快な主張を打ち出した。「会社の良し悪しは『決算書』の内容で決まります。その評価基準は、P/L〔損益計算書〕で利益額、B/S〔貸借対照表〕で自己資本比率、総合では使用資本利益率です。つまり、使用している資本に対して大きな利益を上げ続ける会社が高い評価を受ける」とした上で、①事業（製造・販売・開発）活動＝利益創出部分、②未来（コーポレート）研究開発活動＝投資部分、③サポート（管理）活動＝費用部分の「3部分をバランス良く組み合わせて運営するのが経営」であり、各事業部を単位として実施されているSBUは①に関連しており、それを社内カンパニー的取扱いにまで高めていくべきであり、②についてはROI（Return on Investment. 投資収益率）が重要な指標となるとし、③に関し

表5-3 東洋紡および全国紡織業の主な紡織機台数の推移

年	綿スフ					
	紡機（錘）			織機（台）		
	東洋紡 A	全国 B	A/B (%)	東洋紡 A	うちエアージェット	全国 B
1981	888,680	9,903,694	9.0%	4,639	(32)	287,834
1982	849,296	9,758,817	8.7%	4,098	(32)	282,568
1983	821,336	9,439,693	8.7%	3,675	(32)	278,209
1984	819,644	9,289,431	8.8%	3,484	(84)	274,529
1985	702,280	9,091,745	7.7%	3,380	(136)	255,541
1986	686,116	8,686,448	7.9%	3,297	(192)	243,047
1987	686,116	8,517,622	8.1%	3,082	(413)	219,256
1988	685,124	8,382,494	8.2%	2,895	(553)	200,339
1989	684,724	8,079,938	8.5%	2,811	(613)	192,260
1990	684,524	7,674,990	8.9%	2,575	(695)	182,173
1991	684,524	7,402,451	9.2%	2,575	(695)	167,302
1992	624,484	6,954,229	9.0%	2,417	(726)	147,411
1993	602,764	6,024,121	10.0%	2,353	(728)	130,886
1994	504,636	5,329,837	9.5%	1,210	(738)	113,802
1995	498,076	4,879,541	10.2%	1,019	(738)	100,834
1996	439,656	4,360,193	10.1%	654	(654)	90,763
1997	373,092	3,880,009	9.6%	642	(642)	85,890
1998	372,408	3,677,103	10.1%	607	(607)	78,486
1999	372,408	3,383,625	11.0%	607	(607)	71,330
2000	214,828	2,920,677	7.4%	427	(427)	53,664
2001	215,228	2,684,892	8.0%	427	(427)	48,250
2002	215,318	2,514,051	8.6%	427	(427)	44,033
2003	110,028	2,215,777	5.0%	228	(228)	40,054
2004	110,028	1,992,600	5.5%	228	(228)	37,557
2005	108,768	1,803,346	6.0%	228	(228)	34,326
2006	108,766	1,506,730	7.2%	228	(228)	31,647
2007	108,766	1,396,966	7.8%	228	(228)	29,010
2008	108,766	1,330,033	8.2%	228	(228)	27,080
2009	53,532	1,156,343	4.6%	228	(228)	22,073
2010	53,532	984,462	5.4%	228	(228)	9,423
2011	53,532			134	(134)	7,841
2012	53,532			134	(134)	7,579
1990/1981	0.77	0.77		0.56	(21.72)	0.63
2000/1991	0.31	0.39		0.17	(0.61)	0.32
2010/2001	0.25	0.37		0.53	(0.53)	0.20

出所：日本紡績協会編『紡績事情参考書』
注：各年12月末現在のデータ。空欄はデータなし

| | 梳毛 | | | 毛織物 | | |
| | 紡機(錘) | | | 織機(台) | | |
A/B (%)	東洋紡 A	全国 B	A/B (%)	東洋紡 A	全国 B	A/B (%)
1.6%	84,492	303,204	27.9%	90	292	30.8%
1.5%	84,312	280,168	30.1%	90	298	30.2%
1.3%	73,068	282,732	25.8%	90	277	32.5%
1.3%	54,828	189,434	28.9%	88	321	27.4%
1.3%	54,716	186,962	29.3%	88	257	34.2%
1.4%	52,716	210,166	25.1%	84	253	33.2%
1.4%	52,916	208,606	25.4%	84	253	33.2%
1.4%	53,924	208,318	25.9%	84	232	36.2%
1.5%	53,924	204,172	26.4%	84	275	30.5%
1.4%	54,596	203,000	26.9%	84	275	30.5%
1.5%	54,672	204,220	26.8%	84	275	30.5%
1.6%	54,672			93		
1.8%	54,404			93		
1.1%	54,400			93		
1.0%	46,884			93		
0.7%	46,884			70		
0.7%	42,040			70		
0.8%						
0.9%						
0.8%						
0.9%						
1.0%						
0.6%						
0.6%						
0.7%						
0.7%						
0.8%						
0.8%						
1.0%						
2.4%						
1.7%						
1.8%						

ては効率化の継続推進が肝要であるとした。また、「繊維か非繊維かに関係なく、〔売上高ではなくて〕損益（競争力）だけを基準とする事業取り扱い（選択・資源投入）を徹底します。これによって優良事業の増加と赤字事業の削減を進め『黒字事業だけの塊』化を図り〔中略〕『黒字は善』『赤字は悪』を理念として、事業の選択的強化を急がねばなりません」と主張した。津村はさらに、柴田が推進していた損益分岐点経営を継承し、その徹底を目指して、明確な根拠のある「限界利益に合わせて固定費を圧縮するという枠組みを厳格に適用することによって、全事業黒字構造の完成を急ぎます」とし、折から実施されつつあった連結財務諸表制度を通じて以上の改革は関係会社においても進められることになると述べた。津村は、「東洋紡が21世紀に向かって飛躍するためには、まず、筋肉質な身体作り（全事業黒字構造）とジャンピングボードの整備（財務体質強化）を達成しなければなりません」と、挨拶を締めくくった。

　以上の主張を津村は、迅速果敢に実現していった。特に重要であったのは、製品輸入の増加が予想外に進んだことによって総じて不採算となった繊維部門の縮小であった。それは**表5-1**および**表5-3**からもうかがわれるが、1999年と2003年における紡織工場の操業休止と北陸地方の紡織工場への集約、婦人衣料や羊毛に関連する事業からの撤退、化合繊の「タフセル」「シノン」の製造休止が社長就任後間もなく進められた。他方で、繊維のうち衣料品は、中東向けトーブ地、あるいはゴルフウエア向け「マンシングウエア」のような高級で特殊な用途の製品に限られるようになり、「ザイロン」や「ダイニーマ」に代表される高機能を持つ産業資材向けが拡大していった。そして、黒字を生み出すフィルム、高機能樹脂、バイオ（生化学）諸事業に一層の力が注がれるようになった。こうした津村の戦略が功を奏して03年3月期決算では、配当の継続に必要な経常利益70億円が達成され、さらに同年9月には12年ぶりに繊維事業が黒字化し、当社の体質は短期間に大幅に改善された。津村は05年の年初の挨拶で、以前からたびたび言及してきた、繊維という一本のご神木に頼るのではなく、「強い木の群生する活気に満ちた林（マルチ・スペシャルティ・カンパニー）」を構築することの重要性を全社員に訴えた[30]。津村社長の下で**表5-2**の非繊維部門の比重も2001年4月には50％以上となり、2005年3月には60％を超えた。

　2005年6月、津村から坂元龍三（1947年生。72年信州大学大学院繊維学研究科修士課

程を修了後、東洋紡に入社。主に天然繊維を中心とした繊維事業の技術を担当し、12紡織工場の操業休止という厳しい業務に携わった）に社長が交替した。その後、坂元は「技術ストック経営」を推進し、リーマンショックも乗り越えていったが、坂元社長の下でも独自のコア技術・特許・ブランドなどにより長期的に競争優位を築けるスペシャルティ事業の積極的拡大、事業ポートフォリオ改革の遂行など津村が敷いた路線のいっそうの発展が図られ成果をおさめていった。**表5-2**に示されている通り、07年3月に東洋紡の売上高に占める非繊維部門の比重は70％以上となった。

　衣料繊維の製造企業として出発した東洋紡は、創業後1世紀余りを経て経営環境がすっかり変わってしまった中、トップ経営者たちの創意に大きく支えられ、21世紀には特殊で余人の追随を許さない技術として祖業の一部を大切に残しながらも、社業の根幹を化学の領域に大胆にシフトして新たな展開を遂げることに成功したのである[31]。

5　おわりに

　前掲、山路（2014）の随所に記されている東洋紡の位置付けを要約すれば、以下の通りである。

　戦時期を除けば、戦前期から戦後の石油危機のころまで一貫して国内最大規模の繊維設備を誇る老舗であった同社は、「繊維以外のことには手を出さない」方針を長らく維持した。高度経済成長期には、アクリルから始まって、ポリエステル、さらに1966（昭和41年）年の呉羽紡との合併でナイロンと、三大合繊を事業化したが、当時他社の多くが非繊維多角化を開始したのに対して、合繊に力を注ぐにとどまっていた。社内には、ポリプロピレンのフィルム化、そして人絹用パルプ製造での廃液処理対応から生まれた生化学という、多角化への動きが始まっていたが、それが全社的に公認されるようになるのは石油危機以後のことであり、東洋紡の多角化は他社に比べて10年遅れてしまった。78年に社長に就任した宇野収の主導によって同社は非繊維多角化をようやく意識的に進めるようになり、医薬やエレクトロニクスに進出したものの、そうした「落下傘作戦」はあまりうまくいかず、逆に80年代の天然繊維ブーム、その後の新合繊や形態安定シャツなどの成功により、バブル期前後には衣料繊維でまだまだやっていけるという揺り戻

しが生じ、同社「2000年ビジョン」でも繊維は基幹事業と位置付けられていた。しかしながら、バブル崩壊後、繊維不況が深刻化する中で1999 (平成11) 年に社長に就任した津村準二が脱衣料繊維を意識的に推進し、東洋紡は蘇生していった。

　以上の記述が正鵠を得たものであることは、これまでに紹介してきた東洋紡の社史で十分裏付けられたといえよう。

　東洋紡の脱成熟化は、本章がこれまでに確認してきた通り、2000年前後に一挙に成功をおさめたのであったが、山路 (2014) を仔細に読めば、20世紀における同社のそれへの取組みは繊維大手メーカーの中ではむしろ緩慢であった事実が判明する。山路の著作は各社の成熟化とその克服を時系列的に詳述してはいないのだが、断片的事実を繋ぎ合わせれば、旭化成、東レ、帝人、クラレなどの化合繊メーカーが高度経済成長期から脱成熟化を旺盛に進めていたのに対し、綿紡績から出発した企業では鐘紡、倉敷紡 (クラボウ)、日清紡などがそれらに次いで積極的に対応し、総合繊維メーカーとしてのプライドが強かった東洋紡やユニチカはその後を追う、やや消極的な存在であった事実が浮かび上がってくる。

　ここで注目したいのが鐘紡である。同社は東洋紡よりもはるかに早くから脱成熟化に着手してきたにもかかわらず、いわゆる十大紡中、東洋紡と1966年に合併した呉羽紡と並んで2007年に姿を消した、数少ない消滅企業となった。同社に関して再び山路 (2014) の記すところを要約しよう[32]。

　戦時期に津田信吾 (1881年生、1948年没) 社長の主導により軍需産業を中心に非繊維多角化を進めた[33]鐘紡は、敗戦後、大部分の事業の放棄を余儀なくされ、残された雑多な化学部門も1949年に鐘淵化学工業株式会社 (現・株式会社カネカ) として分離し、天然繊維メーカーとして再出発した。朝鮮戦争ブーム期に国から返還された防府工場でスフに進出したことが徒になって業績不振に苦しむ中、60年11月に役員たちがクーデターを引き起こし、47年以来、代表取締役社長の座にあった武藤絲治 (1903年生、70年没) は一時、代表権を剥奪され会長に棚上げされてしまうが、半年後には社長への復帰を果たした。そして彼は「天然繊維から合繊へ、労働集約産業から資本集約産業へ」を謳ったグレーター・カネボウ計画 (1961〜68年) を打ち出し、ナイロン、化粧品 (61年鐘淵化学工業から事業を継承)、食品 (64年以降ハリス株式会社、立花製菓株式会社、和泉製菓株式会社、渡辺製菓株式会社を吸収合併)、医薬品 (66年山城製薬株式会社を傘下に編入)[34]などへの多角化に乗り出し、津田が推進し

た非繊維多角化を再開した。イタリアのスニア社から技術導入し、63年に実現するナイロンの事業化のリスクを非繊維部門でカバーすることを狙った大胆な多角化戦略は、絲治社長の腹心で68年に彼の後継社長となった伊藤淳二（1922年生）が命名したペンタゴン経営に継承されていった。ペンタゴンとは五角形の意味で繊維、化粧品、薬品、食品、住宅環境の5部門を指していた。鐘紡は絲治社長時代に、彼の父武藤山治社長が戦前期に推進し始めていたファッション事業にも進出して、63年にクリスチャン・ディオール・ブランドを導入し、91年まで売上を伸ばしていった。このような活動の結果、鐘紡の多角化は綿紡績企業の中では進んだものとはなったけれども、多角化した諸部門の大部分は未経験の分野の企業の寄せ集めに過ぎず、石油危機後の収益源は化粧品にとどまった。他方で、同社は伊藤社長の下で三大合繊すべてに進出したものの、同業他社に比べて著しく出遅れたため、その果実が少なかったのみならず、石油危機以後には巨額の負債に苦しむことになった。しかしながら、東洋紡と同じく80年代には天然繊維ブーム、新合繊ブーム、そして90年代初めの形状安定素材ブームが追い風となって、鐘紡は、綿を中心とする繊維の老舗であるという意識を20世紀末まで捨てられなかった。そのため業績の悪化を粉飾決算で糊塗し続け、結局2007年に繊維大手企業の中で唯一解散するという憂き目にあった。

鐘紡の凋落に関しては今後、経営陣の内紛、技術者の軽視、運命共同体と称された、労使の距離感を喪失した労使関係といった諸問題、そしてそれらに深く関わる閉鎖的で隠蔽的な社風なども対象に含めた実証的検討が必要であるが、脱成熟化を早くから図ってきた同社が、衣料繊維製造への執着を意外にも最後まで断ちきれなかったことは、東洋紡と比べた際の決定的な相違点と思われる。

企業の脱成熟化については今後いっそうの実証研究の進展が期待されるが、その重要な素材として、化合繊も含む繊維企業が内容の充実した良質の社史を出版してくれることを願ってやまない。

［附記］本章の執筆にあたり村上義幸、谷口貞博、結城武延の諸氏から有益なコメントを賜った。記して謝意を表したい。

注

1　以下に挙げる諸文献のほか、経営史、経営学、会計学、中小企業論の専門家の共同研究である今口忠政・柴孝夫編著 (1999)『日本企業の衰退メカニズムと再生化―衰退予測のモデル構築に向けて―』(多賀出版) も参照されたい。

2　荻野喜弘 (1996)「鉱業の会社史」(経営史学会編『日本会社史研究総覧』第2章、文眞堂)。

3　橘川武郎 (1996)『日本の企業集団―財閥との連続と断絶―』(有斐閣) 200-204頁。

4　島西智輝 (2009)「衰退産業における事業多角化の遅滞要因の検討―戦後石炭産業の事例―」『三田商学研究』第51巻第6号、161-177頁。

5　日夏嘉寿雄 (1997)『成熟産業における戦略展開と経営資源―戦後製糸業の比較経営論―』(ミネルヴァ書房)。

6　渡辺純子 (2010)『産業発展・衰退の経済史―「10大紡」の形成と産業調整―』(有斐閣)。

7　山路直人 (2014)『企業革新の研究―繊維産業の脱成熟化のプロセス―』(白桃書房)。

8　同上、1頁。

9　同上、347頁。

10　同上、1頁。

11　その意味では桑原哲也 (1990)『企業国際化の史的分析―戦前期日本紡績企業の中国投資―』(森山書店) のように、各社の事例を時系列を追ってまとめてくれた方がありがたかった。

12　杉﨑京太 (1996)「化繊業の会社史」(前掲、経営史学会編『日本会社史研究総覧』第7章、文眞堂)。同論文の発表以降、日本経営史研究所編 (1997)『東レ70年史』(東レ株式会社) および日本経営史研究所編 (2002)『旭化成八十年史』(旭化成株式会社) が出版されたことは特筆される。両書とも別巻「資料編」を刊行している。なお、繊維メーカー中、脱成熟化に熱心であった旭化成とクラレの多角化に関しては橘川武郎・平野創 (2011)『化学産業の時代―日本はなぜ世界を追い抜けるのか―』(化学工業日報社) も簡潔にふれている。旭化成の多角化については前掲、日夏 (1997) 260-267頁も参照。

13　阿部武司 (1996)「綿紡績業の会社史」(前掲、経営史学会編『日本会社史研究総覧』第6章、文眞堂)。

14　創立時以来の社名東洋紡績株式会社は2012年に、繊維中心の会社からの脱皮を意識して東洋紡株式会社と改称した。本章ではそれらの共通の略称として東洋紡の名を用いる。

15　東洋紡績株式会社東洋紡績七十年史編修委員会 (1953)『東洋紡績七十年史』(東洋紡績株式会社)、東洋紡績株式会社社史編集室編 (1986)『百年史・東洋紡』上・下巻 (東洋紡績株式会社)、東洋紡績株式会社社史編集室編 (2015)『東洋紡百三十年史』(東洋紡株式会社)。社史に準ずる出版物として三橋楠平編 (1934)『創立二十年記念　東洋紡績株式会社要覧』もある。

16　以下、注記のない記述は新・旧両社史による。なお、本章で採り上げる東洋紡の20世紀末以降の改革を、経営学的に明快に論じた藤原雅俊・青島矢一 (2016)「東洋紡―抜本的企業改革の推進―」(『一橋ビジネスレビュー』第64巻第3号) も、東洋紡元社長の津村準二、坂元龍三の両氏等へのヒアリング記録とともに同社の新・旧両社史を活用している。

17　坂本悠一 (1990)「戦時体制下の紡績資本―東洋紡績の多角化とグループ展開―」下谷政弘編『戦時経済と日本企業』(昭和堂)、渡辺純子 (1998)「戦時経済統制下における紡績企業の経営―東洋紡の事例について―」東京大学大学院経済学研究科・経済学部『經濟學論集』第63巻第4号も参照。

18 化繊でも1961年にポリノジック（商標タフセル）の製造を開始した（2001年撤退）。

19 日清紡績株式会社編（1969）『日清紡績六十年史』（日清紡績株式会社）。Takeshi Abe (2005), "The Restructuring of Cotton Spinning Companies in Postwar Japan", *Discussion Papers in Economics and Business* 05-19, Osaka University, Graduate School of Economics and Osaka School of International Public Policy (OSIPP), pp.1-29 も参照。

20 旧社史・下巻446-454頁。

21 旧社史・下巻454-461頁。

22 SVとはsurvivalすなわち「生き残り」の意味。

23 旧社史・下巻454頁。

24 旧社史・下巻のほか、新社史200頁を参照。

25 新社史282頁。

26 この段落の記述は旧社史・下巻337-358頁による。

27 旧社史・下巻第7章（特に436-439頁）、新社史157-164頁。

28 新社史406-411頁。

29 新社史411-413頁。

30 新社史414-415頁。

31 新社史416-417頁。

32 鐘紡株式会社社史編纂室編（1988）『鐘紡百年史』も参照したが、この社史の記述は遺憾ながら総じて皮相的である。

33 この点に関しては鄭安基（1998）「1930年代鐘紡の多角化とグループ展開」京都大学経済学会『調査と研究』第16号を参照。

34 ペンタゴン計画の一環として1971年に中滝製薬も合併。

参考文献

- 今口忠政・柴孝夫編著『日本企業の衰退メカニズムと再生化―衰退予測のモデル構築に向けて―』多賀出版、1999年
- 鐘紡株式会社社史編纂室編『鐘紡百年史』鐘紡株式会社、1988年
- 経営史学会編『日本会社史研究総覧』文眞堂、1996年
- 坂本悠一「戦時体制下の紡績資本―東洋紡績の多角化とグループ展開―」下谷政弘編『戦時経済と日本企業』昭和堂、1990年
- 島西智輝「衰退産業における事業多角化の遅滞要因の検討―戦後石炭産業の事例―」『三田商学研究』第51巻第6号、2009年2月
- 東洋紡（株）東洋紡績七十年史編修委員会『東洋紡績七十年史』東洋紡績株式会社、1953年
- 東洋紡（株）社史編集室編『百年史・東洋紡』上・下巻 東洋紡績株式会社、1986年
- 東洋紡（株）社史編集室編『東洋紡百三十年史』東洋紡株式会社、2015年
- 日夏嘉寿雄『成熟産業における戦略展開と経営資源―戦後製糸業の比較経営論―』ミネルヴァ書房、1997年
- 藤原雅俊・青島矢一「東洋紡―抜本的企業改革の推進―」『一橋ビジネスレビュー』第64巻第3号、2016年12月
- 山路直人『企業革新の研究―繊維産業の脱成熟化のプロセス―』白桃書房、2014年
- 渡辺純子「戦時経済統制下における紡績企業の経営―東洋紡の事例について―」東京大学大学院経済学研究科・経済学部『経済學論集』第63巻第4号、1998年1月
- 渡辺純子『産業発展・衰退の経済史―「10大紡」の形成と産業調整―』有斐閣、2010年

6章

合併・買収

法政大学名誉教授　**宇田川 勝**

1　はじめに

　社史を刊行するほどの社歴を有する企業が、すべての事業活動を自前主義で行うことは希れである。企業の命運を左右する事業の拡大、事業構造の転換、新事業分野や新職能分野への進出等の行動を遂行する場合、多くの企業は既存企業で蓄積されている、ヒト、モノ、技術、情報等の経営諸資源のすべて、あるいはその一部を獲得するために前者を合併・買収(M&A)する戦略を採る。

　ただし、他企業の合併・買収活動は「乗っ取り工作」「破綻企業の救済策」、近年では「ハゲタカファンド」という言葉で表現されるように、マイナス・イメージを伴っている。

　それゆえ、日本企業の社史においては、そうしたマイナス・イメージを避けることと、企業間の合併・買収交渉自体が、通常、当該企業の関係者によって秘密裡になされることもあって、当該企業の合併・買収動機、交渉プロセス、その意義や結果について詳らかに記述されることはない。

　本章はそうした社史の記述方法の限界に挑戦する試みとして、戦前期日立製作所の生成・発展に大きく寄与した5つの合併・買収ケースを取り上げ、それぞれについての日立の社史の記述を紹介するとともに、社史に書かれていない日立製作所と被合併企業双方の合併・買収動機、交渉プロセス、その意義と結果について実証的に検証し、日立経営史の特質の一端を明らかにする。

2　日立製作所の経営略史

(1) 日立の生成・発展プロセス

　日立製作所の歴史は、電気機器の国産化を企図した久原鉱業所日立鉱山工作課長の小平浪平が1908（明治41）年に同課の付属施設として、電気機器修理工場を設置したことに始まる。同修理工場は10年に製作工場となり、名称を日立製作所とした。そして、12年1月、日立製作所は日立鉱山工作課から分離し、同年9月、久原鉱業所が久原鉱業株式会社に改組されると、同社の1事業所となった。

　自主技術開発をモットーとして発足した日立製作所は、創業以来多くの困難に遭遇するが、小平のリーダーシップのもとでそれらを解決し、第一次世界大戦による外国電気機械製品の輸入杜絶と受注増加のなかで経営自立を達成した。そして、日立は1918（大正7）年に久原鉱業付属の一般機械製作工場である佃島製作所を吸収合併して亀戸工場とし、電気・機械製作の一体化の多角経営の端緒を開き、2年後の20年2月、宿願の久原鉱業からの分離独立を実現して、資本金1000万円の株式会社となった。

1910年頃の日立鉱山工作課修理工場（創業小屋）

5馬力誘導電動機（小平記念館に保存）
日立製作所の第1号製品。1910年、創業小屋で3台製作
出所：『日立製作所史(1)』（写真上・下ともに）

　日立製作所は、1921年に久原財閥傘下の日本汽船所有の笠戸造船所を買収して笠戸工場とし、鉄道機関車製造専用工場に転換させた。こうして、日立、亀戸、笠戸の3工場体制を敷いた日立は、20年恐慌以降の長期不況によって久原財閥傘下企業が経営不振に陥るなかで、ひとり順調な成長を遂げ、昭和初期までに外国メー

6章　合併・買収

カーとの提携会社である芝浦製作所、富士電機製造、三菱電機の3社に比肩する重電メーカーに成長した[1]。

表6-1は日立製作所の独立以後の経営業績を概観したものである。

大正末期に経営破綻の危機に瀕した久原財閥が久原房之助の義兄鮎川義介によって、1928（昭和3）年にその再建策として久原鉱業を公開持株会社日本産業に改組して日産コンツェルンに再編成されると、日立製作所も同コンツェルンの傘下に移行した。

昭和初期の相次ぐ恐慌を乗り切った日本産業が1931年9月の満州事変勃発、同年12月の金輸出再禁止措置による日本経済の回復過程のなかで経営を好転させると、鮎川は日産コンツェルンを念願の公開コンツェルンにするため傘下主要企業株式の公開に踏み切り、33年10月、日立製作所株式も株式市場に上場された。日立の株式公開は、拡大戦略を採用した同社の株式市場からの資金調達を可能にした。日立は翌11月に独立経営以来初めて増資を行ったのを皮切りに、矢継ぎ早に増資・払込金徴収を行い、40年までに資本金を2億450万円に増大した。そして、そうした増資資金を活用して、日立は既存3工場の設備拡張と製品多角化を進める一方、36年には日産コンツェルン傘下の大阪鉄工所の経営権を取得して造船事業に進出し、次いで37年には国産工業を吸収合併して一挙に7工場を獲得し、10工場を経営する体制を確立した。さらに39年には東京瓦斯電気工業を吸収合併し、同社の主力事業を分離独立させて日立航空機、日立兵器、日立工作機の3子会社を設立した。

この間、1937年11月、日産コンツェルンの本社・日本産業が、「満州国」の首都新京（現・長春）に移駐して同国法人の満州重工業開発（通称・満業）に改組改称し、「満州産業開発5ヵ年計画」の遂行機関となると、日立も満業コンツェルンの一員となった。

こうした拡大戦略の展開によって、日立製作所の経営規模は膨張を続けた。それを同社の資産額で見れば、久原鉱業から分離独立した1920年上期と40年上期の20年間で1705万円から5億5525万円へと32.6倍に増加した。また、鉱工業資産額上位100社のなかで、日立は27年下期62位、36年下期26位、40年下期4位と、そのランクを急速に引き上げた。

さらに既存企業の吸収合併・系列化によって、1943年11月までに日立製作所は

125

傘下に29社を擁する企業グループを形成した（**表6-2**）。

(2) 日立の特質

　小平浪平は日立製作所の創業者であったが、オーナー経営者ではなかった。久原財閥時代のオーナーは同財閥創業者の久原房之助、日産・満業コンツェルン時代のオーナーは同コンツェルンの主宰者鮎川義介であった。

　ただし、日立は久原鉱業所の社内ベンチャー企業としてスタートアップして以来、一貫して小平をリーダーとする雇用経営者が経営の実権を掌握する経営者企業として発展した。日立が経営者企業として行動し得た要因として、次の3点を指摘することができる。

表6-1 | 日立製作所の経営業績推移（1920〜37年）

		利益金	資本利益率	配当率	配当性向	利益留保率
1920	上	357	7.1	10	58.3	41.7
	下	353	7.1	10	48.1	51.9
1921	上	366	7.3	10	68.2	31.8
	下	583	10.8	8	68.6	31.4
1922	上	600	12.0	8	64.2	32.6
	下	604	12.1	8	62.8	34.1
1923	上	590	11.8	8	62.8	34.1
	下	616	12.3	8	60.3	36.7
1924	上	707	14.1	8	51.3	46.2
	下	718	14.4	8	44.1	53.7
1925	上	725	14.5	8	38.3	59.8
	下	645	12.9	8	36.4	61.7
1926	上	645	12.9	8	34.7	63.6
	下	594	11.9	8	34.5	63.7
1927	上	591	11.8	8	34.5	63.8
	下	718	14.4	8	31.1	66.0
1928	上	730	14.6	8	30.6	67.1
	下	760	15.2	9	27.6	67.2

6章　合併・買収

　第1は日立の創業期に、従業員の間に「独立独歩」の技術開発主義、技術と営業の両輪論、事業活動に不可欠な「協力一致」に基づく「和の精神」を共有・志向する企業文化を形成したことである。これらの企業文化は、オーナー経営者の久原に日立のベンチャー企業としてのスタートアップを認めさせるうえで大きな「武器」となった。従業員が小平の行動を全面的に支持していたため、当初、日立の創業に反対していた久原も、結局、小平の行動を認めざるを得なかったのである。

　第2に日立の事業発展と堅実経営はオーナー経営者に小平の経営者能力を認知させ、久原財閥、日産・満業コンツェルン内での日立の「自律度」を高める効果をもたらしたことである。その結果、オーナー経営者の立場から久原と鮎川は、後述するように、佃島製作所、笠戸造船所、大阪鉄工所、国産工業、東京瓦斯電気

単位：千円、％

		利益金	資本利益率	配当率	配当性向	利益留保率
1929	上(第1)	836	16.7	9	30.6	63.9
	上(第2)	733	14.6	9	29.0	65.6
	下	759	15.2	9	31.1	63.5
1930	上	498	9.9	6	30.2	65.3
	下	334	6.7	4	27.1	68.4
1931	上	278	5.5	3	24.4	71.2
	下	275	5.5	3	25.9	69.5
1932	上	319	6.4	3	29.0	65.0
	下	911	18.2	8	38.6	52.7
1933	上	1463	29.2	10	31.1	60.2
	下	1519	20.2	10	27.8	65.5
1934	上	2040	20.4	12	36.3	57.5
	下	2680	26.8	12	33.4	60.3
1935	上	3187	31.9	12	26.9	67.1
	下	3814	29.1	12	27.5	67.5
1936	上	3693	19.1	12	34.0	61.4
	下	4488	19.9	12	37.0	58.4
1937	上	6319	17.1	12	43.4	52.6
	下	9528	18.4	12	45.9	52.9

出所：宇田川勝「戦前期日立製作所のものづくり経営史」

表6-2 | 関係会社一覧（1943年11月30日）

会社名	公称資本金（千円）	払込済資本金（千円）	設立	持株比率（%）
日立造船㈱[1]	60,900	60,900	1881. 4. 1	100
日立航空機㈱	30,000	30,000	1939. 5.15	100
日立精機㈱[2]	30,000	30,000	1941.12.24	100
日立兵器㈱	30,000	18,750	1939. 5.15	100
㈱満州日立製作所	10,000	8,750	1938. 3.11	100
日昭電線伸銅㈱	10,000	10,000	1941. 6	60
東京機器工業㈱	10,000	7,500	1937. 7.19	81
常北電鉄㈱	3,950	1,587.5	1927. 8.12	75
日立瓦斯㈱	1,250	750	1936.10. 8	62
東京特殊鋼㈱	1,200	900	1938. 8	52
㈱日本可鍛鋳鉄所	1,000	1,000	1918. 9. 2	72
日立水道㈱	1,000	1,000	1940. 8	100
日本人造黒鉛㈱	1,000	1,000	1935. 6. 7	100
日東電気工業㈱	750	750	1918.10.25	100
㈱渋谷レントゲン製作所	500	500	1937. 1.25	100
日立土地㈱	500	250	1939. 1. 4	100
精密機器㈱	500	250	1941.12	100
日立工事㈱[3]	500	500	1940.12	100
㈱若狭光学研究所	150	150	1940. 9	100
日立バス㈱	100	100	1923.11.10	100
満州変圧器㈱	1,000	1,000	1925. 4.25	50
㈱井上電機製作所	1,100	1,100	1925. 3. 1	21
㈱立正電機製作所	700	700	1934. 6.30	20
東京電機製造㈱	1,000	1,000	1920. 3.31	19
鉄管継手販売㈱	500	250	1930. 4.24	54
日立造兵㈱	20,000	5,000	1943. 4.12	100
朝鮮特殊化学㈱	1,000	250	1943. 7.28	100
満州架線金具㈱	500	500	1943.10.22	50
東洋利器㈱	100	100	1924.12.15	75
計29社	219,200	184,515		

出所：『日立製作所史（2）』
注1：大阪鉄工所が1943.3改称したもの。1943.9向島船渠原田造船所を合併
　2：日立工作機・国産精機・篠原機械の3社合併
　3：共成工業・良鋼社・日本エレベータの3社合併

工業などを日立傘下に移行させ、あるいは吸収合併した。そして、日立の事業拡大と関係会社増加による日立グループの形成は従業員、特に幹部職員の昇進機会を増やして、小平は彼らをミドル・マネジメントに就けて業務・管理能力を鍛錬し、順次、トップ・マネジメントに登用することで、日立の経営者企業としての内実を強化することができた（**表6-3**）。

第3に小平は専門経営者としての自分の立場を理解しており、常にオーナー経営者との間に良好な関係を保つよう努めたことである。小平は久原、鮎川の要求を受け入れても日立のオートノミーが守られる範囲であれば、両者の要求を可能

表6-3 | 日立製作所役員（常務以上）の経歴

		最終学歴		卒業年次	入社年次	日立鉱山・日立製作所入社後の主たるキャリア
小平　浪平	東　大	電気		1900	1906	日立鉱山工作課長―日立製作所主事―所長―工場長―専務(20)―社長(29)
六角　三郎	東京工業	機械		1895	1909	日立鉱山工作課機械係長―同工作課長―亀戸工場長―取締役(20)―常務(29)―取締役(36)
古山石之助	東　大	機械		1902	1921	取締役兼笠戸工場長(21)―常務(22)―取締役(36)
高尾直三郎	東　大	電気		1909	1909	日立製作所作業係長―工場係長―工場長―取締役(21)―常務(29)―専務(36)
馬場　粂夫	東　大	電気		1910	1910	日立製作所設計係長―設計課長―副工場長―取締役(34)―常務(36)―専務(40)
秋田　政一	東　大	機械		1910	1912	日立製作所工場副係長―製作副課長―副工場長―亀戸工場長―取締役(34)―常務(36)―専務(40)
森島　貞一	東　大	電気		1912	1912	日立製作所設計副係長―副工場長―回転機部長―取締役(36)―常務(40)
大庭　満平	東　大	電気		1909	1917	日立製作所本店販売課主任―営業副課長―営業副部長―電気部長―取締役(36)―常務(40)
池田　亮次	東　大	電気		1912	1913	日立製作所販売係長―販売副課長―大阪営業所長―取締役(36)―常務(40)

出所：宇田川勝「日立製作所におけるオーナーと専門経営者」、『日立事業発達史』
注1：日立工場の役職の場合は日立の名称を省略
　2：カッコ内は就任年度

な限り容認した。のちにケースで見る笠戸造船所の買収、大阪鉄工所の経営引受け、国産工業の合併に際して、久原、鮎川の要求を受け入れたのはその左証である。

さらに言えば、小平は第一次世界大戦後、資金難に陥った親会社の久原鉱業を支援するために久原の要請を受けて、しばしば日立製作所の資金を融通したほか、政界に進出した久原の政治活動資金として日立の増資時に功労株を久原に贈っている。また、日産コンツェルン時代においては、日立の増資、毎期の配当金等を事前に鮎川と相談し、了解を得ていた。

3 日立製作所における合併・買収（M&A）戦略のケース・スタディ

日立製作所は本業の電気機械事業経営では自主技術開発による自前主義を基本としていたが、異業種分野への進出、事業構成の再編、企業グループの形成に際しては合併・買収戦略をしばしば採用した。ここでは、そのうち主要な合併・買収の5つのケースを取り上げる。

(1) 佃島製作所の吸収合併

①社史の記述

1918（大正7）年10月、日立製作所は久原鉱業の一般機械製作事業部門である佃島製作所を吸収合併して同所を亀戸工場と改称し、従来の本社工場を日立工場とした。

『日立製作所史（1）』は佃島製作所の合併理由について、次のような小平浪平の談話を紹介している。

> もと佃島製作所は佃島に在るホンの町工場だった。亀戸工場に移ってからも矢張り佃島製作所と呼んでいた。その様子を見ていると、思うように発展しそうもない。また久原の下部組織になっている工場が二つに分れていては面白くない。一方、当時の私の気分は、日本に出来ない水車やポンプを早く作らねばならぬと気が急いでいた。これはどうしても一つになった方がよい

と思ったのである。〔中略〕佃島製作所もあのままでは一つの町工場として終り発展しそうにもないと思ったので、合併を主張したところ、皆も賛成してくれて、合併することになった次第である。

　以上のようなわけで亀戸工場が出来て日立工場からまず水車作業を移した。ここにおいて亀戸工場では、水車、ポンプ、起重機、巻上機、送風機、空気圧縮機等を製作することになり、面目を一新したのであった。

②合併動機と交渉過程

　日立と佃島の合併は、小平浪平が日立製作所の久原鉱業からの独立要求に端を発していた。日立製作所は、1912（明治45）年1月、久原鉱業所日立鉱山から分離し、独自の職制を定めた。しかし、職制制定後も、日立の土木建築、金銭出納、需要品の購入と供給、そして運搬業務は日立鉱山事業所の所管に置かれていた。そのうえ、オーナーの久原房之助と久原鉱業所幹部は製作事業に対して消極的であり、日立は鉱山事業所に比べて不利な扱いを受けていた。

　小平は日立製作所の日立鉱山付属工場の立場を払拭し、自主経営を実現するためには久原鉱業からの分離独立が必要であると考えた。そこで、第一次世界大戦景気の出現によって日立の経営自立の見通しが立つと、久原社長と竹内維彦[2]専務に日立の工場増設に伴う事業予算の増額と併せて久原鉱業からの日立の分離独立を申し出た。両者は日立の予算増額による電線工場の建設を始めとする設備拡張は認めたが、日立の独立経営は時期尚早であるとして退けた。

　1918年3月、後述するように、久原房之助が、山口県下松に計画した重工業地帯建設拠点の下松造船所が鉄鋼資材の輸入困難のために、機械製作工場に転換する事態が発生した。久原鉱業では事態収拾を図る手段として、日立、佃島、下松の3事業所を合同させて久原製作所を設立する計画を検討した。小平は久原製作所設立計画を日立の分離独立実現のステップとして活用しようと考え、3事業所の合同計画を支持した。しかし、下松造船所は建設工事を中断しており、久原社長も難色を示したため、3事業所合同による久原製作所設立計画は進捗しなかった。そこで、小平は次善策として、日立と佃島の2事業所を合併させて久原製作所を設立する試案を久原鉱業の事業所長会議に提出した。小平の提案は多くの事業所長から久原家事業のなかで電気機械会社を成立させる有効な方策であ

ると評価された。しかし、佃島製作所の幹部は佃島が日立に飲み込まれてしまう
として、反対した。ただ、竹内専務は小平案を支持し、当時、久原鉱業売買部が
要求していた同部分離による久原商事設立時に、久原製作所の発足を再度検討
することを約束した。

ここで、佃島製作所について簡単に述べておけば、同所は1907年10月、久原鉱
業所が鉱山用機械設備の自給を目的として東京・佃島にあった関東鉄工所を買
収し、地名にちなんで東京佃島製作所と命名された。当初、機械設備の設計は日
立鉱山工作課で行い、東京佃島製作所は製作のみを担当した。しかし、その後、
日立鉱山工作課は設計だけでなく、製作事業も開始すると、東京佃島製作所は他
社製品の製作も受注した。1912年に久原鉱業所が久原鉱業株式会社に改組され
ると、東京佃島も日立と同様に同社の1事業所となり、佃島製作所と改称し、他社
製品の受注に力を入れた。そして、佃島は12年に東京・芝の国友工場を買収して
分工場とし、16年には亀戸に新工場を建設して佃島製作所亀戸工場と名称を改
め、亀戸工場に佃島、芝の両工場設備を移転し、さらに本所にあった中島鉄工所
を買収して、工場設備を拡充した。

しかし、佃島製作所の事業規模は日立製作所に比べて小さく、両製作所が久原
鉱業所の1事業所に昇格した時点で、日立の資産額が11万7842円であったのに
対して、佃島のそれは4万3806円であった。両製作所の事業規模は第一次世界大
戦中にさらに開き、1917年上期に日立は21万3821円の利益金を計上したが、佃島
のそれは5分の1の3万8915円であった。

小平は、電気機械と一般機械の総合製作の必要性とそのメリットを佃島製作所
と久原鉱業幹部に詳しく説明した。そして、両事業所の提携の手始めとして、1918
年3月、日立の水車製作業務を佃島へ譲渡し、同年5月から両事業所の販売活動
を統合した。

1918年7月、資本金1000万円の久原商事株式会社が久原鉱業の売買部から分
離独立して、設立された。久原商事の設立と同時に日立、佃島の合併による久原
製作所の発足を目指していた小平にとって、同所の設立が見送られたことは不満
であった。小平は、久原社長と竹内専務に対して日立と佃島の合併と合併事業所
の久原鉱業からの分離独立を再度要求した。久原社長は、同年10月、佃島の経営
権を日立に移管させることに同意し、移管後の事業形態について竹内専務と小平

6章　合併・買収

に一任した。両者は直ちに協議を行い、久原社長の意向を尊重して、日立と佃島の合併後、久原製作所は名乗らず、日立の社名を使用することと、日立の久原鉱業からの分離独立を早急に実現することに合意した。そして、日立と佃島の合併手続が関係者間で進められ、同年10月15日、日立が佃島を吸収合併して後者を亀戸工場とし、工場長に日立鉱山工作課長の六角三郎を就任させた。

　こうして、小平が念願した電気機械と一般機械の製作事業の一体化が実現され、日立製作所はわが国最初の総合電気機械製作経営の端緒を開いたのである。

(2)笠戸造船所の買収

①社史の記述

　日立製作所は、1921（大正10）年2月、久原房之助の要請を受けて、日本汽船所有の笠戸造船所の経営を引き受けた。その事情について、『日立製作所史(1)』は、小平の談話の形で次のように記述している。

> 　久原氏は日本汽船の一事業として造船所を始めた。船の多量生産を計画したもので、下松に150万坪ばかりの土地（海岸線から一里程ある）を買収して、造船所の建設を計画した。建物の材料から機械類まで一切米国に注文した。そして外注した物の組立工場を作ることになり、修理工場のようなものを下松に作ったのであった。ところが欧州戦争の形勢が変って造船中止ということになり、工作機械、ガーター等はすべて売払って了った。値上りでもうかったから土地代位はカバーしたことと思う。〔中略〕
>
> 　日本汽船は欧州戦争のため大部左り前となり日立に買取ってくれということであったから、引受けたのであった。

②買収に至る経緯

　久原房之助の次兄田村市郎は父親の遺産を活用して、明治末期から北洋漁業とトロール漁業の遠洋水産事業に従事していた。1914年7月、第一次世界大戦が勃発し、船舶需要が高まることを予想した田村は久原と相談のうえ、北洋漁業から手を引き、15年12月、資本金500万円の日本汽船合資会社（翌年株式会社に改組）を設立し、船舶の賃貸と建造売却を主目的とする海運事業を開始した。日本汽船

133

は事業目的の迅速化を図るために専属造船所として、後述する大阪鉄工所の株式を買収して久原家の事業会社とした。そして、同社は1916年から19年の間に大阪鉄工所で16隻、総計7万5828万tの船舶を建造して、そのすべてを売却することで巨額の利益を得た。

その一方で、久原は大戦景気が頂点に達した1917年6月、郷里の山口県都濃郡下松村の海岸線に沿って約150万坪の土地を買収し、この地に造船・鉄鋼業を中核とする一大重工業地帯を建設する事業計画を発表した。しかし、この発表の翌7月、アメリカ政府の鉄鋼材輸出禁止措置の実施によって主要建設資材の入手が困難となり、18年3月、下松の重工業建設計画は中止を余儀なくされた。その結果、建設途中の下松造船所は縮小のうえ、日本汽船の笠戸造船所として継続されることになった。しかし、第一次世界大戦の終結とともに海運・造船景気は終焉し、しかも20年恐慌の発生によって久原商事が大破綻を起こし、その余波を受けて日本汽船自体が休眠会社となったため、笠戸造船所の経営も頓挫した。

久原房之助は笠戸造船所の単独経営は難しいと判断し、小平浪平に同所を日立で引き受けて欲しいと、申し入れた。小平は久原の資金難と久原鉱業の経営苦境を理解し、高尾直三郎、馬場粂夫、秋田政一、六角三郎らの役員の同意を得ると、久原の要請を受け入れることにした。日立側の調査によれば、笠戸造船所の資産額は200万円であった。しかし、小平は久原の事情を配慮して、彼が提示した250万円で笠戸造船所を買い取った。

③笠戸造船所取得の意義

小平浪平が笠戸造船所の買収を決断した意図は2つあった。その1つは資金難に苦しむ久原房之助を支援することで、日立製作所の自主経営に不可欠なオーナーとの良好な関係を維持することであった。もう1つは笠戸造船所を笠戸工場と改称して、工場長に笠戸造船所長の古山石之助を留任させ、同工場を機関車専門工場とすることにあった。古山は小平の第一高等学校、東京帝国大学工科大学の2年後輩で、笠戸造船所に勤務する以前、汽車製造会社、川崎造船所で機関車事業に従事していた機関車製造のエキスパートであった。

1921年に鉄道省は東海道線の国産製機器による電化計画を発表した。小平は笠戸工場の経営安定と自主技術開発を志向する日立の評価を高める絶好の機会

であると考え、電気機関車製作受注に名乗りを上げた。機関車の車体製作は笠戸工場、電気機関製造は日立工場がそれぞれ担当し、24年4月、59t大型電気機関車1両を完成させた。鉄道省技官の立ち会いのもとで実施された試運転の結果は良好で、最大安全速度64kmをクリアーした。続いて製作した2両の機関車も試運転に合格し、3車両とも鉄道省に買い上げられ、ED15と命名された。

日立の電気機関車の製作成功は国内外の鉄道関係者の注目を集め、アメリカ・ニューヨークの新聞でも大きく報道された。日立は電気機関車国産化の先駆者として鉄道車両史に名を残すとともに、笠戸工場は電気機関車専門工場としての地位を確立したのである。

(3) 大阪鉄工所の経営引受け
①社史の記述

日立製作所は、1936(昭和11)年3月、日産コンツェルン本社・日本産業が所有する大阪鉄工所株式を肩代わりし、造船事業に進出した。

大阪鉄工所の経営引受けについて、『日立製作所史(1)』は、同社の社長に就任した六角三郎が述べた談話を次のように紹介している。

59t大型電気機関車(試作完成記念写真、1924年)
出所:『日立製作所史(1)』

私は日立製作所に最初から関係致し、これ迄引続きその方の仕事をやって参りましたが、先般当社社長の思いがけないせい去により、にわかに日立製作所において、当社の経営を見ることになり、小平氏が会長に私が社長に夫々就任致した次第であります。(中略)

　なお、今後会社の根本方針や経営面のことは、会長小平氏が日頃これに就いて御考え下さって居られるので、私もまた会社発展のために微力を尽す積りで居ります。小平氏は御承知の通り、日立のいわゆる小屋掛け時代より今日の日立にまでこぎつけた極く積極的な抱負を持っていられる方であり、一方造船ということに就いても少なからざる関心を持って居られます。最近捕鯨工船などの建造を引き受けられた折柄でもあり、この国家的事業たる造船工業と云う仕事を出来るだけ上手に進めようではないかと激励を受け、私もこれをお受け致した次第であります。微力ながら全幅の力を尽し、会社の御意志に添いたいと思っている次第であります。(後略)

②経営引受けの経緯

　大阪鉄工所は、1881(明治14)年4月、スコットランド人のエドワード・H・ハンターが設立した造船会社であった。同社はハンターの嗣子・範多龍太郎の積極経営によって事業規模を拡大し、明治末期までに三菱造船、川崎造船所に次ぐ造船業界の有力会社に発展した。しかし、第一次世界大戦時の造船景気に乗って実施した大阪鉄工所の株式公開による過大な設備投資策が裏目に出て、範多家は資金難に直面した。その結果、当時、多角経営を進めていた久原房之助は日本汽船を通して、1918(大正7)年上期末までに大阪鉄工所株式の過半数を買い占め、同社の経営権を取得した。

　以後、大阪鉄工所は久原財閥、さらに日産コンツェルンの傘下会社となった。ただし、同社は第一次世界大戦後の造船不況進行のなかで経営を悪化させ、1925年下期から33(昭和8)年下期に至る16期のうち2期を除いて無配を続けた。そこで、34年に鮎川義介は大阪鉄工所を日本産業に吸収合併して不良資産を整理したのち、再度分離独立させる再建策を実施した。しかし、大阪鉄工所の経営は好転しなかった。

　1936年2月9日、大阪鉄工所の経営再建に取り組んでいた社長の原田六郎が急

逝した。鮎川は原田社長死去後の同社の単独経営続行は難しいと判断し、2月13日の日本産業の役員会で、次の提案を行った。

第1案　大阪鉄工所の経営を日立製作所に引き受けさせる。

第2案　大阪鉄工所を三菱重工業に譲渡する。

鮎川はできれば第1案を採用したいとして、日立製作所で大阪鉄工所の経営を引き受けて欲しいと、小平浪平に要請した。2月17日、小平は、古山、六角、高尾の3常務と協議し、翌18日に以下の3条件が満たされれば、大阪鉄工所の経営を引き受けてもよいと、鮎川に回答した。

(1) 大阪鉄工所株式を1株当たり60円以内で買い取る。

(2) 大阪鉄工所社長に六角三郎を就任させる。

(3) 大阪鉄工所株式の買取りは現金で行う。

鮎川は六角を社長に就任させることと、株式買収を現金で行うことには同意した。ただし、鮎川は株式買取り価格について、表面上は1株60円とし、それとは別途に合同土地に対して1株当たり20円を支払って欲しいと要求した。合同土地は、鮎川が久原鉱業を日本産業に改組した時、前者の不良資産を引き継がせた会社であった。鮎川は日本産業所有の大阪鉄工所株式を売却する際、合同土地をトンネル会社として使用して、1株当たり20円、総額480万円を同社に支払い、その資金で不良資産を整理しようと考えたのである。

鮎川の提案に対して、小平はこれでは買取り価格が1株80円となり、大阪鉄工所の経営を引き受けることはできないと答えた。さらに小平は、鮎川が次に行った大阪鉄工所が利益を計上できるようになった段階で、480万円を5年間の分割で合同土地に支払うという提案も、会計処理上無理であると断った。

大阪鉄工所の経営引受け問題は、合同土地への別途支払金をめぐって、難航した。しかし、2月20日の日本産業の役員会で下河辺建二、山田敬亮両専務の意見を入れて、鮎川が合同土地への別途支払金は1株10円、総額240万円とし、それを日立製作所の営業費をもって2年間で支払うという、妥協案を提示したことで、一気に解決に向かった。小平は直ちに常務会を開き、鮎川が別当支払金を半額にするという妥協案を示した以上、日立としても譲歩しなければならないと主張し、2月21日、大阪鉄工所の経営引受けを決定したからである。

小平からこの決定を聞いた鮎川は喜び、同日の日本産業役員会で以下の発言

をした。

> 原田氏の死去に依り、之を善用する為大阪鉄工所株全部を日立に譲り渡す。其の価格は1株60円とし別に金10円を合同土地の整理に充当する様工夫し、合理的の方法を案出したり。今回は小平氏の太腹なる決断により合同土地に240万円の整理金を得たる次第なり、右の件を承認されたし。(宇田川1991)

③大阪鉄工所の経営回復

1936年3月23日、日立製作所は日本産業が所有する大阪鉄工所株式全部を肩代わりし、同社を通して造船事業に進出した。大阪鉄工所社長に就任した六角三郎は、同社の従来の経営方針を尊重する一方、日立と事業連携して陸上の造機部門の拡充に力を入れる経営政策を打ち出した。その結果、折りからの戦時経済の進行に伴う造船事業の回復・拡大と親会社の日立製作所と日産コンツェルン関係各社からの受注増加によって、大阪鉄工所は業績を急速に好転させ、1936年下期から40年下期のわずか4年間で資産額を3014万円から1億603万円へと3.5倍に増加させた。そして、43年3月、大阪鉄工所は社名を日立造船株式会社と改称した。

⑷ 国産工業の吸収合併

①社史の記述

日立製作所は、1937(昭和12)年5月1日、鮎川義介が最初に起業した国産工業(35年10月に戸畑鋳物は社名変更)を吸収合併した。『日立製作所史(1)』は国産工業の合併について、小平浪平の談話の形で次のように紹介している。

> 一番の動機は鮎川氏との関係であるが、もともと自分は日立を作った最初から次のような考えを持っていた。技術者はどうも小さなカラに立てこもって、少しも他と協力することをしない。例えば電気の技術者は機械とか、化学とか、冶金とか、他の技術者と協力しようとしない。日立がどうやらひとりで歩けるようになったのは、電気と機械(もちろん他の工業ともそうであった

が）とが手を握ったことがよかったと思っている。仕事の種類によらず、互いに密接な関連を保たねばならぬことを、つくづく考えていた。丁度鮎川氏は日本産業の仕事が忙しくなり、満州に移駐する問題なども起って国産工業の方はあまり面倒が見られなくなったため、自分にやってくれという話になり、日立に合併を勧めて来られた。私は常々上述のような説をもっていたので、丁度よい機会と思って合併を承知したわけである。合併した各工場については、戸畑とか、木津川、深川とかの可鍛鋳鉄は、既に型が決まっていたが、安来の特殊鋼の将来は非常に面白いと思った。もう一つの合併の理由として次のことがある。国産工業は鮎川氏が20何年養成された社内の気風がじゅんぼくで大変よかった。自分でいうのもおかしいが、多年育成して来た日立の気風とよく似通っている。提携して互いに技術を融通し合うのにやり易いのである。これが大事なことで気風が違うと到底ものにならない。

②合併の真相と交渉過程

　小平は鮎川よりも6歳年上であったが、両者は東京帝国大学工科大学の出身者であった（ただし、鮎川は機械工学科）。鮎川は工科大学の実習先に小平が勤務していた藤田組の小坂鉱山を選び、彼の指導のもとで「小坂鉱山の水車の羽根の構造」と題する卒業論文を書いた。これ以後、小平と鮎川は親交を深め、奇しくも同じ1910（明治43）年に設立した日立製作所と戸畑鋳物の技術、経営問題等について、互いにアドバイスする間柄となった。前述したように、1928年に鮎川は義弟の久原房之助から久原財閥の再建を委嘱され、同財閥を日産コンツェルンに再編成して以後、鮎川はオーナー経営者、小平は専門経営者の立場となった。しかし、両者の良好な関係は保持され、小平は鮎川から全幅の信頼を得ていた。また、戸畑鋳物も日立製作所と同様に経営陣の大半が技術者出身者であり、技術者集団的企業風土を形成していた。

　ただし、上記の小平の「丁度鮎川氏は日本産業の仕事が忙しくなり、満州に移駐する問題なども起って国産工業の方をあまり面倒が見られなくなったため、自分にやってくれという話になり、日立に合併を勧めて来られた」という談話は、小平の記憶違いか、社史執筆者の解釈であったと推測される。

　鮎川が「日本産業の仕事」に追われていたことは事実である。しかし、鮎川は

1934年2月に戸畑鋳物の社長を退任したあと、同社の事業活動は後任社長の村上正輔を中心に行われており、鮎川自身は直接携わっていない。また、日本産業の満州移駐問題が生じたのは1937年5月に入ってからであり、鮎川が同社の満州移駐を最終決断したのは同年9月であった。

日立製作所と国産工業の合併の直接的契機は、鮎川が村上正輔を日産自動車社長に転出させようと意図したことにあった。日産自動車は、1933年12月、戸畑鋳物自動車部を母胎として設立された資本金1000万円の会社であり、社長に鮎川が就任した（設立時の社名は自動車製造、1934年6月に日産自動車株式会社と改称）。

当時、自動車産業の確立を目指す陸軍の強い要請を受けて、政府の自動車国産化政策が矢継ぎ早に実施されており、それに日産自動車が迅速に対応するためには、日産コンツェルンの総帥として多忙を極める鮎川に代わる専任の社長を置く必要があった。1936年9月、日産自動車が豊田自動機械製作所とともに自動車製造事業法の許可会社となった時、山本惣治と久保田篤次郎の2人の常務取締役がいたが、「2人は生涯不仲」であり、いずれかを社長に昇格させることは難しかった（宇田川2015）。そこで、鮎川は、山口高等学校の同級生で戸畑鋳物時代からの腹心である村上正輔を日産自動車社長に起用しようと考えたのである。その結果、今度は国産工業の後任社長が次の問題となった。まず国産工業の筆頭株主で同社会長の東京・藤田家[3]当主の藤田政輔が候補に上がった。藤田は鮎川の実弟でもあった。しかし、京都帝国大学理科大学出身の藤田は国産工業の事業に関心がなく、将来、日産コンツェルンの化学工業部門の統率者になりたいという希望を持っていたこともあって、社長就任を断った。また、専務取締役の工藤治人は優秀な技術者であったが、社長職には不向きであると思われた。そして、常務取締役の矢野美章は鮎川の側近であったが、社内の役員人事事情から工藤を飛び越えて社長に就任させるわけにはいかなかった。

日産自動車と国産工業の社長人事問題以外にも、当時、両社の合併を促進させる要因が存在した。その第1は満州事変以後の日本経済の回復・拡大過程で両社の機械、電気器具製品が競合し、その調停処理を鮎川のもとに持ち込む事態がしばしば生じていたことである。第2に戸畑鋳物が1931年6月に安治川鉄工所を合併する条件として、三菱商事に譲渡した一手販売権奪回の機会を鮎川が狙っていたことである。第3に東京・藤田家の支配下にあった国産工業を日産コンツェ

ルン内に完全に取り込むことを鮎川が意図していたことである。そして第4に日産コンツェルンの統括管理策として、鮎川が日産系機械関連会社の事業活動を信頼する小平のもとに集約させたいと考えていたことである。

そこで、日産自動車と国産工業両社の後任社長問題に直面した鮎川は、この問題と上記の懸案事項を一挙に解決する方策として、両社の合併を計画し、その実現を1936年12月に小平に要請したのである。国産工業の技術能力を高く評価し、しかも原材料部門の拡充を意図していた小平は直ちに高尾専務、馬場、秋田両常務に鮎川の要望を伝え、彼らの同意を得ると、鮎川に日立に国産の経営を引き受ける用意があると答えた。この時点で、国産側で合併問題を知らされていたのは藤田会長、村上社長、工藤専務、矢野常務の4名だけであり、彼らは鮎川から合併が正式に決定するまで一切口外を禁じられていた。また、日産コンツェルン本社の日本産業で日立、国産合併問題を鮎川から聞いたのは山田敬亮専務、両社の合併契約書を作成する文書課長の中口末松、鮎川の秘書役岸本勘太郎の数名に限られており、彼らも鮎川から極秘の命令を受けていた。

合併交渉に際して、鮎川は小平に「国産の社員には同情の念をもって臨み、苟も戦敗者の如き感を与えぬよう配慮されたい」と要望した（宇田川1991）。これに対して、小平は「合併の主目的は人材吸収であり、国産の社員は日立社員とも気風も一脈通じるところがあると思われるので人材払底の現日立にとって、国産700名の来援はむしろ当方より感謝すべき性質のものである」と答えた（同上）。そして、小平は国産工業の合併後、一般社員については、公平に処遇した。しかし、役員人事に関しては、小平の態度は異なっていた。小平は1937年1月9日の両社の合併発表に先立って、鮎川に国産工業役員の「人事権を認めて貰わなければ仕事はやって行けない」と申し入れ、その保証を取り付けている（同上）。その結果、後述のように、両社の合併は対等合併に近かったことにもかかわらず、合併後、国産工業の常勤役員で、日立の役員に就任したのは堀岡利一と矢野美章の2名だけであった。しかも矢野は監査役としてであった。

「一社内ニ於テ最モ要トナル人事行政ハ順序ニヨリ登用スルニアリ」と考える小平は、国産工業合併後も高尾専務、馬場、秋田両常務を中心とする日立製作所のトップマネジメント体制を変更する意思はなかった（同上）。それゆえ、馬場、秋田と同じ1910年の東京帝国大学工科大学卒業の堀岡を取締役に就任させたが、

彼らよりも卒業年次の古い役員の取締役就任を拒否した[4]。このほか、国産工業
取締役の秦正次郎は合併後、弱電部長に就任したが、その後役員には昇進でき
なかった。また、監査役となった矢野は、1937年11月、この人事を不服として退社
し、満業の顧問に就任した。

このように、小平は国産工業役員に対する処遇は厳しかった。その代わり、日
立製作所と国産工業の合併比率については、小平は鮎川に一任した。鮎川は1937
年1月の両社の株価等を勘案して、株式交換比率を国産株式93株に対して日立
株式100株とした。この株式交換比率は両社の業績、資産内容、株価動向等から
見て、国産側にいくぶん有利であった。鮎川は国産工業の創業以来支援してくれ
た東京・藤田家の恩義に報いるために、この合併比率を決めたと言われているが、
小平はそれに一切異議をはさまなかった。

最後に、鮎川の日立製作所と国産工業の合併の主眼であった村上正輔の日産
自動車社長就任について言えば、彼は両社合併後、直ちに日産自動車の社長に就
任することはできなかった。村上は両社合併が発表された翌日の1937年1月10日
に心労のために脳溢血の発作で倒れてしまった。そのため、39年5月、村上が健
康を回復し、日産自動車社長に就任するまで、鮎川は同社社長に留まらなければ
ならなかったのである。

③国産工業合併の意義

1937年5月1日、日立製作所は国産工業を吸収合併し、新たに7工場(戸畑、戸塚、
若松、木津川、安来、深川、尼崎)、冶金研究所、4分工場と多数の投資会社を引き継い
だ。その結果、日立製作所の生産拠点は従来の日立、亀戸、笠戸に加えて、10工
場体制となった。

両社の合併が合意された1936年下期時点で、鉱工業資産額上位100社のなか
で日立は26位、国産は47位にランクされており、まさに機械工業分野の大型合併
であった。

国産工業の吸収合併は、日立製作所に総合電気機械事業における多角経営の
メリットを発揮させる効果をもたらした。戦時統制の進展によって、原材料の確
保が一段と重要な経営課題となった。その点、可鍛鋳鉄生産の70%のシェアを持
つ国産と合併したことで、日立は金属事業、特に原材料部門を一気に拡充するこ

6章　合併・買収

とができた。そして、国産の戸畑工場で長年培った冶金、鋳造、鍛造技術と安来工場の特殊鋼技術は、日立の各種製品の素材の均一化、品質・性能の向上を可能にした。また、同業他社に比べ通信関連事業分野で遅れを取っていた日立にとって、電話機、通信機、各種電装品を生産する戸塚工場を取得した意義は大きく、同工場は合併後、日立の電気通信事業と家庭用電子機器事業のマザー工場的役割を果した。

　日立の工場立地は笠戸工場を例外として、主力工場は関東地域に偏在していた。これに対して、国産の主力工場は関西地域以西にあった。両社の合併によって、日立の工場群は全国各地にバランスよく配置され、各種の設備・製品受注と輸送に迅速に対応できる体制を整えることができたのである。

⑸ 東京瓦斯電気工業の吸収合併

①社史の記述

　日立製作所は、1938（昭和13）年4月、東京瓦斯電気工業（以下、瓦斯電と略記）株式の51％を買収し、同社の経営権を取得した。そして、日立は翌39年5月、瓦斯電を吸収合併のうえ、主力事業を3分割し、日立航空機、日立兵器、日立工作機を設立した。

　『日立製作所史⑴』は瓦斯電について、関係会社の紹介として、次のように記述している。

　　　東京瓦斯電気工業株式会社
　　明治43年創立、本社及び大森工場　東京市大森区入新中町1の100、外に1製造所、3工場、資本金3,600万円（内2,400万円払込済、日立持株92％）、営業科目は各種発動機、航空機体、工作機械、電動ホイスト、銃器類等。昭和13年経営権を日立製作所に譲渡した。

①合併動機と吸収プロセス

　瓦斯電の合併と主力事業の3社分離独立は、日立製作所の軍需関連事業分野への進出を意図したものであった。日立は、小平浪平が民需生産重視の経営方針を採っていたこともあって、軍需関連部門への進出に出遅れた。そのため、日中戦

143

争勃発1年後の1938年時点で、日立の全生産額に占める軍需製品比率は間接軍需を加えても13％にすぎなかった（**図6-1**）。この時点で、ライバル会社の芝浦製作所は30〜35％、富士電機製造は40〜43％、三菱電機は25〜30％の軍需製品比率を有していた。

しかし、日中戦争の拡大に伴い、日立も経営政策を転換し、軍需生産の強化を図らなければならなかった。1938年に入ると、企画院による物資動員計画のもとで、民需関連製品は縮小あるいは停止に追い込まれていったからである。

小平は、1938年3月、満業総裁の鮎川義介から一五銀行所有の瓦斯電株式12万4700株（全株式の51％）を日立で買い取って欲しいという要請を受けた。当時、鮎川は日産自動車を中心とする自動車産業界の大合同を構想し、その手始めとして瓦斯電の子会社である東京自動車工業の経営権取得を企図した。だが、瓦斯電は航空機、工作機械両事業法の許可会社であったから、「満州国」法人の満業が同社株式を買い取ることはできなかった。そこで、鮎川は瓦斯電株式買収のトンネル会社として日立を利用し、瓦斯電を日立の子会社としたのち、日産自動車と東京自動車工業の合併を実現しようと考えたのである。小平は高尾専務、馬場、秋田両常務、六角取締役と協議して彼らの同意を得ると、瓦斯電株式取得に協力することを鮎川に伝えた。小平とすれば、鮎川との良好な関係を維持することが日立にとって必要であり、同時にこの機会を利用して典型的な軍需会社である瓦

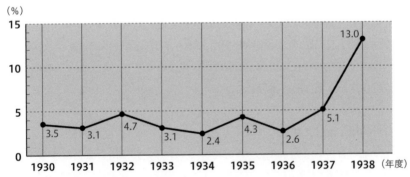

図6-1 ｜ 日立製作所の軍需比率比較（1930〜38年度）

出所：吉田正樹「1930年代の電機企業にみる重工業企業集団形成と軍需進出」より作成
注：1937、38両年は間接軍需を含む。他年は不明

斯電を傘下会社とすることで、日立の軍需生産体制の遅れを一気に取り戻そうとしたのである。

1938年4月、日立製作所は1621万円を出資して、一五銀行所有の瓦斯電株式を取得した。日立が瓦斯電の経営権を掌握すると、鮎川は日産自動車と東京自動車工業の合併を進めるために、一五銀行と日立製作所の了解のもとに自動車産業界の大合同に反対の立場を取る松方五郎瓦斯電社長に退陣を迫った。松方は鮎川の強引な行動に不満を表明し、瓦斯電と東京自動車工業の事業活動に関係の深い陸軍省兵器局機械課に支援を求めた。兵器局は軍用保護自動車の生産メーカーであり、しかも戦車の量産計画を進めていた東京自動車工業の事業方針とトップマネジメント体制が変わることを嫌っていた。

そこで、鮎川の計画を阻止し、自らのイニシアチブで自動車国産化の実現を望む陸軍省兵器局は、1938年4月16日、鮎川に瓦斯電が所有する東京自動車工業株式26万9200株（同社株式の25%）を日本高周波工業とその系列会社に譲渡するよう要請した。この要請を受け入れれば、鮎川は日産自動車と東京自動車工業の合併による自動車産業界の大合同策を断念しなければならなかった。しかし、鮎川は、小平が要望する瓦斯電を日立製作所の傘下に完全に組み入れるために、同年12月、陸軍省兵器局の要請を受け入れる決断をした。

この間、小平は陸軍・海軍両省、商工省、日本銀行に日立製作所と瓦斯電の合併が日立の軍需会社への転換に不可欠であることを強く訴えた。また、退陣する瓦斯電の経営陣に対する退職慰労金を増額した。そして、両社の合併プロセスとして、①瓦斯電の主力事業を飛行機部門、機関銃部門、工作機械部門に分けて3独立会社とし、②瓦斯電をこの3社の持株会社とする、③そして日立が瓦斯電を通じて資金を供給して3社の設備拡充を図り、④その後、瓦斯電と3事業会社を日立が直接合併する、という一括合同方式を策定した。この方式は日立と瓦斯電両社の合併手続きを明確にすることで瓦斯電内の動揺を最小限に抑え、同時に同社の軍需生産部門を日立の事業体系のなかに完全に統合することを意図したものであった。

しかし、この一括合同方式を商工省は認めなかった。瓦斯電の主力事業部門のうち、飛行機、工作機械両部門は航空機製造事業法、工作機械製造事業法の適用を受けており、両部門の工場は独立会社として設立した方が望ましいと言うの

145

が、その理由であった。工作機械部門については、日立は国産工業の合併によって国産精機を保有しており、瓦斯電の工作機部門を独立会社とすると、同事業分野で二重投資が生じた。しかし、小平は商工省の意向を受け入れて瓦斯電との合併を早めた方が得策であると考え、1939年5月、瓦斯電を日立が吸収合併し、その直後に主力事業部門を日立航空機、日立兵器、日立工作機の3会社として分離独立させた。このうち、日立工作機は41年に日立傘下の国産精機、篠原機械と合併して、社名を日立精機と改称した。

いずれにしても、瓦斯電の合併によって、日立グループの軍需生産体制は大きく前進したのである。

4 おわりに

本章で考察した5つの合併・買収ケースは、戦前期日立製作所の事業拡大と経営者企業への発展に大きく貢献した。

5つの合併・買収ケースのうち、瓦斯電を除く4社は久原財閥・日産コンツェルン傘下企業、オーナー経営者の主宰企業であった。そして、佃島製作所を除く4社の日立への合併吸収の申し入れは、オーナー経営者によってなされた。

そうしたオーナー経営者の申し入れ、同系列企業間の合併・買収事情に配慮してか、『日立製作所史(1)』による合併・買収についての論述は、瓦斯電の事実のみの紹介を例外とすれば、受け入れ側の日立の最高経営者・小平浪平、あるいは彼の意向を受けて被合併企業の社長に就任した経営者の談話を紹介する形を採っており、関係両社の合併・買収動機、交渉過程、そして、その意義・成果については詳しく記載されていない。

本章では、『日立製作所史(1)』で十分に記述されていない合併・買収に合意した当事者企業とオーナー経営者、専門経営者双方の事情、動機、両者による交渉過程とその結果の一連のプロセス、特に「ブラックボックス」となっている合併・買収交渉過程の解明に主眼を置いた。その評価については読者の判断を待たなければならないが、日立の社史に論述されていない合併・買収行動に光を当てることを通して、同社経営史の特質の一端を明らかにすることができたと自負している。

「はじめに」で述べたように、社史の合併・買収に関する論述は十分ではない。今後、合併・買収戦略が企業経営活動のなかで大きなウェイトを占めることは確実視されている。社史においても合併・買収プロセスの説明に紙幅を割き、その客観的論述が必要である。

　ただし、社史で合併・買収行動の全容を社内外に公表することに対しては、その営為の性質上、抵抗があることも事実である。社史で記載できない、あるいは欠落している部分を埋める作業は、社史を研究の必読文献として利用し、企業経営活動の実態解明を使命とする経営史研究者が担うべき課題かも知れない。いずれにしても、社史編纂者、執筆者と経営史研究者のコラボレーションが肝要であると思われる。

注

1　日立製作所のライバル会社である芝浦製作所はアメリカのゼネラル・エレクトリック、三菱電機は同ウェスチングハウス、富士電機製造はドイツのシーメンスと資本および技術提携していた。

2　竹内は小平の第一高等学校、東京帝国大学時代の同級生であった。両者は最初の勤務先である藤田組小坂鉱山では社宅で共同生活をしていた。久原鉱業所日立鉱山に転職後、両者は上司、部下の関係になったが、友情は変らず、竹内は小平の日立の創業・独立を支援した。

3　小坂鉱山を経営していた藤田組は、社主藤田伝三郎と長兄藤田鹿太郎、次兄久原庄三郎（母方の姓を継ぐ。房之助の父）の3兄弟の同族会社として経営されていたが、1905（明治38）年に伝三郎の子孫が事業継承することを主眼とする家憲制度を巡って、同族間に対立が生じ、分裂した。分裂後、伝三郎家は大阪・藤田家、鹿太郎家（当時、長男の小太郎が当主）は東京・藤田家と呼ばれた。鮎川の実弟政輔は小太郎の娘八重と結婚し、東京・藤田家に入籍した。

4　当時の国産工業のトップマネジメントの村上社長、工藤専務、矢野常務はいずれも京都帝国大学工科大学機械工学科の出身者であった。

参考文献

● 株式会社日立製作所臨時50周年事業部編『日立製作所史』第1巻、日立製作所、1960年。同書は1949年に初版発行された長谷川俊雄編『日立製作所史』日立評論社、を『日立製作所史』第2巻の発刊と合わせて改訂のうえ、刊行されたものである。（文中では『日立製作所史』第1巻、第2巻を『日立製作所史(1)(2)』と表記した）

● 株式会社日立製作所臨時50周年事業部編『日立製作所史』第2巻、日立製作所、1960年

● 株式会社日立製作所創業100周年プロジェクト推進本部、社史・記念誌編集委員会編『日立事業発達史─100年の歩み─』日立製作所、2011年

● 今城俊作「日立製作所に関する一考察─主として日立製作所と国産工業との合併に関連して」『第一経大論集』第6巻第2号、第一経済大学経済研究会、1971年

- 吉田正樹「1930年代の電機企業にみる重工業企業集団の軍事進出―小平浪平と鮎川義介の戦時経済下の企業行動と戦略」『三田商学研究』第39巻第1号、慶應義塾大学商学会、1996年
- 岡東務「日立製作所の創業時代の社風」『城西国際大学紀要』第21巻第2号、2013年
- 小平浪平翁記念会編『小平さんの想ひ出』日立製作所、1952年
- 久原房之助翁伝記編纂会編『久原房之助』日本鉱業、1970年
- 日本鉱業株式会社50年史編集委員会編『50年史』、同『資料編』日本鉱業、1957年
- 宇田川勝「日立製作所におけるオーナーと専門経営者―小平浪平の経営行動を中心に」森川英正編『経営者企業の時代』有斐閣、1991年
- 宇田川勝「戦前期日立製作所のものづくり経営史―小平浪平の企業家活動―」法政大学イノベーション・マネジメントセンター、宇田川勝監修、宇田川勝・四宮正親編著『企業家活動からみた日本のものづくり経営史―わが国ものづくり産業の先駆者に学ぶ』文眞堂、2014年
- 宇田川勝『日産コンツェルン経営史研究』文眞堂、2015年
- 宇田川勝『日産の創業者 鮎川義介』吉川弘文館、2017年

7章

危機突破

東京理科大学大学院教授 **橋川 武郎**

1 はじめに

　この章では、企業が存亡にかかわる大きな経営危機に遭遇したとき、それをいかに突破し、さらにはその苦い経験をむしろ跳躍台にしてその後の成長と発展につなげていったかについて、会社史の記述を手がかりにして検討してゆく。取り上げる会社史は、

　○三井不動産株式会社『三井不動産四十年史』1985年刊行

　○味の素株式会社『味をたがやす─味の素八十年史─』1990年刊行

の2冊であり、『三井不動産四十年史』については「第1章　当社の創立と戦後における苦難（昭和16年－29年）」（49〜96頁）、『味をたがやす─味の素八十年史─』については「第Ⅱ編第2章　高度経済成長下の競争と発展（昭和31年－昭和43年）」（237〜335頁）に、それぞれ目を向ける。2冊の会社史において該当章の原稿を執筆したのは、いずれの場合も、筆者（橋川）自身である。

　三井不動産株式会社にとって、「企業の存亡にかかわる危機」は、第二次世界大戦直後の財閥解体によって三井家同族という安定株主が失われ、会社乗っ取りの脅威に直面することになったときに現出した。同社は、その危機を克服するために、どのように株主安定化を進めたのか。そして、その危機突破策が、戦後型企業集団の形成と三井不動産自身の飛躍的成長へいかにつながっていったのか。本章の第2節では、これらの点を掘り下げる。

　味の素株式会社（以下、味の素（株））にとって、「企業の存亡にかかわる危機」は、主力製品であった味の素（グルタミン酸ナトリウム、MSG）に関して、競合する協和醗酵工業（現・協和発酵キリン株式会社）が1956（昭和31）年に画期的な新製法を開発したと

きに現出した。味の素（株）は、その危機を突破するために、MSGに関してどのような競争戦略を展開したのか。そして、その危機突破策が、多角化と国際化に象徴される同社自身の進化へいかに帰結していったのか。本章の第3節では、これらの点に光を当てる。

2　三井不動産の危機突破：『三井不動産四十年史』[1]

(1) 株主安定化問題の発生と克服

　三井不動産は、三井家共有の土地、建物の管理、運営を主業として1941（昭和16）年に設立され、45年の終戦時には、三井11家が同社の全株式を所有していた。占領下で進められた財閥解体政策によって、これらの株式は一般公開されるにいたったが、それを契機に、三井不動産の全歴史のなかで、最大の危機と言える株主安定化問題が発生した。

　1949年に行われた株式公開の際に、三井不動産は経営の混乱をもたらすおそれのある第三者による株式買占めを防止するため、株式の約30％を確保する方策を講じた。そして、常陽銀行から3000万円、千代田銀行（三菱銀行の前身）から3000万円、帝国銀行から2000万円等、約1億円の資金を借入金によって調達し、結果的には28万余株を確保した。当時の同社の発行株式総数は100万株であり、公開販売価格は1株400円であった。

　この株式確保は商法の自己株式取得禁止条項に抵触する自社株保有と認定されるおそれがあり、確保した株式を保有する別会社を設立することは独占禁止法の持株会社禁止条項に違反するものであった。そのため関係者は、非常な覚悟のもとに、株式確保後の保有形態について慎重な検討を重ねた。

　最終的には、三井不動産代表取締役の山尾忠治、同取締役の日下清、関係会社である三信建物社長の林彦二郎の三者の個人保有という形をとることになり、1955年以降は、3人の和という意味の三和会という組合をつくって、その名義を使用した。

　表7-1は、1955年3月末時点の三井不動産の大株主を示したものである。ここで証券会社名義となっている株式の多くは、実質的には三和会が所有していた。この時点における同社の発行済み株式総数は、400万株であった。

　ところが、確保した株式の勘定の処理を林と関係の深い南邦興業という会社の

表7-1 三井不動産の1955年3月末時点の大株主

株　　主	持株数（株）	持株比率（%）
野村証券	1,214,400	30.36
三井銀行	380,000	9.50
田林証券	271,460	6.79
大正海上火災保険	100,000	2.50
東京食品	94,800	2.37
東京築地青果	86,000	2.15
日本証券金融	85,600	2.14
三和会	82,860	2.07
三井信託銀行	80,000	2.00
馬来貿易	56,000	1.40
三井鉱山	52,000	1.30
合　　計	2,503, 120	62.58

出所：三井不動産株式会社『第23期有価証券報告書』1955年

　帳簿を借りて行ったために、三井不動産の株式が自社の事業展開とはまったく関係のない、多額の借入金の担保として利用されるという事態が生じた。三井不動産は、自社株所有の際、問題視される含み利益をなんら享受しなかっただけでなく、各金融機関に担保として押さえられている同社株式を回収するという難問題に直面することになった。つまり、再度、株式確保の方策を講ぜざるをえなくなったのである。

　1950年代半ばまでの三井不動産は、積極的な事業展開という点で限界をもっていたが、そこで最大の足枷となったのは、株主安定化問題が解決していないことであった。自社の株式の相当部分が、自社の事業とは無関係の借入金の担保となっているという状況のもとで、三井不動産本来の事業のための資金調達は著しく制約された。55年に江戸英雄が社長に就任して以降、ようやく総合不動産会社としての歩みを開始した同社にとって、株主安定化問題の解決は、緊急焦眉の課題であった。

　1952年、56年、57年の増資を通じて、三和会関係の株式は、57年3月末時点で284万余株に膨張していた。三井不動産は、担保となっている三和会関係の株式を回収して、三和会を解散する方針を固めた。関係者は大いに苦労しながらも、

この方針を実行に移し、1959年の年央までに、三和会関係の株式151万株の回収に成功した。

　ついで三井不動産は、1959年7月に、株主割当の半額無償倍額増資と320万株の株式公募を同時に実行した。その際、公募分は野村証券に安定株式としての処分を一任し、三和会関係の株式は、旧株を新株に替えたうえで、三井グループ各社に引き取ってもらう措置を講じた。グループ各社が引き取った株数は、三井物産48万株、三井銀行32万株、日本製鋼所20万株、三井建設15万株などであった。三井不動産が確保した三和会関係の株式の数は、倍額増資によって300万余株となり、公募分の株数とほぼ一致することになったが、このことはスムーズな問題解決を可能にした。以上の結果、59年9月末時点の三井不動産の大株主は、

表7-2｜三井不動産の1959年9月末時点の大株主

株　主	持株数（株）	持株比率（％）
○三井銀行	2,000,000	10.00
日本勧業銀行	1,460,000	7.30
野村証券	1,128,068	5.64
○三井信託銀行	1,000,000	5.00
日本証券金融	540,000	2.70
○大正海上火災保険	500,000	2.50
○三井物産	500,000	2.50
大和銀行東京支店	427,500	2.14
常陽銀行	400,248	2.00
京成電鉄	400,000	2.00
○三井生命保険相互	400,000	2.00
田林証券	337,882	1.69
日本生命保険相互	300,000	1.50
○三井金属鉱業	250,000	1.25
室町殖産	219,500	1.10
○三井鉱山	208,000	1.04
東京電力	200,000	1.00
○日本製鋼所	200,000	1.00
合　計	10,471,198	52.36

出所：三井不動産株式会社『第32期有価証券報告書』1959年
注：○は、三井グループ各社

表7-2のようになった（この時点における発行済み株式総数は、2000万株であった）。三和会が解散し、三井グループ各社が安定株主となったことによって、三井不動産の株主安定化問題は解決をみたのである。

　株主安定化問題の解決によって、三井不動産の成長を妨げる足枷は取り払われた。安定株主が形成されたことにより、専門経営者（株式所有ではなく専門的能力に依拠するトップマネジメント）の経営裁量権が強まり、成長志向型の意思決定を行うことが可能になったからである。1950年代末から三井不動産は、浚渫埋立事業への進出、住宅事業への参入、超高層ビルの建設など、きわだって積極的な経営戦略をとるようになった。この点については、のちに詳述する。

(2)戦後型企業集団の形成

　ここまでやや詳しく述べてきた三井不動産のケースは、財閥解体による株式公開を経験した財閥系企業が、戦後、改めて経営基盤を固めるうえで、同一系列企業の株式所有による株主安定化が決定的な意味をもったことを、如実に示している。このような事情は、三井不動産の場合ほど明確な形をとらなかったにせよ、旧財閥系各社に多かれ少なかれ共通していた。戦後の日本で、新たに企業集団が形成された理由は、株式相互持合いによる株主安定化に求めることができる。

　企業集団の基本的機能は株式相互持合いによる株主安定化にあったわけであるが、そうであるとすれば、各集団の社長会は、一種の大株主会ということになる。そして、社長会の成立を企業集団形成の指標とみなすことが、一応可能である。

　別の機会に述べたように、財閥については、「中心的産業の複数部門における寡占企業を傘下に有する、家族を頂点とした多角的事業形態」と定義づけ、企業集団を「多様な業界の有力企業が相互に株式を持ち合うことによって成立した集団で、大株主会として社長会をもつ」と定義づけることができる[2]。

　財閥と企業集団が組織的に非連続であることは、明らかである。そのことは、財閥ではみられた家族や本社（持株会社）の影響が、企業集団では消滅したことに端的に示されている。

　一方、財閥と企業集団は、機能的には連続性をもっている。それは、所有を封じ込め、経営政策の自由度を高めるという機能である。

　戦前の日本の財閥については、通説的なイメージとは異なり、所有が二重の意

味で封じ込められ、それだけ事業会社(事業部門)の経営政策の自由度が高められていた点が重要である[3]。まず、財閥の同族と本社(本社設立以前には事業部門)との関係においては、同族の所有は総有制により「制約された所有」だったのであり、その「制約された所有」は、財閥同族の事業経営への関与の後退という「制約された支配」と結びつくことが多かった。さらに、財閥本社と直系事業会社との関係においても、「財閥本社は直系企業の専門経営者にとっては安定株主として機能した面もある」[4]ことを忘れてはならない。

占領下に遂行された財閥解体は、財閥直系企業にとって、「安定株主が一挙に喪失したことを意味した」[5]。安定株主の喪失が経営政策の自由度の喪失につながることをおそれた旧財閥系諸企業(財閥解体以前の財閥直系企業)は、試行錯誤を経ながらも、最終的には株式相互持合いにより株主の再度の安定化を実現した[6]。このプロセスで誕生したのが、株式相互持合いによる株主安定化を基本的機能とし、大株主会である社長会を擁する、戦後型の企業集団であった。

先述したように、企業集団の成立の指標は社長会の結成に求めることができる。六大企業集団の各社長会の結成年次を再度列記すると、住友系の白水会が1951(昭和26)年、三菱系の金曜会が54年頃、三井系の二木会が61年、富士銀行系の芙蓉会が66年、三和銀行系の三水会が67年、第一勧業銀行系の三金会が78年となる(ここでは、第一銀行と日本勧業銀行との合併により第一勧業銀行が発足したのは1971年であったことを、想起する必要がある)[7]。

このように、1951〜61年に進行した住友・三菱・三井の旧三大財閥系企業集団の成立が、他と比べて早かった。これは、終戦時における系列企業の株式所有のあり方がより閉鎖的で、財閥解体による株式公開の衝撃がより大きかったことを反映したものである。

一方、のちに富士銀行系・三和銀行系・第一勧銀系の社長会に結集する諸企業の場合には、総じて終戦時における株式所有がより開放的で、財閥解体による衝撃がより小さかったため、1950年代から60年代初頭にかけての時期に、ただちに企業集団の結成に向かうことはなかった。ただし、60年代半ばに資本自由化の動きが活発化し、証券恐慌によって株価が低迷するようになると、これらの諸企業も、株式相互持合いによる株主安定化の必要性を痛感するようになった。

表7-3は、その間の事情を如実に物語っている。この表の数値は、社長会メン

バー企業間のメンバー企業株式保有総数をメンバー企業の発行済み株式総数で除し、それに100を乗じたものである。社長会メンバーの特定に際しては、経済調査協会発行の『年報"系列の研究"』の1960年版10頁と同1967年版

表7-3 | 各企業集団の株式持合い比率

単位：%

年次［上期末］	1953年	1958年	1963年	1968年
住　友	11.2	17.1	27.6	24.5
三　菱	(10.6)	14.1	19.2	18.0
三　井	(5.2)	(6.7)	12.5	13.7
富　士	(4.4)	(6.4)	(9.7)	13.6
三　和	(2.1)	(4.3)	(6.5)	8.7

出所：橘川武郎・加藤健太「戦後日本の企業集団と融資系列」東京大学『社会科学研究』第48巻第1号、1996年。原資料は、東京証券取引所編『上場会社総覧』各年版、経済調査協会『年報"系列の研究"』各年版
注：( ) 内は、その時点で社長会が結成されておらず、企業集団として未成立だったことを示す

11頁に掲載されたリストを利用した[8]。なお、この表で第一勧業銀行（第一勧銀）系を取り上げていないのは、第一勧銀自体の発足が1971年だったからである。

　表7-3からは、社長会の結成（別言すれば、企業集団の成立）のタイミングを決定づけたのが株式持合いの比率の動向であったことを、読み取ることができる。さきに、企業集団の基本的機能は株式相互持合いによる株主安定化にある、と指摘したゆえんである。

(3) 三井不動産の急成長

　戦後型の企業集団が成立したことは、メンバー企業が成長志向型の経営戦略を展開することを促進したものと考えられる。

　企業集団の成立により株主安定化が達成されたため、経営政策の裁量権を確保したメンバー企業の専門経営者たちは、長期的視野に立つ成長戦略を選択できるようになった。株主安定化が企業成長の前提条件となった典型的な事例としては、ほかならぬ三井不動産のケースをあげることができる[9]。

　財閥解体にもとづく株式公開により会社乗っ取りの危機に直面した同社は、意思決定に混乱をきたし、終戦後しばらくのあいだ存在したビジネス・チャンスを活かすことができなかった。しかし、1959（昭和34）年に三井グループ各社を安定株主とすることに成功し、乗っ取りの危機を脱した三井不動産は、専門経営者である江戸英雄社長のリーダーシップのもとで、そのころからきわめて積極的な経営

戦略をとるようになった。

第1は、貸ビル業の拡張である。この分野での三井不動産の事業活動として画期的な意義をもったのは、超高層ビルの建設である。

三井不動産にせよ三菱地所にせよ、もともとは貸ビル会社として出発した。そして、丸の内地区に多くのビルを保有する三菱地所が、貸ビル事業の分野では、今日にいたるまでトップ企業の座を占め続けている。この分野での三菱地所との格差を縮小するため、三井不動産は、早くから超高層ビルの建設に力を入れた。三井不動産が1968年に完成させた霞が関ビルは、日本で最初の超高層ビルであった。同社は、その後74年に、新宿新都心の再開発の一環として、新宿三井ビルを建設した。これとは対照的に三菱地所は、当初、超高層ビルの建設に消極的な姿勢をとった。新宿新都心に「三井ビル」や「住友ビル」はあっても「三菱ビル」がないことは、この点を端的な形で示している。

超高層ビルの建設は、三井不動産の貸ビル事業の拡張に大きく貢献した。ただし、ここで見落とすことができない点は、**表7-4**からわかるように、同社の事業別営業収入でみる貸ビル事業のウェートが、1955年の76％から73年の14％へ著減したことである。これは、以下で述べる二つの事業が、貸ビル事業をはるかにしのぐ勢いで伸長したためであった。

三井不動産の急成長をもたらした事業展開として第2に注目すべき点は、浚渫埋立事業への進出である。三井不動産は、1958年に初めて、千葉県の市原で浚渫埋立事業に携わった。市原のケースで同社は、単に建設業者としてだけでなく、開発業者としても活動した。埋立事業における開発業者の役割は、工事資金を調達すること、埋立地を使用するユーザー企業を誘致すること、などにあった。

その後1973年までに三井不動産は、千葉県の千葉港・浦安・北袖ヶ浦・京葉港、

表7-4｜三井不動産の事業別営業収入の推移（1955、73年度） 単位：百万円、％

年度	建物賃貸収入	埋立工事収入	住宅・宅地分譲収入	その他の収入	営業収入合計
1955	701 (76)	0 (0)	0 (0)	222 (24)	923 (100)
1973	12,819 (14)	26,039 (29)	24,525 (27)	27,776 (30)	91,159 (100)

出所：三井不動産株式会社『第25期有価証券報告書』1956年。同『第61期有価証券報告書』1974年
注：(）内は構成比（％）

茨城県の鹿島、三重県の川越、福岡県の博多港などでも、建設業者兼開発業者として、浚渫埋立事業を展開した。また、これらに加えて日本各地で、単なる建設業者としても埋立工事に関与した。この結果、浚渫埋立事業は、三井不動産の主業の一つとなり、同社の73年度の埋立工事収入は260億3900万円に達した（**表7-4**）。

第3は、住宅事業へ参入である。三井不動産は、1960年に初めて、千葉県の辰見ヶ原で宅地を造成した。さらに同社は、67年に最初のマンションを神奈川県の百合ヶ丘に建設し、70年には埼玉県の上尾で本格的な戸建住宅の分譲事業に着手した。そして、早くも73年には、住宅事業は、貸ビル事業や浚渫埋立事業と並ぶ、三井不動産の主要事業となった。**表7-4**が示すように、同社の73年度の住宅・宅地分譲収入は245億2500万円に達した。

超高層ビルの建設、浚渫埋立事業への進出、住宅事業への参入などの結果、三井不動産の営業収入は、江戸社長が在任した18年間に、1955年度の9億2300万円から73年度の911億5900万円へ、100倍近くも急増した（**表7-4**）。戦後の日本においては、株式相互持合いによる株主安定化を実現した多くの経営者企業で、程度の差こそあれ、三井不動産の場合と同様の成長志向型意思決定がなされたのである。

株主安定化問題の解決によって、三井不動産の成長を妨げる足枷は取り払われた。危機突破に成功した同社は、きわだって積極的な経営戦略をとるようになり、急速な成長をとげたのである。

---

3 味の素（株）の危機突破： 『味をたがやす－味の素八十年史－』[10]

(1) MSG市場の急拡大と競争激化

1956～68（昭和31～43）年の時期には、経済の高度成長にともなって日本人の食生活が量質両面にわたって充実するなかで、グルタミン酸ナトリウム（MSG）の消費が急激に拡大した。塩や砂糖、醤油、味噌などの生産量は、昭和20年代（1945～54年）に急速に回復したのち、昭和30年代（1955～64年）には全体として伸び悩んだ。これに対して、MSG、トマトケチャップ、マヨネーズ、ソースなどの生産量は、昭和20年代に低迷していたが、昭和30年代に入って急伸した。これは、食生活の

充実と多様化という高度成長期の変化を、如実に反映したものであった。

　1955年に8366 t であった日本におけるMSGの生産量は、68年には9万5885 t と、11.5倍も増加した。同じ時期にMSGの輸出量は、3798 t から1万9776 t へ5.2倍になった。生産量−輸出量＝国内消費量とみれば、日本でのMSG消費量は、55年の4568 t から68年の7万6109 t へ、実に16.7倍も急激に拡大したことになる。これをもとに国民1人当りの年間MSG消費量を算出すれば、55年の51.9 g から68年の744.5 g へ、14.3倍も急増したことがわかる。

　このように、1950年代後半から60年代にかけての時期に日本のMSG市場は急膨張をとげたが、そのなかで、市場の構成に若干の変化がみられたことも注目される。それは、以下の二つの点にまとめることができる。

　一つは、生産量の急伸ぶりに比べれば、輸出量の伸びが鈍かったことである。その結果、1955年には45.4％であった生産高に占める輸出高の割合は、68年には20.6％にまで低下した。

　輸出が相対的に伸び悩んだ最大の原因は、1960年代から日本の有力MSGメーカーが、東南アジアやヨーロッパにおいて現地生産を開始したことに求めることができる。このMSGメーカーの海外進出のなかで中心的な役割を果したのは、ほかならぬ味の素（株）であった。しかし、味の素（株）以外にも、協和醱酵や旭化成が、イタリアやフランスで現地生産を開始した。現地生産の開始を反映して、MSG輸出仕向地のなかに占める東南アジアやヨーロッパのウェートは、56〜68年のあいだに減退した。代ってウェートを高めたのは、日本のメーカーの現地生産がまだ始まっていなかった北アメリカと中南米であった。なお、日本のMSGメーカーの海外現地生産の多くは発酵法によるものであり、68年末までには、発酵法が世界のMSG生産の主流になっていた。

　もう一つは、国内市場において業務用消費のウェートが高まり、家庭用消費のウェートが低下したことである。業務用MSGの消費拡大をリードしたのは、この時期に登場した即席ラーメンなどの加工食品であった。

　1950年代後半から60年代にかけてのMSG市場の急膨張は、日本国民の食生活の充実を反映したものであるとともに、MSGの価格の低下によるものでもあった。調味料に対する物品税が62年4月に全廃されたことも、価格引下げを可能にする一因となった。

MSGの内需向け生産者平均販売価格は、この時期に3分の1以下に低下した。一方、輸出価格も、内需向け価格ほどではなかったが低下傾向をたどった。「味の素」の国内向けポリ1 kg 袋の価格をみても、1958年10月の1650円から62年10月には1000円、さらに69年2月には、58年の45％安の900円に低下しており、価格の低落をはっきりと読みとることができる。

この価格低下は、競争の激化によって生じた。MSG業界トップメーカーの味の素(株)の生産シェアは、1953年の85.8％から68年の54.0％まで低下した。一方、旭化成や新規参入を果した武田薬品、協和醱酵の生産シェアは、60年代後半にはそれぞれ10％を上回るにいたった。つまり、トップメーカーの味の素(株)のシェアが低下し、旭化成、武田薬品、協和醱酵の三社が第2グループを形成する形で、MSG業界の競争は激化したわけである。

販売実績でみても味の素(株)は、1955年には、国内向け、輸出向けの両面で80％前後のシェアを占めていたが、68年には同社の国内向け販売シェアは、51％にまで低下した。それでも家庭用についての販売シェアは70％に近い水準を維持していたが、業務用についての販売シェアは40％を割り込むにいたった。一方、味の素(株)の輸出シェアは、若干低下したものの、68年になっても75％に達していた。以上の数値から味の素(株)は、輸出市場及び国内の家庭用市場で健闘しながらも、競争が激化するなかで、最も膨張が著しかった肝心の国内業務用市場で苦戦をしいられた、と言うことができよう。

(2) 危機の発生：新製法の登場と複合調味料の発売

1950年代後半から60年代にかけてMSG業界の競争が激化した要因としては、発酵法という新製法が登場したこと、複合調味料および核酸系調味料が発売されたことの、二点を指摘することができる。

1956(昭和31)年に協和醱酵が発酵法によるMSG製造の工業化に成功したことは、世界のMSG業界に大きな波紋を呼び起こすこととなった。発酵法は、従来の抽出法に比べて、製造期間を著しく短縮することができる。また、対原料収率も高く、原料としてサツマイモなどの豊富で低廉な農作物を使用することを可能にする。したがって、当時は、原料面だけに限っても、発酵法の生産コストは抽出法のそれより2割程度低廉であるということが言われていた。

159

コストの安い発酵法を携えての協和醱酵の業界への参入は、既存企業にとって重大な衝撃を与えた。既存各メーカーは、抽出法から発酵法ないし合成法への製法転換を余儀なくされた。そして、この製法転換は各メーカーの生産能力の増強と結びつき、結果的には、業界の競争の激化をもたらした。また、製法転換によって生産コストが低下したため、各メーカーは製品価格の引下げ競争を展開する余力をもつことにもなった。

調味料業界の競争激化をもたらしたいま一つの要因は、1960年代初頭に、複合調味料という強力な新製品が登場したことである。

食べ物の「うま味」が各種のアミノ酸や核酸関連物質などによるものであることは、かなり以前から知られていた。ところが、グルタミン酸ナトリウム（MSG）に比べて、イノシン酸ナトリウムやグアニル酸ナトリウムなどの核酸関連物質の場合には、調味料としての実用化はなかなか進展しなかった。例えば、イノシン酸ナトリウムの場合には、イノシン酸の構造がグルタミン酸よりはるかに複雑であること、呈味力のあるイノシン酸の構造式が不明確であるうえ、その分離も困難であったことなどのため、調味料としての実用化は遅れていた。

このような状況に変化が生じたのは、MSGの新製法として発酵法が登場した1950年代後半のことである。発酵法の導入は、MSG以外のうま味調味料の研究開発を著しく進展させた。そして、その過程で、5′-ヌクレオタイド（5′-イノシン酸や5′-グアニル酸などの総称）の呈味性がグルタミン酸ナトリウムと複合することによって、双方の呈味力が相乗的に高められるという事実が確認された。これによって、複合調味料という新たな分野が切り開かれることになった。イノシン酸ナトリウムやグアニル酸ナトリウムの実用化に成功した各メーカーは、60年代にはいると、複合調味料や核酸系調味料を次々と発売するにいたった。このような動きに先鞭をつけたのは、味の素（株）が60年10月に「味の素プラス」を発売したことであった。

複合調味料の生産規模は、新発売後短期間に急激に増加した。このような複合調味料の生産急増と並行して、各メーカー間の競争も激化した。1960年代後半における主要な複合調味料の生産シェアでみても、低核酸複合調味料については、味の素（株）が優位を確保したものの、高核酸複合調味料については各メーカー（とくに味の素（株）、武田薬品、ヤマサ醤油、旭化成の四社）が激しいつばぜり合いを

展開した。この競争の過程で武田薬品は、1967年にMSGの自社生産に踏み切った。一方、ヤマサ醤油は、他社からのMSG購入を継続した。いずれにせよ、複合調味料をめぐる激烈な競争が、調味料業界全体の競争の一層の激化につながったことは、間違いない。そして、複合調味料をめぐる激烈な競争は、製品価格の低下をもたらした。

(3) 味の素(株)の危機突破策：多角化と国際化

　味の素(株)は、1956(昭和31)年から68年にかけての時期に、厳しい競争にさらされながらも、従来からの主力製品であるMSGや油脂の売上げを急伸させた。また、この時期に同社は、積極的に新たな分野へ進出した。その結果、味の素(株)の年間総売上高は、55年度の207億7100万円から68年度の871億円へ、4.2倍も増大したのである。

　このような業容の拡張を反映して、味の素(株)の経営規模は、当然のことながら拡大をとげた。例えば、同社の資本金は、1955年12月末の16億4000万円から69年3月末の56億9551万5000円へ、3.5倍になった。また、従業員総数は、55年末の2838名から69年3月末の5977名へ、ほぼ倍増した。さらに、55年度に12億1500万円であった税引後利益も、68年度には2.6倍の31億3100万円まで増加した。

　これらの事実から本章で取り上げた時期は、味の素(株)の戦後の歴史のなかで躍進期に相当したと言うことができる。しかも、ここで強調しなければならない点は、躍進の内容が、単なる量的な拡大にとどまらず、質的な発展をも含んでいたことである。別の言い方をすれば、この時期の味の素(株)は、経営規模を拡大させながら、同時に次の時代につながる布石をきちんと打ったことになる。

　質的な発展の具体的な中身としては、MSG(グルタミン酸ナトリウム)新製法の工業化、新分野への進出や新製品の発売による事業の多角化、企業の本格的な国際化、の三点を指摘することができる。このうちMSG新製法の工業化の概要については味の素株式会社『味の素グループの百年—新価値創造と開拓者精神』(2009年刊行)第6章(270〜357頁)[11]などで詳しく論じられているので、ここでは、多角化と国際化の概要を述べることにする。

　発酵法の出現を契機とするMSG業界の競争激化に対して、味の素(株)は、基本的には二つの方向で対応した。一つは、発酵法・合成法という新製法を工業化

することによって、トップメーカーとしての確固たる地位を守りぬくことであり、いま一つは、事業の多角化を進めて、MSGという単一製品に依存する経営体質から脱却することであった。

味の素(株)の総売上高のなかに占める調味料売上高の比率は、1955年の50.5%から59年の57.2%まで上昇したのち低落に転じ、66年以降は50%を割るにいたった。同様に澱粉売上高の比率も58年をピークに減少に転じ、「味液」売上高の比率はほぼ一貫して低落傾向を示した。このように既存三製品の売上高構成比が60年代に低下したのは、一つには、同じく既存製品の油脂の売上高構成比が上昇した(1958年の9.0%から68年の13.4%へ)ためであった。しかし、それよりもはるかに注目する必要があるのは、「その他」の製品の比率が急上昇した(1959年の13.5%から68年の33.6%へ)ことであろう。「その他」の売上高構成比が急増したのは、この時期に味の素(株)が、食品や化成品、医薬品などの新規事業へ進出したことによるものであった。

食品や化成品、医薬品などは、それぞれその後、味の素(株)の事業の重要な柱となった。したがって、1950年代後半から60年代にかけての時期に同社は本格的な多角化を開始したと言うことができるが、これと並行して、既存の事業分野においても新製品の発売が相次ぎ、製品の多様化が進んだことも見のがすことができない。調味料事業における複合調味料や「アジシオ」の発売、油脂事業におけるサラダ油やごま油・コーン油の発売などは、その代表的な事例であった。

このような新規事業や新製品の発売を可能にした要因について考えてみると、一つには、味の素(株)の技術力をあげることができる。発酵法や合成法というMSG新製法の研究開発を通じて蓄積された生化学および化学の両面にわたる技術は、新製品開発の重要な条件となった。

もう一つは、味の素(株)の販売力である。従来から、「味の素」を軸として築き上げてきた強力な販売網とブランドへの信頼に加えて、新しいマーケティング技術を摂取して強化された販売力は、新分野への進出や新製品の発売に際して、大きな効果をあげた。

次に、国際化について目を向けよう。

味の素(株)は、第二次世界大戦以前にも積極的に海外へ進出した。敗戦の影響で、同社の海外活動は、長期にわたって後退を余儀なくされたが、積極的に海

外工場を建設し、現地生産を進めて、世界に「味の素」を広げてゆこうとする姿勢は、戦後に引き継がれた。それをふまえて味の素(株)が、本格的な国際化を開始し、ワールドエンタプライズとしての性格を明確にし始めたのは、1960年代にはいってからのことであった。

ここで言う味の素(株)の本格的な国際化とは、具体的には、以下の三つの側面を含んでいる。

第1は、一連の海外工場の建設である。味の素(株)の戦後の海外工場第1号となったタイ工場は、1961年12月に操業を開始した。続いて、62年9月にはフィリピン工場が、65年4月にはマレーシア工場が、66年6月にはイタリア工場が、69年2月にはペルー工場が、相次いで操業を開始した。これらの工場は、形のうえでは味の素(株)の直営工場ではなく、それぞれタイ味の素株式会社、ユニオンケミカルズ株式会社(フィリピン、現・フィリピン味の素株式会社)、マレーシア味の素株式会社、味の素インスッド株式会社(イタリア、1977年解散)、ペルー味の素株式会社という現地法人の管轄下におかれた。海外工場の建設ラッシュが生じた背景には、競合他社に先んじて進出先でのMSG生産の一番手になることが、経済優遇措置の獲得や特許面での優位確保にとって有利に作用するという事情も存在した。

第2は、世界的な食品メーカーであるケロッグ社およびコーン・プロダクツ社(CP社)との事業提携である。味の素(株)は、食品事業への進出の一環として、1962年にケロッグ社と、63年にCP社と、それぞれ提携事業を日本で開始した。過去においても同社が外国企業から技術やノウハウを導入した事例は存在したが、それらは、いずれも一時的ないし部分的な範囲にとどまった。これに対して、ケロッグ社およびCP社との提携事業は、その後重要な一事業部門として味の素(株)の経営基盤のなかに根をおろし、結実をもたらした。また、それらは、当時としては最新鋭のマーケティングの技法を味の素(株)に伝えた点でも、大きな意義をもった。

第3は、外国企業への技術輸出である。味の素(株)は、スペインのペニベリカ社からの要請に応えて、1964年7月、同社との間にMSG製造技術に関する技術援助契約を締結した(その後、1965年5月には「アジシオ」製造に関する技術援助契約も締結した)。続いて68年6月には、ユーゴスラビアのポドラフカ社への「アジシオ」製造にかかわる技術援助契約が成立した。

このように、1960年代にはいって本格化した味の素（株）の国際化は、70年代以降の時期には一層の進展を示した。本稿で取り上げた時期に、今日の「ワールドエンタプライズ味の素」の基礎は形成されたのである。

日本経済が高度成長の真只中にあった1956年から68年にかけての時期に味の素（株）は、協和醱酵による直接発酵法でのMSGの製造開始という企業の存亡にもかかわる重大な危機[12]を克服するために、全社戦略を大きく転換させた。その戦略転換のポイントとなったのは多角化と国際化であった。

協和醱酵による直接発酵法の開発は、味の素（株）が、主力製品であるMSGに関して、それまで長年にわたって維持してきた競争優位を失うことを意味した。経営上の危機に直面した同社は、その後、直接発酵法と合成法によるMSG生産の開始[13]、総合食品企業へ向けた製品の多角化、海外工場のあいつぐ建設に象徴される国際化などを進め、積極的・攻勢的な対応によって危機を克服した。高度成長期における味の素社の業容拡大のプロセスは、この危機克服のプロセスと重なっていた。

4 おわりに

この章では、『三井不動産四十年史』と『味をたがやす―味の素八十年史―』を手がかりにして、「企業が存亡にかかわる大きな経営危機に遭遇したとき、それをいかに突破し、さらにはその苦い経験をむしろ跳躍台にしてその後の成長と発展につなげていったか」について検討してきた。「企業の存亡にかかわる危機」は、三井不動産にとっては財閥解体がもたらした安定株主の喪失であり、味の素（株）にとっては競合会社による自社の主力商品に関する競争力をもつ新製法の開発であった。

三井不動産と味の素（株）は、それぞれが直面した「企業の存亡にかかわる危機」を、悪戦苦闘のすえ克服することができた。重要なことは、両社がとった危機突破策が、単に目先の苦境を打開するという意味だけでなく、自社の次の時代における成長・飛躍をもたらす布石を打つという意味も有したことである。

三井不動産が採用した同一グループ企業の株式相互持合いによる安定株主の創出という危機突破策は戦後型企業集団形成のきっかけとなり、企業集団の成立

は経営政策の裁量権を確保したメンバー企業の専門経営者たちによる長期的視野に立った成長戦略の選択を可能にした。このようなメカニズムが典型的に作用したのはほかならぬ三井不動産自身であり、株主安定化問題を解決した専門経営者である江戸英雄に牽引される形で、同社は特筆すべき急成長をとげた。

　味の素(株)が採用した多角化と国際化という危機突破策は、同社の発展パターンの質的転換をもたらした。味の素(株)は、単一調味料メーカーから総合食品メーカーへ、国内市場に軸足をおく日本企業から国際市場で活躍するグローバル企業へ、二重の意味で変身する道を歩み始めた。それは、多くの日本メーカーがたどることになる、企業成長の王道であった。

　相当数の会社史は、企業が遭遇した経営危機に言及している。そして、それらのなかの優れた会社史は、その危機をどのように突破したか、そこで採用した危機突破策により当該企業の成長軌道がいかに変わったかについて、掘り下げている。「危機突破」というテーマについても、会社史から学ぶべきことは多い。

注

1　以下の事実経過については、三井不動産株式会社『三井不動産四十年史』1985年、71-73頁、95頁、106-108頁参照。

2　橘川武郎『日本の企業集団―財閥との連続と断絶―』有斐閣、1996年、20-21頁参照。

3　この点について詳しくは、同前書参照。

4　橋本寿朗「課題と分析・叙述の視角」法政大学産業情報センター・橋本寿朗・武田晴人編『日本経済の発展と企業集団』東京大学出版会、1992年、13頁。

5　宮島英昭「財閥解体」法政大学産業情報センター・橋本・武田編前掲『日本経済の発展と企業集団』209頁。

6　この点については、鈴木邦夫「財閥から企業集団・企業系列へ」『土地制度史學』第138号、1992年、も参照。

7　六大企業集団の社長会については、菊地浩之『六大企業集団の社長会組織』2008年、が詳しい。

8　第一銀行系においても、系列内のグループである古河系と川崎系がそれまで別個に開いていた社長会を、1966年以降、合同して開催するようになった。この点については、経済調査協会『年報"系列の研究"』1967年版、13頁参照。

9　以下の三井不動産のケースについて詳しくは、橘川武郎「株主安定化と企業成長―三井不動産の事例―」青山学院大学『青山経営論集』第27巻第1号、1992年参照。

10　以下の事実経過については、味の素株式会社『味をたがやす―味の素八十年史―』1990年、241-251頁参照。

11　該当章の原稿執筆者は、板垣暁である。なお筆者(橘川)は、味の素株式会社『味の素グループの百年―新価値創造と開拓者精神―』2009年の原稿執筆陣に加わるとともに、同書全体を監修した。

12 複合調味料の発売も味の素（株）の経営を脅かしたが、もたらした危機の重大性という点では、協和醗酵による直接発酵法でのMSGの製造開始の方が、はるかに深刻な出来事であった。

13 この点については、前掲『味をたがやす—味の素八十年史—』257-281頁、および前掲『味の素グループの百年—新価値創造と開拓者精神—』273-286頁参照。

参考文献

- 味の素株式会社『味をたがやす—味の素八十年史—』1990年
- 味の素株式会社『味の素グループの百年—新価値創造と開拓者精神—』2009年
- 菊地浩之『六大企業集団の社長会組織』2008年
- 橘川武郎「株主安定化と企業成長—三井不動産の事例—」青山学院大学『青山経営論集』第27巻第1号、1992年
- 橘川武郎『日本の企業集団—財閥との連続と断絶—』有斐閣、1996年
- 橘川武郎・加藤健太「戦後日本の企業集団と融資系列」東京大学『社会科学研究』第48巻第1号、1996年
- 鈴木邦夫「財閥から企業集団・企業系列へ」『土地制度史學』第138号、1992年
- 法政大学産業情報センター・橋本寿朗・武田晴人編『日本経済の発展と企業集団』東京大学出版会、1992年
- 三井不動産株式会社『三井不動産四十年史』1985年

8章

組織改革

東京理科大学大学院教授 **橘川 武郎**

1 はじめに

　この章では、企業の組織改革に焦点を合わせ、①企業の歴史を変えるような組織的改編がいかに行われたのか、②長期にわたる成長過程で企業はいかに組織を推移させたか、の二点について、会社史の記述を手がかりにして検討してゆく。取り上げる会社史は、

　　○出光興産株式会社『出光100年史』、2012年刊行

　　○西日本鉄道株式会社『西日本鉄道百年史』、2008年刊行

という二冊の100年史である。『出光100年史』については「第3章　戦時期の事業活動（1937〜45年）」（68〜89頁）、「第10章　大競争時代の経営改革（1996〜2005年）」（306〜355頁）、「第11章　創業100年、そして未来へ（2006〜11年）」（356〜397頁）に、『西日本鉄道百年史』については「現況・未来編第1章　100年史の歴史を貫くもの〜未来へ継承される西日本鉄道の革新的DNA」（473〜487頁）に、それぞれ目を向ける。二冊の会社史において該当章の原稿を執筆したのは、いずれの場合も、筆者（橘川）自身である。

　出光興産にとっての「企業の歴史を変えるような組織的改編」としては、1939〜40年の株式会社化および2006年の株式上場をあげることができる。同社は、これらの組織改編をどのような事情で遂行したのか。本章の第2節では、この点を掘り下げる。

　一方、西日本鉄道は、「長期にわたる成長過程でいかに組織を推移させたか」。本章の第3節では、この点に光を当てる。

2 出光興産の組織改革：『出光100年史』[1]

(1) 1939～40年の関係会社（出光興産等）の株式会社化

まず、『出光100年史』にもとづき、①の「企業の歴史を変えるような組織的改編がいかに行われたのか」をみることにしよう。1911（明治44）年に創設された出光商会にとって、1939～40（昭和14～15）年の関係会社（出光興産等）の株式会社化と、2006（平成18）年の出光興産の株式上場は、文字通り、「企業の歴史を変える組織的改編」であった。

これらのうち、関係会社の株式会社化の歴史的背景を理解するためには、時計の針を1934年の石油業法の制定にまで戻す必要がある。

1934年の石油業法によって、日本の石油産業は国家統制のもとにおかれることになったが、37年以降経済全体の戦時統制が進むなかで、石油統制はさらに強化されるにいたった。まず、37年11月に、石油の第一次消費規制が実施された。これは、行政指導による自発的規制であったが、翌38年3月には「揮発油及重油販売取締規則」が制定され、法令にもとづく石油の第二次消費規制が開始された。第二次消費規制においては、購買券制すなわち切符制が導入された。

石油統制の強化は、出光商会の国内における事業活動に大きな制約を課すことになった。そのため、出光商会は、創業後すぐに採用していた事業の重点を海外におく方針を、さらに徹底することになった。

表8-1は、1938年度の出光商会の売上高を地域別・支店別に示したものである。この表からわかるように、38年の時点で、出光商会の売上高が最大であった地域は満州[2]（大連支店と満州の合計値で1684万2050円、総売上高の36.0%）であり、これに満州以外の中国（1345万6526円、同28.8%）が続いた。内地の売上高（798万2595円、同17.1%）は、朝鮮の京城支店（430万3730円、同9.2%）や台湾の台北支店（418万618円、同8.9%）のそれよりは多かったが、大連支店の売上高（980万6658円、同21.0%）にも及ばなかった。

つまり、1938年時点ですでに出光商会は満州と中国に重点をおいて外地重点主義を実行していたと言うことができるが、この方針は、同年12月に門司の本店で開催された出光商会の支店長会議で、さらに徹底されることになった。この会議の冒頭、創業以来の店主である出光佐三は、

表8-1 | 1938年度の出光商会の地域別・支店別売上高

単位：円、%

地域ないし支店	売上高（構成比）
内地（名古屋、下関、博多、門司）	7,982,595 （17.1）
京城支店	4,303,730 （ 9.2）
台北支店	4,180,618 （ 8.9）
大連支店	9,806,658 （21.0）
満州（奉天、新京、哈爾浜）	7,035,392 （15.0）
中国（天津、青島、上海総合）	13,456,526 （28.8）
合　計	46,765,519 （100）

出所：朝鮮出光史調査委員会・総務部出光史編纂室編『朝鮮出光史及朝鮮政治経済一般状況調査資料
　　　集録』1959年、208頁
注1：1938年度は、1938年1月〜同年12月
　2：大連支店と満州は、別々に計上されている

　　　諸君も新聞紙上で御承知の通り国策としての為替管理の強化と産業統制
の結果油界は石油、機械油の生産減じ内地に於ける出光の商売は面白から
ざる経路を辿って居るが満州の商売は益々増加し北支は満州の延長として
発展途上にありますことは同慶の至りであります。

　　　内地での商売が面白からざる結果につき大々対策を研究し、（イ）九州製
油に投資。（ロ）日石満石等と相談して輸送方面に進出すべく昭和タンカー
株式会社に投資。（ハ）日石が名古屋に建設したる油槽所関係の運搬運送業
を開始した次第であります。

　　　大陸方面は種々の仕事を凡ゆる角度から進むと云う考へを持つ必要があ
ります。

　　　店は幸運に恵まれたというか、過去の犠牲の償いというか、此時代に際し
ても予期の業績を挙げましたことは諸君の御努力に負うものと感謝して居り
且つ店は大陸に於て発展の結果工合よく進捗して行くにはどうして行くか、
益々発展させんとするにはどうするか、之は益々諸君の御健闘を願います[3]。

と発言した。店主は、内地で活路を開くことに努めるとともに、発展を続ける外地
での事業にいっそう注力することを明確に打ち出したのである。

　　その後も、日本国内における石油統制は、加速度的に進行した。1939年9月に

169

は石油共販株式会社が設立され、40年6月には道府県に対し石油の共同配給組合を結成するよう、指令が下った。そして、41年7月にアメリカ・イギリス・オランダ等が対日石油禁輸を実施すると、国内では第三次消費規制が行われた。この第三次消費規制は、「揮発油及重油販売取締規則」を改訂した「石油販売取締規則」にもとづくものであり、従来の揮発油と重油に加えて、灯油と軽油も、41年10月から切符制の対象となった。こうして、日本国内における石油統制は全面化したのである。

　日本国内で活路を開くとともに、外地で事業を積極的に推進する方針を固めた出光商会は、1939年から40年にかけて、企業体制を再編し、出光商会の一社体制から、出光商会・出光興産・満洲出光興産・中華出光興産の四社体制へ移行した。この企業体制の変更について、朝鮮出光史調査委員会・総務部出光史編纂室編『朝鮮出光史及朝鮮政治経済一般状況調査資料集録』(1959年)は、以下のように説明している。

　　　日本内地に於ては〔中略〕石油配給機構の統制に依り、石油卸売業者の営業は挙げて府県地方卸共販株式会社に吸収せられ、従来の石油業者は只其の小売のみの営業を許され、カーバイトも亦カーバイト工業組合の設立により従来の特約店たる資格を失い小売のみ残る事となれり。此処に於て出光商会は従来全国的に大規模に経営せる石油類、カーバイト業が小規模の小売業に転落せるを以て従来の如く他の一般業務と同一方法にて大規模に積極的に経営せんか、全く経費倒れとなるを以て一般営業より此の部門のみ分離して個人経営とし、独自の方法によらざるべからざる次第なり〔中略〕之に反し大体出光商会の外地関係事業は使用人も二百名を超え、比較的大規模経営にして而も時局の影響を受け益々増大の傾向にあり、事業遂行上個人組織にては人的に信用的に非常なる不安、不利を生じ株式改組の事になれり。(197〜198頁)

　このような事情で、内地の石油類・カーバイド等の小売業については個人経営の出光商会が担当し、外地の事業については新設される出光興産・満洲出光興産・中華出光興産の三つの株式会社が受け持つという体制がとられることになっ

た。このうち出光興産は、台湾・朝鮮・関東州（大連支店）の営業活動だけでなく、従来、門司の本店が遂行していた船舶業務や特約販売業務、保険代理業務なども引き継ぐことになった。

　四社体制を構成する各社の概要をまとめると、次のようになる[4]。

〇出光商会
　　　本店：門司市本町3丁目25番地
　　　業務：本店および内地の小売営業
　　　支店・出張所：門司支店、別府出張所
　　　　　　　　　　博多支店
　　　　　　　　　　下関支店、若松出張所、萩出張所
　　　　　　　　　　名古屋支店、山田出張所
〇出光興産株式会社
　　　資本金：400万円（払込済み）
　　　本社：東京市麹町区有楽町1丁目5番地
　　　業務：台湾・朝鮮・関東州の営業、内地の船舶業務・特約販売業務・保険
　　　　　　代理業務など
　　　設立年月日：1940年3月30日
　　　支店・出張所：門司出張所
　　　　　　　　　　台北支店、基隆出張所、高雄出張所、台中出張所、蘇澳出
　　　　　　　　　　張所、台東出張所、新港出張所
　　　　　　　　　　京城支店、仁川出張所、清津出張所
　　　　　　　　　　大連支店
〇満洲出光興産株式会社
　　　資本金：150万円（払込済み）
　　　本社：新京特別市老松町14丁目2番地
　　　業務：満州国内の営業
　　　設立年月日：1939年12月18日
　　　支店・出張所：奉天支店、哈爾浜出張所、鞍山出張所、斉斉哈爾出張所、

牡丹江出張所、佳木斯出張所、錦州出張所

○中華出光興産株式会社

　　資本金：1000万円（払込済み）

　　本社：上海北蘇州路410河浜大厦103号室

　　業務：中華民国内の営業

　　設立年月日：1939年12月9日

　　支店・出張所：天津支店、北京出張所、張家口出張所、大同出張所、厚和
　　　　　　　　出張所、石家荘出張所

　　　　　　　　青島支店、芝罘出張所、済南出張所、南京出張所、蘇州出
　　　　　　　　張所、鎮口出張所、漢口出張所

　これら四社のうち、「出光興産」の名がつく三社は株式会社の形態をとったが、このことは必ずしも、出光佐三店主の本意ではなかった。この点について、佐三は、1940年の時点で、次のように述べている。

　　組織を変更したのは出光商会の個人経営法が間違っているからではありません〔中略〕。株式会社は理論的には幾多の特徴がありませう。資本募集上の便利、法律による株主の保護、社会的信用の増進、其他沢山ありましょうが〔中略〕要之不徹底な中途半端な特徴であり、個人経営の理想等に遠く及ぶものではない。株式組織は大資本を集めるには最も便利でありましょうが、他の資本家の主義方針と出光商会の其れとは絶対に氷炭相容れざるもののある事は度々申した通りでありまして、他の資本を集める意味の株式組織は主義方針上絶対に許されない事であります。又株式組織は資本主義の最もズルイ形態であり、責任分散の方法であり、寄り合い世帯であります。役人が会議の方法によりて自己の責任を他に転嫁し、株式会社が総会や重役会議によりて責任を軽くするのとは五十歩百歩である。

　　初めから仕事に責任を持つ様に出来てないのであります。重役や社員は先づ自己の立場をつくる事を先にし、事勿れ主義を採る事となり易い。個人経営の様に己れを忘れ魂迄も打込み、命迄もと言う徹底した気分になれない制度である。お座なりとなり自己本位となるのは組織の罪である。〔中略〕

出光商会が一部を株式組織にしたのは御都合主義である。便宜主義である。支那に於ては株式会社の看板が便利である。満州に於ては株式会社を要求されるのである。

　　外地は序にしたと云うに過ぎないのであります。三十年の永き経験と不断の努力は古き店員をして出光主義なるものを確固と認識し体得しているのでありまして、御都合主義の組織変更ぐらいでは最早や店員の思想が動揺したり変化したりする危険が無くなったのであります。治に居て乱を忘れず、乱に居て治を忘れず、静中静、静中動あり、死中活を得るの境地に達し得たからであります[5]。

　この文章は、出光佐三の仕事や経営に対する考え方を、如実に示している。佐三にとって、出光興産・満洲出光興産・中華出光興産を株式会社の形態で設立したのは、あくまで、「御都合主義」であり、「便宜主義」であり、次善の策に過ぎなかった。それらの株式会社の株式を公開し、外部の資本を入れることなどは、もともと選択肢にもならなかった。一点の曇りもなく責任をまっとうすることこそ経営者の使命だと考えた出光佐三は、出光商会の店主を続けるとともに、出光興産・満洲出光興産・中華出光興産の社長にも就任したのである。

(2) 2006年の出光興産の株式上場

　第二次世界大戦期に出光は、出光商会・出光興産・満洲出光興産・中華出光興産の四社体制で事業を推進してきたが、敗戦による外地事業の喪失などによって、その体制を維持することは不可能になった。そこで、出光は、1947（昭和22）年11月に、出光商会を出光興産に合併させる措置をとり、以後は、出光興産株式会社の一社体制で事業経営に臨むことになった。出光興産の社長は、引き続き、出光佐三がつとめた[6]。

　第二次世界大戦後出光の事業主体は、株式会社である出光興産に移行したわけであるが、出光佐三自身は、個人経営を理想とする考えを変えたわけではなかった。その証拠に、株式会社である出光興産は、株式を公開することはなかった。その状況を大きく変えたのは、2006年の出光興産の株式上場であった[7]。

　1996年から2001年にかけて、日本版金融ビッグバンとして一連の金融制度改

革が実施された。それにともない企業の会計基準も大きく見直され、アメリカ流の「キャッシュフロー経営」や「連結会計」、「時価評価会計」が日本においても標準化されることになった。

出光グループの有利子負債の規模は、バブル期の積極的な設備投資により、膨張していた。1993年3月末の時点で、グループ全体の有利子負債額は、約2兆5000億円に膨れ上がっていたのである。

それに対して出光興産の資本金は、株式上場をしていなかったため、わずか10億円であった。自己資本の少ない出光グループの財務体質は、新しい会計基準では脆弱と評価された。そのため、金融環境が激変するなかで、有利子負債が出光グループの経営に重くのしかかるようになった。

実際、1997年11月に北海道拓殖銀行が破綻し、山一證券が自主廃業して金融危機が発生すると、不良債権の処理に追われる大手銀行は、出光への融資を絞りはじめた。98年9月には、アメリカの格付け機関・ムーディーズ社が出光興産を「投機的レベル」の「B2」ランクに勝手格付けし、市場関係者などのあいだに出光グループの経営不安説が流れた。

これらの動きに対して出光興産は、1998年に単体の中期経営計画を策定し、97年度末時点で1兆3266億円に達していた有利子負債を2002年度末までに1兆円以下に減らすこと、グループ全体では2兆円余りにのぼった有利子負債を1兆4000億円以下に圧縮すること、さらに890億円のコスト削減を図ること、などを明らかにした。さらに、従来の資金調達の方法を大きく転換し、資本市場から直接資金を調達することを決断して、2000年5月の株主総会で株式上場をめざすことを表明した。また、そのための準備として、第三者割当による配当優先株式を発行し、01年3月までに、出光興産の資本金を10億円から388億円に増資した。

出光興産は、コスト削減を進めるため、1998年度と99年度に新規採用を停止する、99年から2年間、社員の給料を一律10%カットするなど、一連の措置を講じた。これらの措置によって、コスト削減は順調に進捗し、2000年4月には、削減目標額を890億円から1200億円へ上方修正した。出光興産が02年度までに達成することをめざした単体の中期経営計画での有利子負債縮小目標とコスト削減目標は、いずれも、01年度中にほぼ達成された。

株式上場をめざすことを明らかにした出光興産は、着々と経営改革を実行し

た。改革の先頭に立ったのは、1998年5月に相談役に転じた出光裕治に代って社長に就いた出光昭と、その出光昭に代って2002年6月社長に就任した天坊昭彦とであった。天坊社長の着任と同時に、出光昭は会長に就任した。なお、会長をつとめていた出光昭介は、01年6月に名誉会長に転じていた。

　株式会社形態をとらなかった出光興産の前身である出光商会はもとより、株式会社の形式をとった出光興産も、一貫して、資本金は極小をもって理想とし、資金調達は銀行からの借入れによるべきだと考え、株式非上場・非公開の原則を維持してきた。創業者である出光佐三店主は、「資本家に金を借り、援助を仰ぐことは主義を曲げさせられることである」「株式組織は資本主義の最もズルイ形態であり、責任分散の方法であり、寄り合い世帯」となる、などの言葉を遺していた。したがって、株式の上場・公開を実行する過程では、出光興産の経営の独自性が保てるかどうかについて、社内で活発に議論が交わされた。

　2002年に就任した天坊社長は、「上場は、単に資金調達の手段に過ぎない」としたうえで、創業者から代々受け継がれてきた経営理念について、「根本としてかえてはならないもの」と「経営手段として変えていくべきもの」があるとし、論点を整理した。「根本としてかえてはならないもの」は人間尊重を原点とすることであり、「経営手段として変えていくべきもの」には資金調達の方法も含まれていた。

　出光興産は、株式上場の準備を進めるため、2001年4月にIR準備室を設置した。そして、02年4月には、連結各社を対象にした「第1次連結中期経営計画」を発表し、そのなかで06年度中に株式上場を行うことを正式に表明した。この「第1次連結中期経営計画」では、05年度までに、財務体質の強化策として、第三者割当増資を実施し自己資本額を2600億円とするとともに、グループの借入金残高を1兆円以下とすることを、目標として掲げた。事業面では、強化分野へ重点投資を行うことを打ち出し、製油所体制や石油化学事業の再構築、不採算事業の整理など、事業構造の改革を推進することになった。

　出光興産は、コスト削減策の一環として、店舗の廃止も進めた。そのことは、**表8-2**から読み取ることができる。

　続いて出光興産は、2005年5月、05年度から08年度までを対象とした「第2次連結中期経営計画」を発表した。同計画では、06年の株式上場を視野に入れつつ、「安定的かつ持続的な成長の実現」をテーマに掲げた。そして、グループ営業

表8-2 | 出光興産の店舗・施設の開設・廃止状況（1995〜2005年）

年	設置	廃止
1996		化学バンコク
1997	石油技術センター	
1998		釧路、米子、徳山
1999		香港（現地法人化）、西東京、尾鷲（油）、浮島（油）
2000		門司、大分（油）、オーストラリア
2001		
2002		化学ヒューストン、盛岡、郡山、IIL
2003		鹿児島、福山（油）、沖石沖縄製油所
2004		兵庫製油所、化学本社
2005	ドーハ	北京（現地法人化）、化学広島、化学福岡、青森（油）、小名浜（油）

出所：出光興産株式会社人事部教育課編『出光略史』第11版、2008年、125-128頁
注：「（油）」は、国内貯油施設を意味する。「IIL」は出光ラテン（リオデジャネイロ）

利益1400億円、投下資本営業利益率10％、高付加価値事業の利益構成比25％の達成を、数値目標とした。それを実現するための事業戦略として

- 「石油精製と石油化学のインテグレーションの強化」
- 「顧客密着型ネットワーク活用によるマーケティング力強化」
- 「継続的な合理化・スリム化」
- 「高付加価値事業の拡大」
- 「中長期的視点からの資源事業の強化」

の五つの柱を掲げた。

出光興産は、2005年10月に、上場に向けて第三者割当増資を実施した。金融機関、事業会社、販売店に125億円の株式を発行し、資本金を513億円に増資した。さらに安定株主確保と社員の福利厚生を目的にして、国内株式のうち42万2800株を社員持株会に販売した。上場に向けて、出光興産の大株主である日章興産との調整が必要となったので、日章興産から保険業務を分離するとともに、同社と出光タンカーとの株式持合関係を解消した。

上場を準備する過程では、社内諸制度の見直しも進められた。2003年4月、執行部門から独立した組織として内部監査室が発足し、各部署におけるリスクマネジメントやコンプライアンスの進捗状況、年度計画の実施状況、自己管理の遂行

状況、規程類の整備状況などを監査することになった。内部監査は、企業の規則に縛られない出光の従来の社風からすると異質なものだったが、CSR（Corporate Social Responsibility: 企業の社会的責任）を求める声の高まりを受けて上場会社の間で標準化されつつあったため、出光興産では、上場の時期と重なることからあえて厳しい基準を設定し、万全を期することにした。

また、2001年のエンロン事件などアメリカで企業の粉飾決算があいついで発覚したため、それを契機として投資者保護の観点から会計基準が強化される動きが強まった。わが国でも「金融商品取引法」（2007年9月施行）の制定が決まり、上場企業に内部統制が義務化されることになった。出光興産ではこのような動きを受けて、内部統制グループを発足させ、同法に対応した制度的枠組みを整える方針をとった。同グループは08年4月、内部監査室に統合され、全社的な内部統制ならびに決算・財務プロセス、燃料油・基礎化学品に関する業務プロセス、IT全般の統制、デリバティブ等の個別プロセスの監査などを担当することになった。

2001年4月に発足した出光興産のIR準備室（2006年9月にIR室に改組後、08年7月にIR・広報室に統合）では、株式上場にむけて国内外の市場関係者に情報を発信し続けた。その際、力点をおいて訴求したのは、キャッシュフローの豊富さや有機EL（electroluminescence）に代表される高付加価値事業の将来性などであった。久しぶりの大型上場に株式市場の関心は高く、とくに外国人投資家からは兵庫、沖縄の二製油所をいち早く休止し体質強化につとめた企業姿勢が高く評価され、出光株に人気が集まった。

2006年には、株式市場が比較的活況を呈しており、同年10月、出光株の募集株式数が国内740万500株、海外412万500株、オーバーアロットメントによる売出し株式数115万7500株、公募価格1株9500円とすることが決まった。そして、06年10月24日、ついに出光興産は、東京証券取引所第一部に株式を上場した。初値は、公募価格を上回る1万500円をつけ、上場のスタートを切った。出光は、創業から95年目の株式上場によって、新しい時代を迎えることになったのである。

出光興産の株式上場に際しては、「出光らしさ」が失われるのではないかという懸念が、社内外で生じた。このような懸念に対して、天坊昭彦社長は、明確にそれを否定した。

『日本経済新聞』2006年10月29日付のインタビュー記事のなかで、天坊昭彦社長は、上場で出光独特の「家族主義」の社風はどうなるかという質問に対して、次のように答えた。

> 世間には誤解もあるが、家族主義とは親が子を思うような厳しさのある愛情で社員を育てることだ。あめ玉ばかりではいい子は育たない。今後も家族主義は変えない。理念教育は一時期やや行き過ぎ、控えていたが、再び強化したい。

また、株式上場の日に天坊社長は、「株式上場にあたって」という文書を社員に向けて発表した。その主要な内容は、以下のとおりであった。

> 本日、出光興産の株式が東京証券取引所第一部に上場されました。
> 私達の使命は、事業を通して持続可能な社会の形成に貢献することであり、また、事業の実践を通して、私達一人ひとりが世の中で信頼され、尊重される人間に成長して行くことです。これは出光の経営の原点であります。
> 上場審査にあたり、東京証券取引所の代表の方から『会社は一部の株主のものではなく、社会の公器であり、市民社会の一員でもある。従って、社員も会社も法令を遵守し、持続可能な社会の発展に貢献して欲しい。』という話がありました。これはまさに私達が経営方針として掲げている各ステークホルダーへの約束、
> 「お客様に対する安心・活力・満足の提供」
> 「安全を基盤とした社会環境への貢献」
> 「株主の皆様への確かな成果の還元」
> 「パートナーとの協働、成果の共有」
> 「社員の自己成長、自己実現」
> を、コンプライアンスを重視しながら着実に実行していくことそのものです。
> 上場によって変わることが一つあります。今日からは誰でもお金を払えば出光の株を買えるようになるということです。
> これからは、お客様・潜在的なお客様も含めて、多くの方が株主としての

目で出光を評価されるという事になります。私は、今後出来るだけ多くのお客様に出光ファンになって頂き、出光の株主にもなって頂きたいと思っています。そしてこうした個人株主を増やして行きたいと考えています。

その為に何か新しいことをやるとか、やり方を変えるということではありません。いつも申し上げていることですが、社員の目が活き活きと輝いて仕事をしている姿が大切なのです。自分の仕事に興味を持ち、自ら進んで取り組むことによって新しい発見があったり、効率化できる改善の鍵が見つかるのです。

真剣に取り組んでいる姿が美しく見え、ファンになろうという評価になり、やがて株主になって頂けるのだと思います。そして出光ファンになっていただいた個人株主には、大切な安定株主になって頂けると思います。

上場を機会に、もう一度原点に立ち返って、一人ひとりがこういう想いで自分の仕事に取り組んで頂きたいと思います。

出光は5年後に創業100周年を迎えます。それ迄に上場企業として、一流エクセレントカンパニーとして社会で認められるよう、お互いに努力しようではありませんか。そして、出光の次の100年の出発点にしたいと思っています。

このように、天坊社長は、株式上場によっても、出光の経営理念・社風は変わらないことを明言した。むしろ、「出光らしさ」を、よりオープンでより社会的な状況下において磨き上げてゆくことを、宣言したのである。

3　西日本鉄道の組織改革：『西日本鉄道百年史』[8]

(1) 五社の統合による会社成立

次に、『西日本鉄道百年史』にもとづき、本章の冒頭で掲げた②の「長期にわたる成長過程で企業はいかに組織を推移させたか」を見ることにしよう。

西日本鉄道株式会社の前身である九州電気軌道株式会社が設立されたのは、1908（明治41）年12月17日のことである。『西日本鉄道百年史』は、その日を起点にして、西日本鉄道の100年の歩みをふり返っている。

西日本鉄道自体は、1942（昭和17）年9月1日に九州電気軌道が博多湾鉄道汽船、筑前参宮鉄道、九州鉄道、福博電車の各社を合併する形で成立した。

西日本鉄道の成立は、1938年8月に施行された陸上交通事業調整法が打ち出した、地域ごとの交通事業者の経営統合という流れに沿うものであった。同法にもとづき同年9月には、統合を進める重点地域として東京市およびその周辺、大阪市およびその周辺、富山県、香川県、福岡県の五地域が指定されたが、福岡県では、当初、①九州水力電気系の九州電気軌道、②東邦電力系の九州鉄道・福博電車、③太田清蔵系の博多湾鉄道汽船・筑前参宮鉄道、の三グループに集約する形で事業統合が進むとの見通しが強かった。しかし、41年になると、状況は一変した。この年電力国家管理が強化され、翌年の配電統合が避けられない情勢になると、事業の継続が困難と判断した東邦電力は、保有する九州鉄道と福博電車の株式を九州水力電気に売却した。これを契機にして福岡県における交通事業統合は、①②③のすべてを包含する五社一括統合の方向へと風向きを転じ、村上巧児[9]と太田清蔵の活躍もあって、ついに、42年の五社合併による西日本鉄道の成立へといたったのである。

(2) 戦後の統合継続

このように西日本鉄道は、第二次世界大戦下の戦時経済統制の影響によって発足したわけであるが、ここで注目すべき点は、敗戦後に戦時経済統制が解除されたのちも、同社発足をもたらした交通事業統合の枠組みが維持されたことである。東京周辺地域や大阪周辺地域では、戦時経済統制によって成立した交通事業者の統合は、戦後まもなく、解消されることになった。これとは対照的に、福岡県では、西日本鉄道への経営統合が維持されたのである。

東京市およびその周辺地域では、1942（昭和17）年5月、五島慶太率いる東京横浜電鉄が小田急電鉄と京浜電気鉄道を合併して、東京急行電鉄が成立した。その後東京急行電鉄は、44年5月に京王電気軌道を合併し、同年6月には相模鉄道から鉄道事業経営の委託を受けた。つまり、東京周辺の西南ブロックにおいて、東京急行電鉄を中心とする交通事業者の大規模な経営統合が進展したわけであるが、敗戦後に戦時経済統制が解除されると、短時日のあいだに、この統合は解消に向かった。まず、1946年6月に五島慶太が東京急行電鉄会長を辞任し（1947年

8月に公職追放）、47年6月には相模鉄道から東京急行電鉄への鉄道事業に関する経営委託が取り消された。そして、48年6月には、東京急行電鉄から京浜急行電鉄・小田急電鉄・京王帝都電鉄（現・京王電鉄）が分離独立して、「大東京急行電鉄」は解体されたのである。

　一方、大阪市およびその周辺地域では、北部で1943年10月、阪神急行電鉄と京阪電気鉄道が合併し、京阪神急行電鉄が成立した。また南部では44年6月、関西急行鉄道と南海鉄道が合併して、近畿日本鉄道が新発足した。しかし、これらの経営統合は、北部においても南部においても、敗戦後に戦時経済統制が除去される過程で、解消に向かうことになった。まず、47年6月に南海電気鉄道が近畿日本鉄道から分離独立し、南部の統合が終焉をみた。続いて49年12月には京阪電気鉄道が京阪神急行電鉄から分離独立して、北部の統合も解消されることになった（ただし、この再編の際に、新京阪線は京都本線と改称され、京阪神急行電鉄に編入された。その後1973年4月に、京阪神急行電鉄は阪急電鉄と商号変更した）。

　これらの東京周辺や大阪周辺の動きとは異なり、福岡では、西日本鉄道が経営統合を維持したまま、事業活動を継続した。その要因としては、次の三点をあげることができる。

　第1は、福岡県一円を事業地域とする西日本鉄道の経営統合が、経済合理性をもっていたことである。福岡県における交通事業を、西日本鉄道成立以前のように五社に分割したり、戦前に経営統合が構想され始めた当初検討されたように三グループに分けたりすることは、経営資源の散逸を招く点で、合理的な措置とは言えなかった。

　第2は、バス事業の統合が強固に進展していたことである。この点では、西日本鉄道の前身となった九州電気軌道と九州鉄道が、バス事業の統合に熱心に取り組んでいたことが、大きな意味をもった。九州電気軌道は、1936年に九州合同バスを設立し、北九州・筑豊地域のバス事業者を統合していた。一方、九州鉄道は、福岡・大牟田間の沿線地域や筑後地域で、バス事業の統合を進めていた。

　第3は、西日本鉄道の中心的な前身会社を傘下におさめていた九州水力電気と東邦電力という二つの有力な電力会社が、電力国家管理の結果、消滅していたことである。東京周辺や大阪周辺の場合には、戦時統制下で経営統合が遂行されたのちにも、統合に参加したもともとの電鉄会社の流れを汲む諸グループが統合会

社内に歴然と存在しており、それらのグループが展開した分離独立をめざす運動が、戦後における統合解消の原動力となった。これに対して福岡の場合には、統合に参加した鉄道会社に影響力を行使していた二つの電力会社自体が消滅してしまったために、西日本鉄道内部における統合解消をめざす動きは、他地域の統合会社に比べて脆弱であった。

　これらの要因が作用した結果、第二次大戦後も西日本鉄道は、経営統合を維持したまま、事業を継続することができた。そして、そのことは、福岡県を中心とする北部九州における交通網の整備にとって、大きな肯定的効果をもたらした。経営資源の散逸を免れた西日本鉄道は、戦後一貫して北部九州における交通網の整備に力を注ぎ、地域住民の生活向上に寄与することになったのである。

(3)交通事業の発展

　第二次世界大戦後、西日本鉄道の事業の根幹を形成したのは、軌道、鉄道、自動車（とくにバス）からなる交通事業である。創業にかかわった先人たちから「住民の足となる」というDNAを継承した西日本鉄道は、一貫して、福岡県を中心とする北部九州の交通網の拡充に力をつくすことになった。

　西日本鉄道は、成立にあたって、九州電気軌道から軌道の北九州線、博多湾鉄道汽船から粕屋線と宮地嶽線、筑前参宮鉄道から宇美線、九州鉄道から大牟田線・大川線・三井線および軌道の大牟田市内線、福博電車から軌道の福岡市内線を、それぞれ継承した。このうち大川線は1948年、51年に、大牟田市内線は52年に休止となり、三井線の一部（福島線）は58年に廃止された。

　この結果、第二次大戦後の西日本鉄道の鉄軌道事業は、軌道の北九州線と福岡市内線、および鉄道の大牟田線と宮地嶽線を中心にして展開されることになった。このほか、関係会社の筑豊電気鉄道が1956年に開業し、北九州都市圏の近郊鉄道の役割をはたすようになった。

　西日本鉄道の前身会社である九州電気軌道は、従来の二軸単車とは輸送力と性能で一線を画するボギー車を、1911年の開業時から採用した。また、同じく前身会社である九州鉄道の表定速度（運転時刻表制定速度）は時速60.1kmと当時としては高水準であり、41年に同社は、福岡・大牟田間で急行75分運転を開始した。西日本鉄道は、これらの革新的姿勢を受け継ぎ、輸送力の向上に取り組んだ。

例えば、1950年代の前半に小倉、八幡、福岡の中心部では約40秒間隔という路面電車の高密度運転を実施していたが、北九州線の9.2kmの専用軌道敷区間（全線の約2割に相当）では、鉄道並みの時速60kmの高速運転を実現した。そして、53年には、従来のボギー車の倍近い単位輸送力をもち、専用軌道敷や筑豊電鉄線での高速運転に適した連接車を、北九州線に導入した。連接車は、北九州線と福岡線で、あわせて231両も製造された。

鉄道の分野でも西日本鉄道は、1974年に、大牟田線への2000形導入に関して、ローレル賞を受賞した。大牟田線の車両には、戦前では軽量構造の21形や高速鉄道初の連接車500形、戦後になるとモノコックボディの313形や時速120km運転を想定した1000形など、ユニークなものが多かった。2000形のローレル賞受賞は、一連の車両開発を可能にした西日本鉄道の車両設計思想全体が、高く評価された結果であった。

鉄道事業の拡充に関連して、西日本鉄道が1961年に福岡駅を高架化したことも、大きな意味をもった。高架化を受けて階下にバスセンターと西鉄名店街を設けたことで、天神地区の都市機能（交通結節機能や商業機能）は強化され、その後の発展の基礎が固められた。

ただし、北部九州における鉄軌道事業をめぐる経営環境は、時間の推移とともに、大きく変容した。1960年代に進行したエネルギー革命は、筑豊・三池などの産炭地の経済に大きな打撃を与え、当該地域での輸送規模の縮小をもたらした。また、70年代に急進展したモータリゼーションは、軌道事業の維持を困難にするとともに、近郊線の一部地域（大牟田線の南半分や宮地岳線の北半分）で乗客を減少させた。軌道事業や一部近郊線にとっての事業環境の悪化は、人口のドーナツ化（都心部における居住人口の減少）や、産業構造の軽薄短小化（北九州工業地帯の地位の相対的後退）などによって、さらに拍車がかかった。

このような環境変化を受けて西日本鉄道は、軌道の福岡市内線を1976年に、北九州線を2000年に、それぞれ廃止した。また、鉄道の貝塚線（旧宮地岳線）についても、07年に、福岡市外の大部分（新宮・津屋崎間）を廃止し、路線を半減させた。

ここまで鉄軌道事業の動向を見てきたが、交通事業者としての西日本鉄道の際立った特徴は、バス事業のウェートの大きさに求めることができる。西日本鉄道グループは、「九州最大の電鉄会社」であるだけでなく、「日本最大のバス会社」で

もある点を見落としてはならない。

1934年に200社以上が乱立していた福岡県下のバス事業は、戦時経済統制下の政府によるバス事業統合方針によって四社に集約され、県下48事業者を統合した西日本鉄道が、福岡県バス業界のトップカンパニーとなった。西日本鉄道のバス事業の終戦後における復興は早く、バス車体の自社生産（1946年に西日本車体工業を設立）や積極投資を進めた結果、57年度には、売上高（営業収益）でバス事業（自動車事業）が鉄軌道事業を上回るにいたった。その後、自動車事業の売上高は、94年度まで、西日本鉄道の売上高全体の過半を占め続けた。

バスによる輸送人員は1964年度をピークにして減少に転じたが、西日本鉄道は、60年代後半から車両のワンマン化や間接部門の合理化に取り組み、輸送効率化と人員削減を進めた。一方で、西日本鉄道は、73年に開設した福岡・熊本線を皮切りにして、高速バス事業を積極的に展開した。あわせて貸切バス事業の拡大も図り、貸切バスの認可台数は450台を超えて、日本最大規模となった。高速バスと貸切バスの売上高は、92年度にピークに達した。

1980年代後半以降、西日本鉄道のバス事業の収益性は悪化したが、これに対して同社は、観光バス、高速バスおよび北九州地区についての分離子会社の設立（1997～2002年）、事業エリアの再編（筑豊・久留米・福岡郊外地区の子会社への移管、2003年）などの対応策を講じた。また、99年以降、福岡市内と北九州市内での100円バスや、1000円高速バスの運行を開始したが、これらは、地域住民のあいだで好評を博した。

このように、西日本鉄道は、事業環境が激変をとげるなかで、「住民の足となる」ことをめざして、一貫して交通網の拡充、整備に取り組んできた。鉄軌道事業においても、バス事業においても、この点で、西日本鉄道の経営方針に揺らぎはなかったのである。

4 おわりに

この章では、『出光100年史』と『西日本鉄道百年史』を手がかりにして、「企業の組織改革に焦点を合わせ、①企業の歴史を変えるような組織的改編がいかに行われたのか、②長期にわたる成長過程で企業はいかに組織を推移させたか」、

の2点について検討してきた。出光興産については①の論点を、西日本鉄道については②の論点を、それぞれ掘り下げた。

　出光興産・西日本鉄道の両社にとって、組織の改編ないし継続は、企業発展にとって大きな意味をもった。出光興産の場合には、株式会社化および株式上場という組織改編のたびに、「企業文化の何を残し、何を変えるか」が重要な経営課題となった。西日本鉄道の場合には、第二次世界大戦の終戦直後に他の大都市地域とは異なり経営統合を維持したことが、「戦後一貫して北部九州における交通網の整備に力を注ぎ、地域住民の生活向上に寄与すること」を可能にした。

　相当数の会社史は、企業が実施した組織改革に言及している。そして、それらのなかの優れた会社史は、その改革がどのように行われたか、そこで採用した組織戦略がそれ以降の事業戦略にいかなる影響を与えたかについて、掘り下げている。「組織改革」というテーマについても、会社史から学ぶべきことは多い。

注

1　以下の事実経過については、出光興産株式会社『出光100年史』2012年、72-77頁、320-323頁、358-361頁参照。
2　現在の中国東北部。
3　博多出光史調査委員会・総務部出光史編纂室編『博多出光史並一部本店状況調査集録』1959年、97-98頁。
4　朝鮮出光史調査委員会・総務部出光史編纂室編『朝鮮出光史及朝鮮政治経済一般状況調査資料集録』1959年、198-200頁参照。
5　同前200-202頁。
6　出光佐三は、1966年に出光興産社長を退任し、1981年に死去した。
7　出光興産の株式上場にいたる組織プロセスについて詳しくは、坪山雄樹「自己革新の組織プロセス」橘川武郎・島本実・鈴木健嗣・坪山雄樹・平野創『出光興産の自己革新』有斐閣、2012年、参照。
8　以下の事実経過については、西日本鉄道株式会社『西日本鉄道百年史』2008年、474-482頁参照。
9　村上巧児は、九州電気軌道社長に続いて西日本鉄道初代社長もつとめた。

参考文献

● 出光興産株式会社『出光100年史』2012年
● 橘川武郎・島本実・鈴木健嗣・坪山雄樹・平野創『出光興産の自己革新』有斐閣、2012年
● 西日本鉄道株式会社『西日本鉄道百年史』2008年

9章

企業の社会的責任

立教大学経営学部教授 **高岡 美佳**
東京理科大学大学院教授 **橘川 武郎**

1 はじめに

　この章では、企業の社会的責任、英語で表現すれば、CSR(Corporate Social Responsibility)に焦点を合わせる。わが国においてCSRは、古くて新しい概念である。CSR活動の重要な一環である環境保全やコンプライアンス(法令・社会規範・倫理の遵守)については、第二次世界大戦以前からそれらを標榜していた日本企業も多い[1]。さらには、江戸時代の商家にもCSRの概念は存在したとする研究もある[2]。

　一方で、CSR活動をコミュニケーションの観点からとらえると、日本でそれが本格化したのは、2000年代にはいってからのことだと言える。例えば、2004(平成16)年に経済産業省のサポートにより設立された「CSR研究会」は、その任務の1つとして、「企業と関連機関とのコミュニケーションと連携の促進」を掲げ、2008年度には、「社会の持続的発展に向けたCSR戦略～消費者とのより良い関係づくりを目指して～」をテーマとする活動を展開した。

　企業がCSR活動を通じて企業価値や企業イメージを向上させるためには、ステークホルダーとのコミュニケーションを良好にする必要がある。とくに、消費者とのコミュニケーションを改善することは、企業価値や企業イメージの向上にとって、決定的な意味をもつ。CSRの浸透が進む状況下で問われている事柄の本質は、消費者とのコミュニケーションがいかに良くなったかという点にあると言っても、決して過言ではなかろう。

　会社史は、刊行元の企業にとって、消費者を含むステークホルダーとのコミュニケーションを図るうえで、有力な媒体となる。本章では、2000年代における

CSR活動の本格化という事情を念頭に置いて、2010年代に刊行された4冊の会社史を取り上げ、それらが自社のCSR活動についてどのような記述を展開しているかを検討する。ここで検討対象とするのは、

　○京セラ株式会社『果てしない未来への挑戦―京セラグループ50年の歩み―』
　　2010年
　○花王株式会社『花王120年　1890－2010年』2012年
　○トヨタ自動車株式会社『トヨタ自動車75年史　もっといいクルマをつくろう
　　よ』2013年
　○ライオン株式会社『ライオン120年史』2014年
の各社史である。

2　『京セラグループ50年の歩み』

　京セラ株式会社が2010（平成22）年に刊行した『果てしない未来への挑戦―京セラグループ50年の歩み―』（以下、『京セラグループ50年の歩み』と表記）では、「第10章ザ・カンパニー　社会とのよりよい調和をめざして　2005〜2009」の第7節を「CSR経営の推進と社内体制の整備」（434〜441頁）に充てている。

　そこでまず記述しているのは、1999年12月に社内で発覚した新エネルギー・産業技術総合開発機構（NEDO）の新発電技術実用化開発費補助金の不正受給問題に対して、ただちに「危機管理プロジェクト」を発足させ、2000年10月には同問題に関する処理を終えた事実である。これを機に、02年10月には「京セラグループ・コンプライアンス・プロジェクト」がスタートし、「約1年かけて、当社グループにかかわる法令ごとに、対象事案、規制事項、許認可、届出事項などをまとめた法令概要と、その法令ごとの対象規制の有無、各規制の遵守確認のための法令チェックリストを作成し、そのチェックリストにもとづく監視体制を確立した」（434頁）。

　コンプライアンスを核にリスクマネジメントを強化した京セラグループは、その後、CSR活動への組織的取組みを開始した。それを象徴したのが、2005年11月のCSR統括室の設置であった。この点について、『京セラグループ50年の歩み』は、次にように記している。

> 京セラグループは創業以来、京セラフィロソフィをベースに、人間として
> 何が正しいかを判断基準に置いて企業活動を進め、法令遵守はもちろんの
> こと、「共生」の理念のもとに、環境保護活動、社会貢献活動などにも積極的
> に取り組んできた。
>
> したがって、CSRは京セラグループにとって決して新しい取り組みではな
> かったが、社会的関心の高まりを背景に、京セラグループの企業活動を整理
> し、国内外のグループ各社との連携をはかりながら、社内外への情報発信機
> 能を強化し、社会の人々に正しく企業の姿を知ってもらうようにするために、
> CSR統括室という専門の組織を設置したものであった(435頁)。

　この文中に登場する「京セラフィロソフィ」の根幹をなすのは、西郷隆盛の遺訓
である「敬天愛人」を掲げる京セラの社是である。それは、「常に公明正大謙虚な
心で仕事にあたり　天を敬い　人を愛し　仕事を愛し　会社を愛し　国を愛す
る心」を意味する。京セラは、この「敬天愛人」を社是として制定したのは、創業
から7年経った1966年のことである[3]。

　京セラグループにとってCSR活動は、2000年代にはいって急に直面することに
なった経営上の新課題だったわけでは、決してない。それは、ある意味では、創業
期以来、着実に実行してきた活動をさらに強化することに過ぎなかった。ただし、
CSR統括室の設置という組織上の新たな対応を迫られたのは、「社会的関心の高
まり」を受けて、「社会の人々に正しく企業の姿を知ってもらうようにする」必要が
あったから、つまり、コミュニケーション面での要請が存在したからである。

　このコミュニケーション面での要請にこたえる形で、『京セラグループ50年の
歩み』は、同グループの環境保護活動、社会貢献活動、人事処遇や研修制度の改
善などについて振り返る。その記述の範囲は、2005年のCSR統括室設置以前の
時期にまで遡る。

　環境保護活動については、1991年に「京セラ環境憲章」を制定し、「全グループ
による統一した取り組みでエコロジーとエコノミーの両立を追求しながら、企業
の持続的発展をめざす『環境経営』を推進してきた」(436頁)。それは、「グリーンマ
ネジメント」を基盤にし、「グリーンプロダクツ」「グリーンファクトリー」「グリー
ンコミュニケーション」を三本柱とするものである。

「グリーンマネジメント」において注目されるのは、2002年度から導入した環境会計システムである。「環境会計とは、環境にかかわる設備の導入や管理活動などの費用と、それらの活動によって得られた効果をできるかぎり定量的に把握する手法を指す。導入以降、環境会計は赤字が続いていたが、省エネなどの取り組みによって経済効果が上がり、2006年度から黒字に転じた」(436頁)。

「グリーンプロダクツ」については、京セラグループが提供する全製品を「地球環境商品」にすることをめざして、2006年から「商品環境配慮性システム」の運用を開始し、設定した認定基準をクリアした製品には「京セラ・エコラベル」を貼付することとした。「グリーンファクトリー」に関しては、省エネルギーや温室効果ガス排出削減のために、グループ内の工場や事業所で、太陽光発電システムの導入を積極的に推進した。「グリーンコミュニケーション」では、2000年度から『京セラ環境報告書』(2007年に『京セラCSR報告書』に改称)を公開するとともに、「環境展示会『エコプロダクツ展』や環境イベント、地域の美化活動への参加、小学生のための環境出前授業[4]、モデルフォレスト運動や里山保全活動のなどへの参加など、社会や地域と一体となった環境保全活動にも力を入れてきた」(437頁)。

社会貢献活動について京セラグループは、「学術・研究支援」、「文化・芸術支援」、「国際交流・協力」、「スポーツ支援」などに取り組んだ。「学術・研究支援」では、京都賞など、稲盛財団が運営する諸活動に関して継続的な支援を行った。「文化・芸術支援」では、本社ビル1階の京セラ美術館を運営するとともに、各種芸術、文化イベントに協賛した。「国際交流・協力」では、中国国内で京セラの工場や販売会社がある北京、上海、天津、東莞各市の小中学生を日本に招待する「中国少年友好交流訪日団」事業を、1997年以来、継続してきた。「スポーツ支援」では、女子陸上部の活躍がめざましく、また、Jリーグに所属する京都サンガF.C.(2007年に京都パープルサンガから改称)への援助も継続した。

人事処遇の改善について見れば、京セラは2001〜02年に、大きくなり過ぎていた年功序列的な要素を見直し、実力主義が反映される制度へ変更した。この点に関して、『京セラグループ50年の歩み』は、「新制度は、基本給や賞与の配分において従来よりも評価間のメリハリを大きくする一方、短期的な業績で処遇水準が大きく変化することのないよう、成果主義とは一線を画した設計とした」(437

頁)、と説明している。また、この新処遇制度導入と同時に、勤務地の異動に関して従業員の希望を反映させる処遇コースの複線化も実施した。

　その後も京セラは、2006年から08年にかけて、次々と人事処遇改善に関する施策を導入した。それは、「自らの意志で新たな業務にチャレンジすることができる『社内公募制度』、従来からあったものに改善を加え、上司との面談を通じて自分の思いをフォーマルなかたちでより適切に発信することができるように改訂した『チャレンジシステム』、メーカーとしての競争優位の源泉をつくりだすために、技術者の自律的な成長を支持する仕組みである『技術者能力開発・支援制度』、職場の活力を維持向上させる『職場の活力診断』などである」(438頁)。

　これらのほかにも京セラは、企業内に性別・年齢・国籍などの多様な属性や価値観・発想を取り入れることで組織の活性化を図る、ダイバーシティへの取組みにも力を入れた。さらには、2001年に教育企画部を新設し、02年には京セラ経営研究所を開設するなどして、京セラフィロソフィにもとづく教育・研修体制を整備した。

3 『花王120年』

　花王株式会社が2012年に刊行した『花王120年　1890－2010年』(以下、『花王120年』と表記)の「9章　2006－2010　再構築と新たな出発」の第6節のタイトルは、「CSR活動」(812～821頁)である。

　そこではまず、「2000年代の特徴は、企業の社会的責任をCSR (Corporate Social Responsibilityとともに、Consumer Social Responsibility, Citizen Social Responsibilityから構成される社会的責任論) という広い概念で、経済社会の持続可能な発展という視点からとらえ直した点にあった」(812頁)、とする時代認識を示す。そのうえで、「ここで重要なのは、CSR活動が、〔中略〕国内的な取り組みだけでなく、国際的なそれと連動していたことである」(812頁)、と指摘する。

　『花王120年』が強調するのは、「環境・安全対策からCSR活動へ」(815頁)という流れである。

　花王は1990(平成2)年に、従来の公害対策本部を、環境・安全推進本部へ改組した。91年には、次の内容からなる「環境・安全に関する5原則」を策定した[5]。

(1) 環境・安全に対する全社員の自覚徹底

(2) 研究・生産から販売までの全企業活動における環境・安全への配慮

(3) 使用から廃棄まで、最大の消費者ベネフィットを提供する商品開発

(4) 法規制の遵守と、政府・行政の施策に対する協力および国際的協調

(5) 消費者と社会全般に対する企業情報の提供と相互信頼の確立

　花王は、1995年に策定した「花王の基本理念」のなかで、「社会的責任の遂行」を打ち出した。97年に策定した「花王の企業行動倫理」では、「『環境と安全への配慮』という項目を設定し、製品の開発から消費・廃棄に至るすべての過程で、『環境の保全と人の安全に十分配慮する』とともに、環境負荷の少ない製品開発、資源・エネルギーの効率的利用と再資源化に努めることを明記した」(813頁)。

　環境・安全対策に取り組む花王が力を入れたのは、日本化学工業会のなかから始まったRC(レスポンシブル・ケア)活動の推進である。RC活動とは、「化学物質を製造、または取り扱う事業者が、自己決定・自己責任の原則に基づいて、化学物質の開発から製造、流通、使用、最終消費を経て廃棄にいたる全ライフサイクルにわたって、『環境・安全・健康』を確保することを経営方針において公約し、環境・安全・健康面の対策を実行し、改善を図っていく自主活動」(814頁)のことである。

　1990年代に環境・安全対策の拡充を進めた花王は、2000年代にはいると、それを発展させてCSR活動に取り組むようになった。その転換点となったのは、04年に新しい経営理念である「花王ウェイ」を策定したことである。「花王ウェイ」は、「使命」、「ビジョン」、「基本となる価値観」、および「行動原則」から構成されるが、そのうちの「使命」と「ビジョン」は、以下のような内容であった[6]。

〈使命〉

　私たちは、消費者・顧客の立場にたって、心をこめた"よきモノづくり"を行ない、世界の人々の喜びと満足のある、豊かな生活文化の実現に貢献することを使命とします。

　私たちは、この使命を達成するために、全員の熱意と力を合わせ、清潔で美しくすこやかな暮しに役立つ商品と、産業界の発展に寄与する工業用製品の分野において、消費者・顧客と共に感動を分かち合う価値ある商品とブラ

ンドを提供します。

〈ビジョン〉

　私たちは、それぞれの市場で消費者・顧客を最もよく知る企業となること
をグローバルにめざし、全てのステークホルダーの支持と信頼を獲得すると
ともに、社会の持続的な発展に寄与します。

　花王は、CSR活動を、「花王ウェイ」にもとづく行動と位置づけた。2004年にグ
ループ全体でCSR活動に取り組むため、CSR委員会とCSR推進部を設置した。
「CSR委員会は、社長を委員長、専務を副委員長とし、関連分野を担当するすべ
ての部門の代表から構成された。その役割は、全社的なCSRに関する重要事項の
審議と活動の推進であった。他方、CSR推進部は、CSR委員会の事務局機能を果
たし、各部門の活動をサポートした」(815〜816頁)。

　2005年に花王は、国際連合のグローバル・コンパクト(GC)に参加することを決
定した。「GCは、社会の持続可能性と責任ある事業活動を約束する企業の政策
形成のためのプラットホームであり、かつ実践的な枠組みであった。その目標と
して、世界中のビジネス活動に10原則を組み入れることと、ミレニアム開発目標
(MDGs)[7]を含む国連の目標達成を促進することを掲げていた。前者は、企業に対
して、人権、労働基準、環境、腐敗防止の4つの項目について、国際的に認められ
た10の規範を支持・実践するように要請したものである」[8](816〜817頁)。

　花王がCSR活動に取り組むにあたって力を入れたのは、ステークホルダーとの
対話である。「なかでも、重要な意味をもったのは、消費者・顧客との対話であっ
た。これについては、あらためて取り組みを開始したというよりは、従来の延長線
上として、その機会を一層充実させることに努めた」(817頁)。

　2000年代に「環境・安全対策からCSR活動へ」の方向性を強めた花王は、様々
な社会貢献活動を展開した。『花王120年』が紹介しているのは、次のような活動
である。

○「みんなの森づくり活動」

　2000年度にスタートした緑化支援プログラム。「04年度からはすでに緑化活
動に取り組んでいる団体への助成(プロジェクト助成)に加え、新たに森づくり活

動に取り組む団体や、設立後1年未満の団体に対して、3年間連続して支援する『スタートアップ助成』を開始した」(818～819頁)。

○教員フェローシップ

2003年度に特定非営利活動法人(NPO)のアースウォッチ・ジャパンと共同で開始したプログラム。「小・中学校の教員を夏休みの一定期間、海外の野外調査プロジェクトにボランティアとして派遣する制度」(819頁)である。

○芸術・文化活動支援

花王は、1990年に、「花王石鹸」発売100周年記念事業の一環として、「花王芸術文化財団」を設立した。その後同財団は、従来の芸術文化活動支援に加え科学研究活動支援も行うようになり、97年に「花王芸術・科学財団」と改称した。2007年にはミュージアムを拠点とした市民活動を応援する公募型助成プログラム「花王・コミュニティミュージアム・プログラム」もスタートした。

○社員参加型社会貢献活動

花王の社員有志による寄付組織「花王ハートポケット倶楽部」が、2004年に発足した。「同倶楽部では、07年から地域のコミュニティづくりや、よりよい地域社会づくりへの貢献を目的に、事業場のある各地域で活動する市民団体を支援する新たな試みを始めた」(821頁)。

○グループ横断型社会貢献活動

2017年10月の「乳がん月間」に、「花王・花王カスタマーマーケティング・カネボウ化粧品の3社は、女性の健康を応援する社会貢献活動の一環として、『花王グループ　ピンクリボン100万人キャンペーン』を実施した」(821頁)。このキャンペーンは、2008年以降も継続された。

4 『トヨタ自動車75年史』

トヨタ自動車株式会社が2013年に刊行した『トヨタ自動車75年史　もっといいクルマをつくろうよ』(以下、『トヨタ自動車75年史』と表記)は、「第4章グローバリゼーションの急拡大」の第7節第6項「持続可能な社会のために」(454～457頁)で、CSR活動について言及している。

『トヨタ自動車75年史』によれば、「トヨタは、1935(昭和10)年制定の豊田綱領に

うたわれる『産業報国』や『報恩感謝』を精神的な支柱として、さまざまな社会貢献活動に取り組んできた」(454頁)。社会貢献活動の展開は創業期以来の企業理念を反映したものであるわけだが、第7節第6項「持続可能な社会のために」が取り上げる具体的な活動内容は、次のとおりである。

○「トヨタの森」活動

　1992(平成4年)年に「トヨタの森」計画を策定。「『トヨタの森』とは、豊田市にある総合余暇施設のフォレスタヒルズ内で、都市近郊林の活性化を目指す活動である。1997年に15ヘクタールのモデル林を開設し、『エコの森セミナー』『親子森遊びプログラム』などを実施した。その後、2008年7月には30ヘクタールの実証林が竣工している」(454頁)。

○ボランティア支援

　1993年に「トヨタボランティアセンター」を設置。「トヨタの退職者や社員の家族も参加できる制度とし、地域の清掃や災害時の復興のほか、視覚障がい者と一緒になって『豊田おいでんまつり』の総おどりへ参加するなど、活動の範囲を広げていった」(454頁)。社員ボランティアの活動は、中国(2006年以降)・フィリピン(2010年以降)での植林プロジェクトにまで及んだ。

○芸術・文化の振興

　1981(昭和56)年から、全国のトヨタ販売店と連携して、アマチュアオーケストラ公演を支援する「トヨタコミュニティコンサート」の活動を継続。また2000年からは、「世界最高峰の音楽をリーズナブルな料金で提供する取組みとして、『トヨタ・マスター・プレイヤーズ、ウィーン』を始めた。ウィーン・フィルおよびウィーン国立歌劇場のメンバーを中心に、特別編成されたオーケストラを招き、2010年までに計68公演を開催、約12万6,000人が鑑賞した」(455頁)。

○交通安全活動への協力

　トヨタの交通安全活動への取組みの歴史は古い。「1969年から全国の販売店とともに、『トヨタ交通安全キャンペーン』を開始して以来、さまざまなプログラムを継続的に実施している。とくに、キャンペーンの一環で全国の幼稚園児に贈呈している交通安全絵本は累計配布数が1億冊を超えている」(455頁)。

○「豊田佐吉記念館」の開設

トヨタは、ゆかりのある施設の保存や展示の拡充にも努めた。1988年には、「豊田佐吉生誕の地、静岡県湖西市で一般公開されていた豊田家の屋敷を、展示室や展望台などを整備して『豊田佐吉記念館』とし、無料開放を始めた」(455頁)。

○「産業技術記念館」の開設

トヨタ自動車の創業者である豊田喜一郎の生誕100周年に当たる1994年には、名古屋市にトヨタグループが運営する「産業技術記念館」がオープンした。「同記念館は、トヨタグループの貴重な産業遺産である豊田自動織機の栄生工場を保存しながら、繊維機械と自動車産業を中心にした技術の変遷を紹介し、グループのモノづくりの精神を広く社会に伝える役割を担っている」(455～456頁)。

トヨタは、これらの社会貢献活動を強化するため、1989年に、当時の豊田章一郎社長を委員長とする「社会貢献活動委員会」を設置し、「経営トップ層が積極的に活動方針の決定に関与する体制とした」(454頁)。また1990年には、経済団体連合会(現在の日本経済団体連合会)が経常利益の1%を目途に社会貢献活動へ拠出する「1%クラブ」を設立したことを受けて、それに参画する方針をとった。

1989年に設置された「社会貢献活動委員会」は、発展的に解消して、2007年に発足した「CSR委員会」に統合されることになった。『トヨタ自動車75年史』は、その間の経緯について、以下のように記述している。

> 21世紀に入ると、経済協力開発機構(OECD)のガイドラインなどにより企業の社会的責任(CSR)が注目されるようになった。トヨタでは、2004(平成16)年1月に経営企画部など関連部署による「CSR検討ワーキング」を設け、取り組み方針などを検討した。その結果、「トヨタ基本理念」にCSRの全概念が含まれているとの結論に達し、2005年1月に基本理念と連携する形で、「社会・地球の持続可能な発展への貢献」を策定してCSRの指針とした。また、CSRに関する総合的にリードする組織体を環境部に置くこととし、2007年1月にCSR・環境部を発足させた。(456頁)

文中に登場する「トヨタ基本理念」とは、1992年に制定され、97年に改定されたものである。改定後の「トヨタ基本理念」の内容は、次のとおりである[9]。

9章　企業の社会的責任

1　内外の法およびその精神を遵守し、オープンでフェアな企業活動を通じて、国際社会から信頼される企業市民をめざす。

2　各国、各地域の文化・慣習を尊重し、地域に根ざした事業活動を通じて、経済・社会の発展に貢献する。

3　クリーンで安全な商品の提供を使命とし、あらゆる企業活動を通じて、住みよい地球と豊かな社会づくりに取り組む。

4　様々な分野での最先端技術の研究と開発に努め、世界中のお客様のご要望にお応えする魅力あふれる商品・サービスを提供する。

5　労使相互信頼・責任を基本に、個人の創造力とチームワークの強みを最大限に高める企業風土をつくる。

6　グローバルで革新的な経営により、社会との調和ある成長をめざす。

7　開かれた取引関係を基本に、互いに研究と創造に努め、長期安定的な成長と共存共栄を実現する。

　トヨタは2007年に、CSR活動の指針である「持続可能な発展への貢献」をブレークダウンし、「3つのサスティナビリティ（持続可能な成長）」を打ち出した。「『3つのサスティナビリティ』とは、『研究開発』『モノづくり』『社会貢献』という切り口から持続可能な成長を目指したもので、具体策としては、地球と共生できる車両や交通システムの開発、自然との調和を目指した工場（サスティナブル・プラント）、植林といった社会貢献活動の推進、などが掲げられた」（456〜457頁）。

5　『ライオン120年史』

　ライオン株式会社が2014年に刊行した『ライオン120年史』では、「第6章『新・快適生活産業』をコンセプトに（2004〜2011年）」の第8節を「CSR活動の展開」（344〜347頁）に充てている。

　ライオンのCSR活動について、『ライオン120年史』は、以下のように概説している。

　　ライオンは、「人々の幸福と生活の向上に寄与する」を掲げる社是や経営理念、また2003年1月に制定した企業行動憲章で、社会と環境への責任に関

197

わる基本方針・具体的方針を明文化している。これらに基づき、ステークホルダーへの責任に対する姿勢も併せて明確化し、これまでの取組みを一層強化することを狙いとして、2005年3月に品質保証部を改称し『CSR推進部』を設置した。

　CSR推進部では、製品の安全と環境への配慮に加え、コンプライアンスの徹底、コーポレート・ガバナンス体制の整備をまず最大の任務とした。そのうえで、株主への的確な情報開示、社員の労働環境整備など、その他の重要な項目について、あらゆる角度からライオンの評価を適正に行い、社会貢献活動の充実を図っている。(344頁)

『ライオン120年史』が取り上げる「サスティナビリティ実現のための諸施策」は、次のとおりである。

○「チームマイナス6%」に業界で初登録

　「チームマイナス6%」は、「温室効果ガス排出量6%削減」という京都議定書における国際公約の達成に向け、日本政府が主導して2005(平成17)〜09年に展開された国民運動である。ライオングループは、05年に業界で初めて、「チームマイナス6%」に登録した。そして、「クールビズやウォームビズの導入、節電の徹底などに加え、『エコ』の実現につながる施策のアイデアを社内から募る『エコライオン提案キャンペーン』を展開し、全社で目標達成に向けて取り組む姿勢を明確にした」(345頁)。その結果、「2012年のCO_2排出量は1990年比33%の削減を果たし、目標とした30%を上回った」(345頁)。

○「ライオン　エコ基準」制定

　ライオンは、2006年に「ECO LION宣言」を行い、「ECO LION」活動の一環として「ライオン　エコ基準」を制定した。「これは、商品の『組成』と『容器・包装』を含めた『ライフサイクルアセスメント(LCA)』[10]の視点に基づく評価の基準[11]で、1つ以上クリアすれば、『エコ商品』として開発を進めることができる」(345頁)というものであった。「エコ基準を満たした『エコ商品』の割合は年々増加し、2012年には全アイテム数の65%、売上比率では81%を占めるまでになった」(345頁)。

○国連「グローバル・コンパクト」への参加

9 章　企業の社会的責任

　　ライオンは、2009年に、国連のグローバル・コンパクトに参加することを表
　明した。
　「『グローバル・コンパクト』への参加は、自社のCSRの徹底を社外に伝えるだ
けでなく、海外を含めたサプライチェーン全体で、10の原則の共有を促す契機と
もなった」(345頁)。
　　ライオンの地球環境問題への取組みは、社会から高い評価を受けた。『ライオ
ン120年史』は、次の4件に言及している。

(1)「エコレールマーク」の取得
　　ライオンは、1990年代から、CO_2(二酸化炭素)排出量が少ない輸送手段である
　鉄道・船舶の利用を増やすモータルシフトに取り組んできた。2004年には、「生
　産拠点と物流拠点の間において、全物流量の19.6％を鉄道・船舶で輸送して
　おり、特に500km以上の長距離輸送では、鉄道の輸送比率は55％を達成した」
　(346頁)。この実績が評価され、ライオンは、国土交通省が500km以上の陸上輸
　送の15％以上を鉄道輸送で実施している企業に対して認定する「エコレール
　マーク」を、2005年に取得した。
(2)「第16回地球環境大賞」を受賞
　　ライオンは2007年に、フジサンケイグループ主催の「第16回地球環境大賞」
　を受賞した。「世界で初めて工業化に成功した、生分解性に優れた植物原料由
　来の界面活性剤MES(アルファスルホ脂肪酸メチルエステル)により、洗濯の際に家
　庭から排出されるCO2は、大幅に削減された。この衣料用洗剤の開発が、ライ
　オンの『環境対応先進企業』としての姿勢を明確に示す実績となった」(346頁)
　のである。
(3)「FTSE4Good Global Index」に選定
　　ライオンは2008年に、社会的責任投資(SRI：Socially Responsible Investment)指標
　である「FTSE4Good Global Index」のインデックスシリーズ銘柄に選定された。
　「これは、英国FTSEインターナショナル社が作成した、CSR活動で一定の水準
　を満たす企業のみを対象に構成する株価指標である」(346頁)。
(4)製造業で初の「エコ・ファースト企業」に認定
　　ライオンは2008年に、製造業企業としては初めて、環境省より「エコ・ファー

199

スト企業」としての認定を受けた。この点について、『ライオン120年史』は、以下のように記述している。

> エコ・ファースト制度は、業界のトップランナーとして環境保全活動を推進する企業が、取り組み内容を環境大臣に対して「約束」する制度である。
> ライオンの「エコ・ファーストの約束」は、①2020年までに事業活動に伴うCO_2排出量を1990年比40％削減、洗剤などの原料をカーボンニュートラル[12]な植物原料へと切り替えを進めるなど、地球温暖化防止に向けた積極的な取組み、②容器・包装材料の3R (Reduce、Reuse、Recycle) を推進、③化学物質の安全性点検とリスクコミュニケーションの推進、であった。それまで独自に設定していたエコライオンマークと、環境省が制定した「エコ・ファースト・マーク」を融合させた新たなシンボルマークを制定し、広告や店頭での販売促進ツールに活用した。(347頁)

6 CSRと会社史

ここまで、2010年代に刊行された4冊の会社史を取り上げ、それらが自社のCSR活動についてどのような記述を展開しているかを検討してきた。その結果、明らかになった事柄のうち重要な意味をもつのは、次の2点であろう。

第1は、2000年代に本格化したCSR活動が、各社にとって決して「新しい事象」だったわけではなく、それが、それぞれの会社の歴史に深く根ざしていたことである。京セラグループにとってCSR活動は、創業時以来の「京セラフィロソフィ」をベースにしたものであった。花王のCSR活動の端緒は、「花王の基本理念」のなかに見出すことができる。トヨタから見ればCSRの全概念は、「トヨタの基本理念」のなかにすでに盛り込まれ済みであった。そしてライオンにとってもCSR活動は、社是や経営理念を具現化したものであった。

この点を端的な形で示すのは、各社とも、CSR活動の本格化に先行して、地球環境問題への対応、安全確保の取組み、コンプライアンスの強化などに力を入れていた事実である。これらの取組みはいずれもCSR活動に不可欠の要素であるが、それらが始まったのは、CSR活動が本格化する以前の時点である。『花王120

年』が強調する「環境・安全対策からCSR活動へ」という流れは、他社の場合にも共通していた。CSR活動が各社の歴史に深く根ざしたものであるからこそ、CSR活動の構成要素は、「CSR」という言葉が登場する以前から、それぞれの会社の発展過程に姿を現していたのである。

第2は、CSR活動が各社の歴史に根づいたものだったとは言え、それが2000年代にいっせいに顕在化し活性化した背景には、何らかの新たな時代的要請が存在したことである。これは、第1点の裏返しの論点であるが、考察に値する。

4社の会社史の記述によれば、2000年代にCSR活動の本格化をもたらした最大の要因は、「社会的関心の高まり」（『京セラグループ50年の歩み』）に求めることができる。「企業の社会的責任（CSR）が注目されるようになった」（『トヨタ自動車75年史』）のである。そのような新しい状況のもとで、各社は、すでに展開していた社会貢献活動の実績を踏まえつつ、「ステークホルダーへの責任に対する姿勢も併せて明確化し、これまでの取組みを一層強化することを狙いとして」（『ライオン120年史』）、明示的な形でCSR活動に取り組むようになったのである。

ここで興味深いのは、2000年代にはいってからのCSRへの社会的関心の高まりが、国際的な性格を有していたことである。OECDのガイドラインや国連のグローバル・コンパクトは、世界的規模でのCSRの浸透に、大きな役割を果たした。CSR活動は、「国内的な取り組みだけでなく、国際的なそれと連動していた」（『花王120年』）のであり、その意味で、CSRの浸透は企業活動のグローバル化とも密接に関連していると言うことができる。

以上の2つの論点は、会社史が、CSR活動の発展にとって、大きな貢献をなしうることを示唆している。まず、CSR活動が各社の歴史に根づいたものである以上、当該企業の発展過程におけるCSRの歴史的意味や大局的位置づけを明確にすることは、会社史が本来担うべき重要な責務だと言える。また、社会的関心の高まりのなかでCSR活動が顕在化し活性化したという事情が存在する以上、「消費者を含むステークホルダーとのコミュニケーションを図るうえで有力な媒体となる」べき会社史は、当該企業のCSR活動の実態を正確に伝え、その社会的意味を積極的に発信してゆかねばならない[13]。会社史のCSR活動への貢献は、これらの役割にある。

7 おわりに：CSVとESG

　近年、CSRに関連して、CSVという概念が注目を集めている。CSVは、Creating Shared Valueの略語であり、日本語では「共有(通)価値の創造」などと表現されることが多い。

　CSVの概念が注目を集めるきっかけとなったのは、マイケル・E・ポーターとマーク・R・クラマーが2006(平成18)年に *Harvard Business Review* に載せた共著の論文[14]である。日経ビジネス・オンラインに掲載された2010年12月時点のインタビューで、ポーターは、「CSRはやめて、CSVをすべきと主張されているそうですが、その真意は」という質問に対して、「寄付やフィランソロピー(社会貢献)を通じて自社のイメージを向上させるという従来のCSR活動は、事業との相関関係がほとんどなく、正しいアプローチではない」、「従来のCSR活動は必ずしも効果的なものだと言えなかった。社会に大きな影響を及ぼすには至らなかったからです。それも無理はありません。企業は、自社のイメージ向上だけに関心があり、社会にインパクトを与えて実際に社会を変えようとは真剣に考えていなかったのですから」、と答えている[15]。

　ポーターとクラマーは、2011年にCSVの概念を詳細に論じた新しい論文を *Harvard Business Review* に掲載した[16]。そのなかで2人は、

○CSRでは価値は「善行」であるが、CSVでは価値はコストと比較した経済的便益と社会的便益である、

○CSRではシチズンシップ・フィランソロピー・持続可能性を重視するが、CSVでは企業と地域社会が共同で価値を創出することを重視する、

○CSRは任意あるいは外圧によって行われるが、CSVは競争に不可欠の活動である、

○CSRは利益の最大化とは別物であるが、CSVは利益の最大化にとって不可欠である、

○CSRのテーマは外部の報告書や個人の嗜好によって決まるが、CSVのテーマは企業ごとに異なり内発的である、

などの論点をあげて、CSRとCSVの違いを強調している[17]。

　もちろん、これまで企業が展開してきたCSR活動に、CSVの要素が含まれていなかったかと言えば、そうではない。正確にはCSVは、CSRの特定の部分に光を当て、残りの部分との差異を強調した議論だと言うべきであろう。それでは、CSVによって等閑視されることになったCSRの「残りの部分」に意味はないのか。最近、CSVの考え方とは対照的に、シチズンシップ・フィランソロピー・持続可能性などに深く関連するCSRの「残りの部分」こそ重要だという議論も高まっていることに、注目する必要がある。それは、ESGと呼ばれる考え方だ。

　ESGは、環境（Environment）、社会（Social）、ガバナンス（Governance）を表す3つの英語の頭文字を並べた造語である。企業の持続的な成長のためにはESGの3要素が必要であり、ESGの観点から高い評価を与えうる企業には投資すべきであるが、低い評価しか与えられない企業には投資すべきではないという、投資上の判断に結びつく。したがって、「ESG投資」という言葉が、広く使い始められている。シチズンシップ・フィランソロピー・持続可能性などを重視する企業は、ESG投資の対象として選定される蓋然性が高いと言うことができる。

　ESG投資の考え方が広がるうえで大きな後押しをしているのは、国連責任投資原則（PRI：Principles for Responsible Investment）である。国連責任投資原則は、国連グローバル・コンパクトや国連環境計画[18]が推進しているイニシアティブで、ESG投資を進める世界各地の年金基金やアセットオーナー、運用会社などが、それに参加している。国連責任投資原則の力を得て、ESG投資が勢いを増しているのである。

　ここで紹介したCSVは、企業の視点に立って、CSRに対して異論を提示している。一方ESGは、CSVとは対照的に、いわば社会の視点に立って、CSRを再評価している。CSRは「企業の社会的責任」であるから、企業のサイドから見るか社会のサイドから見るかによって、CSRの見え方が大きく異なるのは、当然のことかもしれない。CSRに対して新たな考え方が次々と示されるなかで、会社史がCSRを今後どのように記述してゆくのか、大いに注目される。

注

1 ここでの日本における CSR の浸透に関する記述について詳しくは、高岡美佳・山崎洋治・小林竜太・為野圭佑「CSR と消費者コミュニケーション」(亀川雅人・高岡美佳編著『CSR と企業経営』学文社、2007年、209-229頁) 参照。

2 岡本享二『CSR 入門 「企業の社会的責任」とは何か』日本経済新聞社、2004年、28-35頁参照。

3 以上の点については、京セラ株式会社『果てしない未来への挑戦—京セラグループ50年の歩み—』2010年、85頁参照。

4 環境出前授業は、2009年3月までに累計で175校において実施され、参加した児童数は1万941名に達した (前掲『京セラグループ50年の歩み』437頁参照)。

5 花王株式会社『花王120年 1890−2010年』2012年、813頁参照。

6 前掲『花王120年』633-634頁参照。

7 ミレニアム開発目標とは、2000年にニューヨークで開催された国連ミレニアム・サミットで採択された国際社会の目標のことである。

8 グローバル・コンパクトの10原則は、人権に関する「人権擁護の支持と尊重」(原則1)・「人権侵害への非加担」(原則2)、労働に関する「結社の自由と団体交渉権の承認」(原則3)・「強制労働の排除」(原則4)・「児童労働の実効的な廃止」(原則5)・「雇用と職業の差別撤廃」(原則6)、環境に関する「環境問題の予防的アプローチ」(原則7)・「環境に対する責任のイニシアティブ」(原則8)・「環境にやさしい技術の開発と普及」(原則9)、腐敗防止に関する「強要や贈収賄を含むあらゆる形態の腐敗防止の取組み」(原則10)、からなる。グローバル・コンパクト・ネットワーク・ジャパンのホームページ参照。

9 トヨタ自動車株式会社『トヨタ自動車75年史 もっといいクルマをつくろうよ』2013年、391-392頁参照。

10 ライフサイクルアセスメントは、ある製品・サービスのライフサイクル全体 (資源採取−原料生産−原料流通−製品生産−製品流通−消費−廃棄・リサイクル) を視野に入れて、環境負荷を定量的に評価する手法である。

11 「エコ基準」の具体的内容は、次のとおりであった。①原料調達：組成有機物中の植物原料の比率が50％以上。②材料調達：再生紙・植物性樹脂・生分解性樹脂の使用。③製造：使用エネルギーまたは廃棄物量を20％以上削減。④物流：コンパクト化・濃縮化20％以上。⑤使用：20％以上の省エネ、製品または水の使用量の20％以上削減。⑥廃棄：容器包装材料15％以上削減 (本体)、本体重量の50％ (詰替え)。この点については、ライオン株式会社『ライオン120年史』2014年、345頁参照。

12 カーボンニュートラルとは、植物や植物を原料とするバイオエタノールなどを燃焼させた際に出る二酸化炭素は、植物が生長過程で吸収した二酸化炭素と同量で温室効果ガスを増やすことにはならず、地球温暖化にはつながらないとする考え方のことである。

13 ここでは、京セラグループが2005年に CSR 統括室を設置する際に、「社内外への情報発信機能を強化し、社会の人々に正しく企業の姿を知ってもらうようにする」ことを設置理由とした事実を想い起すべきであろう (前掲『京セラグループ50年の歩み』435頁参照)。

14 Michael E. Porter and Mark R. Kramer, "Strategy and Society: The Link between Competitive Advantage and Corporate Social Responsibility", *Harvard Business Review*, December 2006.

15 中野目純一・広野彩子「CSR の呪縛から脱却し、『社会と共有できる価値』の創出を」『日経ビジネス・オンライン』2011年5月19日発信、参照。

16 Michael E. Porter and Mark R. Kramer, "Creating Shared Value", *Harvard Business Review*, January-February 2011.

17 この点については、マイケル・E・ポーター、マーク・R・クラマー「共通価値の戦略」
『DIAMONDハーバード・ビジネス・レビュー』2011年6月号（注16の論文の邦訳版）、
参照。
18 国連環境計画（UNEP：United Nations Environment Programme）は、1972年に設立され、
環境分野における国連の主要機関として、グローバルな環境保全を唱道している。

参考文献

- 花王株式会社『花王120年　1890 - 2010年』2012年
- 京セラ株式会社『果てしない未来への挑戦—京セラグループ50年の歩み—』2010年
- トヨタ自動車株式会社『トヨタ自動車75年史　もっといいクルマをつくろうよ』2013年
- ライオン株式会社『ライオン120年史』2014年
- 岡本享二『CSR入門　「企業の社会的責任」とは何か』日本経済新聞社、2004年
- 亀川雅人・高岡美佳編著『CSRと企業経営』学文社、2007年
- 中野目純一・広野彩子「CSRの呪縛から脱却し、『社会と共有できる価値』の創出を」
  『日経ビジネス・オンライン』2011年5月19日発信
- Michael E. Porter and Mark R. Kramer, "Strategy and Society: The Link between Competitive Advantage and Corporate Social Responsibility", *Harvard Business Review*, December 2006
- Michael E. Porter and Mark R. Kramer, "Creating Shared Value", *Harvard Business Review*, January-February 2011（邦訳：マイケル・E・ポーター、マーク・R・クラマー「共通価値の戦略」『DIAMONDハーバード・ビジネス・レビュー』2011年6月号）

刊行に寄せて

　本書に採りあげた企業が創業された時期は、日本の産業基盤をつくった明治初期にはじまり、大正デモクラシーを背景とした大正期、太平洋戦争の戦前、戦中、戦後と多岐にわたる。明治維新が終わって、およそ日本の産業界が勃興して、今日へとつながったおのおのの時代の企業が論じられている。

　経営史であるから、その企業が創業された経緯と、その後の軌跡がまとめられており、どのような時代背景の中で、当該企業が生まれたのか、生まれる必然があったのか、経営史に携わる者にとっては、たいへん興味深い。

　経営体は政府系があり、財閥系があり、子会社があり、個人による起業系もあるので、会社が始まった経緯は、多種多様な事情と背景がある。

　そして、業種においては、鉄道、紡績、造船から原油、生保、商社、工作機械、精密機械、不動産に食品、そして婦人用下着メーカーまで千差万別である。

　創業期、経営体、業種において、これほどに多種多様な企業を採り上げられるのは、経営と歴史という、二つの普遍的な切り口をもつ経営史学ならではの視野の広さであろう。産業界を縦横無尽に研究できる我々は、時代、分野において、たいへん恵まれていると言えるのではなかろうか。

　社史の発行点数は減ってきたと言われるが、本当にそうだろうか。社内向けにだけ出している会社もあり、国立国会図書館や社史の蔵書で著名な神奈川県立川崎図書館へ寄贈しない会社もある。業界団体がなく、おのおのの制作会社も制作点数を発表しない。

　一方、弊社の社史制作の受注点数は、二十数年前から、ほぼ右肩上がりで伸びており、近15年のデータによると、初めて社史を出す企業、組織からの受注は、受注総数の54%となっている。社史の市場は拡大しており、特に、中小・中堅企業の裾野が広がっていると言える。

　そのような中、社史は大きな曲がり角に来ている。今、弊社が受注している社

史のうち90％は本の形で製作されているが、そのうちの20％でDVDや動画が補助資料として製作されており、デジタル化が活気づいている。しかし、今後、経営者の世代が下がってくることによって、社史のデジタル化、ネットワーク化、そしてアーカイブ化の流れは避けられない。社史のコンテンツがこのような波に洗われ出した今、これからも社史は経営史研究者の最重要の研究対象の一つとしての地位を維持できるだろうか。

「社史で記載できない、あるいは欠落している部分を埋める作業は、社史を研究の必読文献として利用し、企業経営活動の実態解明を使命とする経営史研究者が担うべき課題かも知れない。いずれにしても、社史編纂者、執筆者と経営史研究者のコラボレーションが肝要であると思われる。」と書かれている宇田川勝・法政大学名誉教授が期待されるコラボレーションによって、社史がひたすらに社員向け、内向きに作られることなく、自社の経営の歴史を、経営史、産業史の観点からもまとめられるよう、社史発行企業の経営陣への働きかけが必要であろう。これには経営史学会と、我々、社史の企画・編集に携わる専門家との連携が欠かせない。

本書は、弊社・出版文化社が1986年の設立から30年を迎えるにあたって、社史の分野において記念的な出版物の発行を企画したことに始まる。

近年の経営史学会を牽引し、世界の経営史学界の中でも特筆すべき組織へと引き上げるのに力を尽くされた先生方にご寄稿いただいた。多くの社史を縦に置き、横軸の個別テーマで切っていく、この独特の手法は、執筆陣の個性的な企画と力量によって成立したことを、我々編集・出版側は感謝と共に忘れてはならない。

最後に、本書を企画から先導していただいた阿部武司教授と橘川武郎教授に、そして、弊社からの十分なサポートが届かない中での執筆にご尽力をいただいた先生方に、心より感謝申し上げます。

（株）出版文化社代表　浅田 厚志

執筆者紹介（掲載順、☆は編者）

● **宮本又郎**……**1章**

大阪大学名誉教授
専門は日本経済史、日本経営史。
主な著書は『日本の近代11　企業家たちの挑戦』（中央公論新社、1999年）、
『江崎利一』（PHP研究所、2017年）など。

● **阿部武司**☆…**2章、5章**

国士舘大学政経学部教授
専門は近代日本経済史、比較経営史。
主な著書は『大原孫三郎』（編著、PHP研究所、2017年）、
『日本経済の歴史　第4巻　近代2 第一次世界大戦期から
日中戦争前 (1914-1936)』（部分執筆、岩波書店、2017年）など。

● **沢井実**…………**3章**

南山大学経営学部教授
専門は日本経済史、日本経営史。
主な著書は『日本の技能形成―製造現場の強さを生み出したもの―』
（名古屋大学出版会、2016年）、『見えない産業―酸素が支えた日本の工業化―』
（名古屋大学出版会、2017年）など。

● **中村尚史**……**4章**

東京大学社会科学研究所教授
専門は日本経済史・経営史、鉄道業史。
主な著書は『日本鉄道業の形成』（日本経済評論社、1998年）、
『地方からの産業革命』（名古屋大学出版会、2010年）、『海をわたる機関車：
近代日本の鉄道発展とグローバル化』（吉川弘文館、2016年）など。

● 宇田川勝……6章

法政大学名誉教授
専門は日本経営史、企業家史。
主な著書は『財閥経営と企業家活動』（森山書店、2013年）、
『日産の創業者 鮎川義介』（吉川弘文館、2017年）など。

● 橘川武郎☆ …7章、8章、9章

東京理科大学大学院教授
専門は日本経営史、エネルギー産業論。
主な著書は『日本のエネルギー問題』（NTT出版、2013年）、
『土光敏夫』（PHP研究所、2017年）など。

● 高岡美佳……9章

立教大学経営学部教授
専門は流通システム論、CSRとブランド価値。
主な著書は『サステナブル・ライフスタイルナビゲーション』
（日科技連出版社、2007年）、『CSRと企業経営』（共著、学文社、2007年）など。

社史から学ぶ経営の課題解決

2018年9月25日 初版第1刷発行

編　　　者	阿部武司	
	橘川武郎	
発　行　所	株式会社出版文化社	

〈東京本部〉
〒101-0051
東京都千代田区神田神保町 2-20-2　ワカヤギビル 2 階
TEL：03-3264-8811（代）　FAX：03-3264-8832
〈大阪本部〉
〒541-0056
大阪府大阪市中央区久太郎町 3-4-30　船場グランドビル 8 階
TEL：06-4704-4700（代）　FAX：06-4704-4707
〈名古屋支社〉
〒454-0011
愛知県名古屋市中川区山王 2-6-18　リバーサイドステージ山王 2 階
TEL：052-990-9090（代）　FAX：052-324-0660
〈受注センター〉
TEL：03-3264-8825　FAX：03-3239-2565
E-mail：book@shuppanbunka.com

発　行　人	浅田厚志
装幀・デザイン	鈴木美里
組　　　版	清水絵理子
印刷・製本	中央精版印刷株式会社

©Matao Miyamoto, Takeshi Abe, Minoru Sawai, Naofumi Nakamura, Masaru Udagawa, Takeo Kikkawa, Mika Takaoka　2018　Printed in Japan
ISBN978-4-88338-647-5　C0034

乱丁・落丁はお取り替えいたします。出版文化社受注センターにご連絡ください。
本書の無断複製・転載を禁じます。許諾については出版文化社東京本部までお問い合わせください。
定価はカバーに表示してあります。
出版文化社の会社概要および出版目録はウェブサイトで公開しております。
また書籍の注文も承っております。→ http://www.shuppanbunka.com/
郵便振替番号 00150-7-353651

社史関連書籍のご案内

新版 企業を活性化できる社史の作り方

社史・記念誌ご担当者必携の書！
企画の基礎から応用までを系統的に解説

著 者：出版文化社社史編集部
体 裁：四六判、並製、232頁
ISBN：9784883383634 C0034
定 価：本体1714円＋税

目次

第1部　社史とは何か
1　社史制作にかかる前に
2　周年記念事業と社史制作
3　社史発刊がより身近になってきた理由とその背景
4　社史発行の意義と目的
5　最近の社史の傾向
6　自分史、伝記、社史、記念誌の違いについて

第2部　社史を企画するに際して
7　企画に必要な条件
8　前に出した社史と二冊目以降の社史
9　企業内担当者の役割
10　社史に関係する外部スタッフの編成
11　社史コンペの行い方
12　外注業者を選択するポイント

第3部　社史の編集・制作のすすめ方
13　資料収集・整理、活用の方法
14　内容構成案の作り方
15　社史に入れられるおもしろい企画
16　読まれる原稿を作るには
17　書きにくい内容は、どう処理するか？
18　書籍体裁の選択
19　校正恐るべし
20　発刊スケジュールも重要なポイント
21　配布の準備と発送方法

第4部　コストを知る
22　コストの内容とその管理について
23　コストの種類とその特性を知る
24　経費計上の仕方について

社史関連書籍のご案内

新版　よくわかる！社史制作の Q&A77

社史制作をするには何から手をつければよいのか、どんなふうに制作するのか。社史を制作する際に湧き出る疑問に編集部が答える形式で詳細に解説。実例も多数収録。
各企業に合う社史を制作するためのヒントが凝縮された一冊。

編　集：出版文化社社史編集部
体　裁：四六判、並製、224 頁
ISBN：9784883385812 C0034
定　価：本体 1800 円＋税

社史制作の Q（一部）

事前準備
・社史を出すメリットは？
・何周年での発刊が多いのですか？
・最低、何か月あれば社史は完成しますか？
・社史に創業者の事績を特筆するのはおかしいですか？

企画づくり
・スケジュール管理のポイントは？
・見積り発注の際におさえておくべきポイントは？
・編纂事務局の仕事とはどのようなものですか？

資料・情報収集
・どのような資料を集めればよいのですか？
・古い資料がほとんどない状態で社史は作れますか？
・どのような写真を集めればよいですか？

取材・原稿作成
・仮目次とは何ですか？　なぜ必要なのですか？
・取材の進め方について教えてください
・"ありのままに"正直に書くことは可能でしょうか？

デザイン・校正・印刷
・社長はどの段階でチェックすればよいですか？
・校正のコツを教えてください

デジタル化
・書籍として制作した社史のデジタル化は可能ですか？
・社史制作時に集めた資料を WEB 上で利用するには？
・本格的なデジタル・アーカイブについて教えてください

体験談（敬称略）
株式会社はせがわ／株式会社マルハン／朝日放送株式会社／千島土地株式会社／株式会社なだ万／日活株式会社／塩野香料株式会社／千葉交通株式会社／パイン株式会社／株式会社デルフィス／株式会サカタのタネ

社史関連書籍のご案内

平成社史
自社で作れる平成30年間の社史

「平成」が終わるのを機に、その30年間を振り返り、経営者自らが世界に一冊だけのユニークな社史を作るための指南書。

著　者：浅田厚志
体　裁：四六判、並製、184頁
ISBN：9784883386406 C0034
定　価：本体1000円＋税

本書は、社史の書き方のポイントから、30年の年表、経営指標や歴史、写真の整理方法、時代ごとの抑えるべきポイント、あとがきまでを網羅。具体的な解説と書き込み欄がセットになっていて、これまで社史に縁のなかった中小企業の経営者の方々でも、世界に一冊だけの社史を作ることができます。

目 次
序文
第1章：「はじめに」の書き方について
第2章：社史をまとめるポイント
第3章：我が社の年表
第4章：資本金と社員数の推移
第5章：我が社の経営数字推移
第6章：我が社の歴史
歴史を語る数々の写真
あとがきの作成について
エピローグ（本書のあとがき）

社史関連書籍のご案内

実践 アーカイブ・マネジメント
―自治体・企業・学園の実務―

アーカイブの専門家が、資料の保存と管理に関するノウハウをはじめ、アーカイブズ学の基礎から実践的なテクニックまでを分かりやすく解説!!

著者：朝日 崇
体裁：四六判、並製、228頁
ISBN：9784883384501 C3004
定価：本体2000円＋税

目　次
第1章　アーカイブの世界に馴染もう
第2章　アーカイブの大事さを知ろう
第3章　アーカイブを実践してみよう
第4章　先達から学ぼう
第5章　これからやるべきことを見極めよう

アーカイブズとは
個人や組織が、活動の中で生み出した歴史的資料群や資料保存機関。とくに歴史的資料の収集、整理、保存、活用等一貫したシステムにより支えられた資料群を指します。

朝日　崇（あさひ　たかし）
1954年千葉県生まれ。
1978年一橋大学社会学部卒業。大手印刷会社にて150冊余の企業史編集業務に従事の後、出版文化社にてアーカイブの企画営業を行う。その後独立し、アーカイブの啓蒙・実践に従事。記録管理学会会員（2003年〜2009年理事・学会誌編集委員長）、日本アーカイブズ学会会員。